崇德弘道　善政美俗

教化传统与制度实践

公共儒学

第 3 辑

唐文明 | 主编

上海人民出版社

目　录

主题研讨

学院大学、修院学校和儒教书院

——全人教育的历史张力和前瞻解决[*]

罗秉祥　著　　胡嘉乐　译[**]

引　言

在教育的各个部门:中小学、大学和学院,香港皆致力于全人教育。通常根据全人的五个维度来理解全人教育:道德(moral)、理智(intellectual)、身体、社会和审美(德、智、体、群、美)。本章从历史和跨文化的角度分析了高等教育中理智和道德这两个维度之间的紧张关系。本文最后对世界各地一些高等教育领导人提出的一些建议进行了反思。

---

[*] 本文英文版见 Ping-cheung Lo, "Scholastic universities, monastic schools, and Confucian colleges: Historical tensions in whole person education, and prospective solutions," ed. Benedict S. B. Chan, Victor C. M. Chan, *Whole Person Education in East Asian Universities: Perspectives from Philosophy and Beyond*, London: Routledge, 2021, pp.31—60。

[**] 罗秉祥,香港浸会大学宗教及哲学系荣休教授;胡嘉乐,清华大学哲学系硕士研究生。

一、中世纪盛期欧洲大学的兴起

1. 中世纪盛期前夕的高等教育与大学的兴起

在中世纪早期的"黑暗时期"之后,教育开始取得进展。两类学术中心开始普及:面向修士的修院和面向神职人员的大教堂学校。最终,这两种类型的教会学校向世俗儿童开放。后来,出现了第三类的学校,即普通学校(studium generale),它在设计上是非教会的,人可以在其中寻求各种学习。

在意大利出现的第一批大学以这第三类学校为基础,后来在欧洲遍地开花。这样的学校有三种资金来源。例如,(1)在博洛尼亚大学(大约1088年),学生雇佣和支付教师;(2)在巴黎大学(大约1160年),教师由教会支付;(3)牛津大学(大约1167年)由政府支持。

当时大学的性质不同于其他高等学习机构。

> "universitas"一词最初仅用于学校(studium)内的学术行会——也就是说,学生和老师的合作,它总被修改,写作"universitas magistrorum",或"universitas scholarium",或"universitas magistrorum et scholarium"。然而,随着时间的推移,可能在14世纪后期,这个词开始被单独使用,有这样的专有含义,即,一个由教师和学者组成的自我管理的共同体,其团体存在已得到政治权威或教会权威的承认和批准。("Edcucation",2020)

换言之,中世纪盛期的大学不仅是高等教育机构,且是一种独特的学术机构,它具有一系列新的特点,使之不仅区别于基督教欧洲的高等教育学校,也区别于中国和当时其他文明的高等教育学校。"只是在12、13世纪,世界上出现了我们最熟悉的有组织的教育的特征,由教员、学院、课程、考试,毕业典礼和学位代表的教育体系"(Haskins 1957, 1—2)。

2. 这些新的高等教育机构的新奇之处:学位授予和考试

中世纪的学校延续了包括三艺(trivium)和四艺(quadrivium)的"自由七艺"的罗马课程。三艺包括学习语法、修辞和辩证法(即,写作恰当、说话有说服力和思维有逻辑;三者都是语言学习)。四艺包括学习算术、几何、天文和音乐(数学和科学学习)。修院学校和大教堂学校都接受这套课程。对这七门科学(scientiae)的学习有着非常坚实的哲学基础。因此,修院学校和大学将哲学视为所有科学的女王。新兴的大学采用这套课程作为教育的基础,在六年内,一个人可以获得艺学学士学位(bachelor of arts, bachelor=novice)。

为了进一步的学习,一个人可以留在大学里学习神学、法律或医学。巴黎大学是一个典型的例子。它有四个学院:技艺(相当于我们的本科教育)、医学、法律和神学(相当于我们的研究生院)。一个人可以获得硕士或博士(master or docter)的进阶学位(在拉丁语中,"magister"和"doctor"皆指教师,即,有资格教学的人)。因此,进阶学位提供了在大学任教或从事法律或医学专业的许可证。

由于学位的授予,需要进行考试以确保学生取得预期的学习成果。笔试和口试都需要:在口试中,学生需要回应老师提出的反驳,并进行成功的自我辩护。委员会的多数意见决定是否授予学位。

3. 大学产生的外部时机及其意义

除了富裕学生对高等知识的内在需求外,非宗教的高等教育机构兴起的外部因素也同样重要。哈斯金斯说得好:"大学兴起的时机是一场学术的伟大复兴……然而,在1100年至1200年间,新知识开始大量传入西欧……主要通过西班牙的阿拉伯学者——亚里士多德、欧几里得、托勒密和希腊医生的著作,新的算术,以及那些在黑暗时期隐藏的罗马法文本"(Haskins 1957, 4—5)。亚里士多德其他作品的重新出现尤为重要,他在许多实践学科中被学习。例如,在1255年,巴黎大学的所有艺学院学生都必须学习亚里士多德的所有可得到的作品(Aertsen 1993，20；Weisheipl 1983，280)。

　　大学的兴起意味着高等教育在教会组织之外的自主性日益增强。与修院学校和大教堂学校不同,在大学里,人们可以为非宗教目的追求知识,无论是为了知识本身(哲学),还是为了非宗教的专业服务(法律和医学)。当然,为了宗教的知识仍然存在(神学),但在这些大学中,它与非宗教学科和平共处。诺尔斯(Knowles)很好地解释了这种新的高等教育机构的意义:

> 因此,在圣安瑟伦去世和圣托马斯出生之间的一个世纪中,中世纪大学逐渐走向成熟。在其最终的完善中,它将成为中世纪对欧洲文明生活所做的最重要和最原创的贡献之一,并被证明是中世纪的过去留给现代最宝贵的遗产之一。因为大学,在这个词现在通行的意义上,完全是中世纪的创造。在古代世界,没有什么与之相肖……如果我们将大学定义为一个有组织的、有条理的由教师和学生组成的团体,在这个团体中,高等教育是由一个教师团体提供的,教师遵循规定的教学大纲,通过漫长而深入的考试对学生进行测试,然后再承认他们获得学位,学位则是学习的公平证书,那么我们可以说,这是一个完全中世纪的创造,在所有基本要素上,它完整保存到了今天。(Knowles 1962，175—176)。

正如伍兹(Woods)所观察到的,名为"universitas"的新机构完全是中世纪的产物——"在古希腊或者古罗马,从未存在与之相肖的东西"(Woods 2005，47)。然而,只有少数中国大陆学者对这一教育的新发展表示钦佩(例如,Zhao 1994，310),所以有必要在这篇文章中更深入地探索它。我们需要了解欧洲现代性的曙光是如何在中世纪盛期开始的。

二、一种新的学术方法的出现

1. 作为一种新的学术方法的辩证法的先驱们

在中世纪盛期,"辩证法(dialectica)"一词有两种含义。在传统和更广泛的意义上,这个词"是逻辑的同义词,被认为是三艺中的一项自由技艺"(Michaud-Quantin and Weisheipl 2003, 725)。狭义上讲,它是指通过辩论(disputation)进行推理的技艺。一个"disputatio"则指"一对相互矛盾的陈述,它们都由看似有效的论点支持"(Knowles 1962, 175)。因此,狭义的辩证法意味着从冲突的观点来审视议题,即,争论(debate)。辩证法是新的学院(schola)所使用的方法;因此,它也被称为"学院方法(scholastic method)"。

这种方法的第一位先驱是彼得・阿伯拉尔(Peter Abelard, 1079—1142),圣母大教堂学校的一位著名教师。作为一名逻辑学家,他写了一篇短文《逻辑短注》(*Introductiones Parvulorum*)。然而,他最有影响力的作品是他编写的《是或否》(*Sic et Non*, 1120)。它由158个神学问题组成,这些问题具有来自过去神学著作的明显矛盾的观点。他没有试图解决这些矛盾,而是把这本书留给读者和教师。许多修院神学家不喜欢这本书,因为它在所有的教义上都产生了怀疑。然而,阿伯拉尔在这部著作的序言中明确指出了这一点,即,"通过怀疑,我们来探究,通过探究,我们抵达真理"(Rogers 1997, 354)。阿伯拉尔没有援引"怀疑的多马",而是援引圣殿里发问的 12 岁耶稣作为怀疑的建设性例子。

这种学院方法的第二位先驱是彼得・朗巴德(Peter Lombard, 1100—1160),他是阿伯拉尔的学生,也在圣母大教堂学校任教。他的代表作是著名的《箴言四书》(*Sententiarum Quatuor Libri*)。一句"sententia"就是关于一段圣经的一项权威陈述。这部百科全书式的著作,是第一部关于系统神学的专著,是对《圣经》文本的汇编,连同来自教父和许多中世纪思想家的相关段落,几乎涵盖了当时所理解的基督教神学的整个领域。每一章的结构反映了辩论的学院方法:(a)提出一个问题,(b)提供熟悉的答案和理由,(c)引用在其他一些权威著作中的相反观点,(d)提供综合,(e)提出进一步的反驳,以及(f)作出决定(determination)(解决所有分歧)。(参见 Rosemann 2004,66—68)

辩证法的第三位先驱是格拉提安(Gratian, 12世纪),他研究法律。教会法(canon law)是基督教中一个独特的天主教特征。在中世纪,天主教会是欧洲最大的机构,包含各种政治实体。因此,一套统一的,管理信仰、道德和纪律问题的教会规则或法律是必要的。随着欧洲在中世纪盛期的稳定,作为格里高利改革的一部分,对一套统一和权威的教会法的需求变得更加强烈。在许多问题上,属世权力和属灵权力之间日益紧张的关系使得教会非常关心其自身的法律权利。例如,叙任权之争(大约1070—1122年)鼓励属灵权力和属世权力"以成文法中体现的'固定'和'权威'的法律传统为自己在权威上的主张奠基"(Cox 2018,37)。为了恢复对他们声称为持续的教会法规的(canonical)传统真实来源的尊重,格里高利派在罗马和整个意大利的图书馆和档案馆进行了研究。他们发掘了大量有利于罗马教会权利的新片段(Munier 2003,45)。随着更多的文件被发掘,更多的教宗声明和会议文件(papal pronouncements and conciliar documents)被发布(例如,1123年和1139年的第一和第二拉特兰公议会的分别有22部教会法规[canons]和30部教会法规)。因此,在格拉提安时代,可获得大量混乱的书面传统(Boyle 2003,46b)。人们努力使这些差异很大的规则得到统一,但收效甚微。

格拉提安作品《不和谐法令的和谐》(*Concordantia Discordantium Canonum*)——或简称为《格拉提安教令》(*Decretum Gratiani*)——的第

一个版本出现于 1133 年。[1]学者们普遍认为格拉提安受到阿伯拉尔方法论的启发。"将阿伯拉尔的辩证法应用于现有收藏所提供的大量文本,格拉提安提出了支持和反对所选命题的文本,并试图通过定义术语和不停运用解释规则来明了文本分歧"(Boyle 2003,47a)。这些文本被称为"教会法规(canons)",包括教皇法令(papal decretals)、会议法令(conciliar canons)、教父著作的片段和世俗立法的片段。"格拉提安在其评论中讨论了教会法规和它们之间的矛盾,这些散布在教会法规中的评论即是所谓的'格拉提安如是说(dicta Gratiani)'"。(Winroth,2004,5)

《格拉提安教令》(*Decretum Gratiani*)被热情接受,因为它不仅是所有先前传统的权威性教会法规合集,而且是学院方法在所有法律材料上的系统应用(Huizing 1990,66)。这部著作很快被接受为拉丁西方的新兴法律学校的权威,如博洛尼亚、奥尔良和科隆,并在 12 世纪后半叶被几代教会法学家(canonist)研究和注释。

第一位在神学中全面采用辩证法的神学家是朗巴德(1100—1160 年),在 1150 年前后的《箴言四书》中,紧随格拉提安的《教令》(约 1133 年)。它成为数百年间神学的标准教科书。朗巴德在神学发展中的作用与格拉提安在中世纪盛期教会法研究发展中的作用相似,他们都开创了一种新的学科方法和一种新的学术。在但丁《天堂篇》中,格拉提安与朗巴德并肩站在一起(Winroth 2004,1)。这种配对并非来自但丁的想象,在中世纪和现代著作中得到认可,因为他们的作品是"中世纪理论神学和实践神学教育建立于其上的一对支柱"(Winroth 2004,2)。这种理智传统鼓励了对观念的反驳和完善,并促进了创新性作品的诞生,以取代旧作品。

---

[1] 很长一段时间以来,学者们认为《格拉提安教令》出现在 1140 年。然而,安德斯·温罗斯(Anders Winroth)发现了这部作品的一个较短版本(第一次修订)完成于 1133 年。1140 年完成的较长和较晚版本(第二次修订)可能是由他的一群学生编写的(Winroth 2004,3;Larson 2016,xxii)。

2. 大学中的学院方法

大学作为一种全新的高等教育机构崛起的一个重要原因是学院方法的采用,这种方法"本质上是对自由技艺、哲学、神学、医学和法律中的每一相关问题的理性研究,从相反的观点进行审查,以达到一种理智的、科学的,符合公认权威、已知事实、人类理性和基督教信仰的解决"(Weisheipl 2003,747a)。

所有中世纪大学的教学法都包括上午的讲座(lectio)(对《圣经》以及西塞罗和亚里士多德作品等权威文本的演讲和阐述,)以及下午的辩论(disputatio)(关于具体问题的辩证争论)。所有学科都采用了这种新的辩论方法:哲学、神学、法律,甚至医学(Cobban 1975,211—214;Lawn 1993,145)。因此,中世纪大学的学术成果既包括评注的形式,也包括问题辩论(quaestio disputata)或大全(summa)的形式。格拉提安采用了辩证法,并帮助在法律研究的新学科中培养了这种方法论。正如哈斯金斯所观察到的,《格拉提安教令》"成为了教会法的标准文本,因此教会法从神学中被划出,作为高等教育的一门不同学科;博洛尼亚作为一所法律学校的卓越得到了充分保证"。(Haskins 1957,8)

尽管讲座的教学法是传统的,但由于上述的大量新作品涌入欧洲,用于阐述的教科书与修院学校和大教堂学校所用的不同。逻辑、自然哲学和形而上学方面,使用的文本包括亚里士多德的著作(尽管他是异教徒,托马斯·阿奎那称他为"哲学家[the philosopher]",并称穆斯林阿维洛伊(伊本·鲁西德)为"评注家[the commentator]",因为他对亚里士多德的著作非常有用的评注)。医学方面,文本包括希波克拉底(希腊异教徒)、盖伦(罗马异教徒)和阿维森纳(穆斯林)的著作。法律方面,文本包括罗马法和教会法(特别是《格拉提安教令》)。因此,高等教育出现了中世纪欧洲未曾有的国际化,大学成了基督教、希腊、罗马和伊斯兰文明的熔炉。在当时最重要的学科——神学——中,尽管在阿奎那的著作中,奥古斯丁仍被尊为"神学家(the theologian)",但他并非唯一的权威。朗巴德的《箴言四书》是当时最重要、最全面的神学著作,阿奎那将他视为"教师"。换言之,即使是传统的讲座教学法也包含了多元的权威来源。在神学研究中,教材并不以以牺牲后来的神学著作为代价,狭隘地局限于早期教父。相反,其目的是调和过去千年中存在的不同神学流派。正如我们在本文后面强调的,在同一时期的欧洲修院和中国的儒教书院中,这种博大胸襟是不存在的。此外,大学是一个为了追求真理的地方。学者在选择用于上午阐述的文本时忽略了宗教、文化和种族的障碍。同样,这一特点在同一时期的欧洲修院学校或中国儒教书院中未被发现。

博洛尼亚大学是在欧洲成立的第一所大学,在 1088 年(Haskins 1957, 6)。除了为学士学位教授传统的自由七艺外,为了硕士学位和博士学位,神学、医学和法学也被教授。在欧洲高等教育中,第一次在同一教育机构内出现对知识学科和不同类型的专业教育的划分。博洛尼亚大学尤以法律研究(教会法和民法)著称,大多数学者同意,格拉提安曾在那里任教。[1]欧洲高等教育的重大变化为学科的划分和学术领域的扩散提供了制度支持。

3. 辩论的风气

大学区别于当时现有高等学府的最重要特点是,辩论作为一种教学法的广泛使用。每个下午都被用于辩论,这包括以下步骤,无论主题是什么:(a)一位教师提出问题,(b)学生们提出异议,(c) 一位学士(高年级学生)回应,并且(d)教师给出了一个决定(Lawn 1993, 13; Torrell 2005, 66)。这种日常练习被称为关于教师选择的特定主题的"普通辩论","分为逻辑上不同的点,每个问题(quaestio)被细分为一系列逻辑有序的科学问题(articuli)"。

---

[1] "他在博洛尼亚教书——在 11 世纪 30 年代肯定是的,在 11 世纪 20 年代也很可能"。(Larson, 2016, 17)

每年最重要的校园活动是自由辩论(quodlibetal disputation)[1]，该辩论"在将临期和四句期间，仅由杰出的神学教师主持，针对在场的任何人提出的任何问题"(Lawn 1993, 13—17)；它也对公众开放，因此是一个受欢迎的市校联谊盛会(town-gown event)。[2]

这种辩论的风气在阿奎那(1225—1274)未完成的代表作《神学大全》中得到了很好保存，该书共分为613个问题，并进一步分为3093节，每节的结构如下：(a)异议(*Ad primum sic procedidur*)，(b)相反(*Sed conta*)，(c)我回答(*respondeo dicendum quod*)或(d)对异议1的答复，等(*Ad primum ergo dicendum* ……)。

阿奎那是多明我会会士。正如同时代一位多明我会神父和学者所报道的那样，"辩论是一种社会的争辩，一种对话，而不是独白，是一种与他人的对话，像正义一样外向……两个人之间的推理……为了揭露真相……对话而非盘问……普通辩论……仍然进入多明我会学校的每周课程"(Gilby 1949, 279—280)。

4. 学院方法的意义

索邦的罗伯特(Robert of Sorbonne, 1201—1274)，索邦学院(巴黎大学的一部分)的创始人，说过一句著名的话："尚未被辩论的牙齿所咀嚼的，就没有完全已知的"(引用于Dawson 1950, 191)。大约有300年，这种方法不仅用于哲学和法律，也用于神学(神圣教义)和医学(Lawn 1993, 145)。这一方法论的使用意义不小；正如克里斯托弗·道森(Christopher Dawson)所说，"把从最明显到最深奥的每一个问题提交

---

[1] 就词源而言，"quodlibetal"可能来自拉丁语"quilibet"，即"所有有意愿的人"(参见https://logeion.uchicago.edu/quilibet，2021年11月16日。)。或许由此引申，该词被用于指称文中言及的这种辩论活动，译者在此将"quodlibetal disputation"意译为"自由辩论"。——译者注

[2] 据《牛津英语词典》，"town-own"指"designating or relating to interactions between the inhabitants of a university town and members of the university"，译者在此将其译作"市校联谊"，参见 https://www.oed.com/view/Entry/204044?redirectedFrom = town-gown #eid322951133，2021年11月12日。——译者注

给咀嚼过程的倾向,不仅鼓励了机智的准备有素和思想的精确性,而且最重要的是发展了西方文化和现代科学所高度依赖的批判和有方法的怀疑的精神"(Dawson 1950,191)。

如我们所知,教会在中世纪盛期主导着教育。尽管修院神学家批评大学,但教会支持它们。1255 年,教皇亚历山大四世为这一新的教育工具祝福,他说:"巴黎学校的科学在教会中,如同生命树在地上的伊甸园中,是灵魂圣殿中的一盏明灯……正是在巴黎,被原罪所变形、被无知所蒙蔽的人类,通过关于神圣科学所发出的真光的知识,恢复了自己的视觉和美丽"(引用于 Dawson 1950,197)。

三、学院教育与修院教育之间的张力

1. 预期学习结果和方法论的差异

这种崭新的高等教育机构受到传统机构的批评,特别是在其中教授和研究神学时。本节重点关注修院神学家对学院神学的各种批评,并介绍全人教育的问题。全人教育在下一节将得到更详细的讨论。

阿伯拉尔和朗巴德开创的学院神学的一位主要批评者是著名的明谷的伯纳德(修院院长,1090—1153),朗巴德的同代人。博学的法国本笃会修士让·勒克莱尔(Jean Leclercq)在其关于中世纪盛期修院文化的名著的第 9 章中仔细研究了伯纳德的批评声音,这种声音得到了许多修院神学家的响应。[1]由于我无法获得许多中世纪拉丁语手稿,因此我在本节中的讨论非常受惠于他。

我们从考虑不同环境下神学工作的不同朝向开始。修院神学是为了生活在与世隔绝的修院中的修士,他们寻求严格的宗教生活。在大学神学出现之前,大教堂学校教授神学是为了不同的目的,即,社会中

---

[1] 关于中世纪盛期之前修道院教育的研究,见 Ferzoco 和 Muessig(2000 年)。

的神职。在大学的环境中,神学还有一个额外的目的,那就是护教(例如,驳斥伊斯兰教的神学主张)。因此,在修院和大学中学习神学的总体方向是非常不同的。勒克莱尔说得好:"学院神学和修院神学之间的差异对应于两种生活状态之间的差异:世界中的基督教生活状态和宗教生活中的基督教生活状态[即,沉思的生活]"。(Leclercq 1982,196)

用现代教育习惯用语,这两种学习神学的环境的预期学习成果(Intended Learing Outcomes, ILO)也是不同的。在修院,所有学习的预期结果都是培养一个人的灵性,使这人成为成熟的基督徒、圣徒。这一结果的证据是一个人转变了的道德和宗教生活——实现道德完善并与上帝结合(union)(Leclercq 1982,216—217)。(下面将叙述,儒学教育的ILO与修院的惊人相似。)然而,在大学环境中学习神学的ILO却大不相同。它要求更高,因为要求毕业生必须是"理智上的教师"。进阶学位的授予证明一个人拥有成为大学教师的执照,这是基于有客观考评标准的考试。然而,由于不需要圣徒性和道德完善,这种ILO也更加谦虚,因为在有限的时间内不可能出现圣徒性和道德完善的客观考评。

由于它们的预期学习结果非常不同,修院神学和学院神学的方法论非常不同。第一,表达方式不同。修院神学家专注于圣经语言(例如,图像、诗化表达),而学院神学家大胆使用哲学概念和抽象术语(尤其是亚里士多德的)。对于后者,主要关注的是清晰和精确,而修院神学家则反对以这种方式研究神的奥秘(Leclercq 1982,200)。

第二,传统的作用是不同的。正如勒克莱尔所解释的,"修士们似乎出于本能,倾向于传统,而不是追求问题和新的解决方案",并且"他们认为这种对教父的服从是谦卑的一种形式"(Leclercq 1982,201)例如,圣伯纳德"不想在教父的教导中添加什么"(Leclercq 1982,201—202)。然而,对于学院学者来说,当他们"想要描述他们对古代思想家的依赖时,他们把自己比作坐在巨人肩膀上的矮人:虽然比他们的前辈矮小,但他们看得更远"(Leclercq 1982，202)。[1]换言之,学院神学家承认他们既依赖于早期教父,又独立于他们。他们并不羞于以大全的形式表达新的神学知识,尽管他们也发表了对古代经典的评注。[2]

第三,辩证法的作用非常不同。修院神学家谨慎使用辩证法(即逻辑和辩论的教学法),将其使用局限于自由技艺,而不用于神圣教义。他们不希望神学被视为"自由技艺中的一门"(Leclercq 1982，203)。对于亚里士多德提倡使用逻辑时,修院神学家以怀疑的眼光看待他。这一评估反映在中世纪手稿《欢乐花园》(*Hortus Deliciarum*)中著名的"自由七艺"(septem artes liberales)图中,此书于 1180 年左右在一座修女修院中被创作或抄写。自由七艺的化身们被放置在一个外圈中,哲学被描绘成内圈中的女王。围绕哲学女王的圆环上写着:"我,哲学,用神圣的技艺统治一切存在之物,将臣服的技艺分为七部分"。重要的是,是哲学,而非《圣经》中的智慧(sapienta),被加冕为知识的女王。而哲学女王所举的旗帜上写着:"所有的智慧都来自主上帝;只有智者才能做他们想做的事"。(Griffiths 2007，150—151)图中有两处安排值得注意。第一,作为自由七艺之一,辩证法的代表是一个拿着一条狗的女人,有一个短语"狗头(caput canis)"写在她旁边。围绕着辩证法的拱门上写着这样一句话:"我的论辩迅速跟在后面,就像狗吠一样"。这是对逻辑和辩论技艺的批评,因为它反映了修院神学家对它的不满。第二,

---

〔1〕 "受《路得书》的启发,圣伯纳德用一个不同的形象来解释他对教父更为谦虚的态度:我们只是卑微的捡拾者,跟随着这些伟大的收割者。他完全服从于'基督教纪律',应该像在波阿斯的田地里一样,在《圣经》中寻找他所有的谷物;他不应该渴望通过沉浸在世俗的研究中来收割异国的土地。伟大的收割者是圣奥古斯丁、圣哲罗姆和圣格里高利,他们之后的人应该留在穷人和仆人的行列中:在教堂里,他们应该谦卑地把自己算在最不重要的人中。"(Leclercq 1982，202)

〔2〕 "不乏谴责学院式骄傲的言论,认为这是一个太普遍的现实,也是一个非常现实的危险。十二世纪末,图尔内尔的斯蒂芬(Stephen of Tournail)觉得有理由给教皇写道:'学生们不再对新奇事物以外的任何东西感兴趣了;那些把自己的知名放在一切之上的教师们每天都在撰写新的大全和神学作品,这些作品取悦读者,并使他们误入歧途,就好像解释经文的教父著作不足'。"(Leclercq 1982，206)

内圈中,哲学女王下面是两位哲学家,苏格拉底和柏拉图;阿奎那称之为"哲学家"的亚里士多德是缺席的。正如勒克莱尔所解释的,"非常明显,图示的这两位圣人应该是苏格拉底和柏拉图。后者比其他人更被认为是一个虔诚的人……另一方面,亚里士多德只通过他的逻辑学作品而闻名,常被认为是辩证法最好的大师,而辩证法的滥用正为他们所担忧"(Leclercq 1982, 204)。也就是说,尽管修院神学家重视哲学,但他们对辩证法(即逻辑和辩论的教学法)的评价与学院神学家大不相同。

正是在这种背景下,许多中世纪盛期的思想家对逻辑和哲学进行了贬低的评论。明谷的尼古拉斯(Nicholas of Clairvaux)评论说,"为所有事物设定了界限的祂不能被禁锢在辩证法的界限之内"。(引用于 Leclercq 1982, 216)明谷的伯纳德批评阿伯拉尔,说"彼得·阿伯拉尔试图剥夺基督教信仰的一切价值,当他想象上帝的本质可以被人类理性所理解时"。(引用于 Leclercq 1982, 235, note 136)彼得·达米安(Peter Damian)臭名昭著地宣称,"哲学只是神学的女仆"(Lawn 1993, 101—103)然而,这些评论只反映了修院神学家的观点,而非学院神学家的观点。

第四,心态非常不同。修院神学家对任何神圣奥秘都非常坚定,这是"当被尊敬的,而不当被仔细研究"。(Leclercq 1982, 204)他们指责学院神学家在他们复杂的论证和驳论中表现出的骄傲。[1]他们谴责好奇心,转而呼吁谦逊和圣洁的素朴(simplicity)。[2]对于修院神学家来

---

[1] "根据某位 19 世纪历史学家的说法,'对于像圣伯纳德这样的人来说,圣托马斯的《神学大全》及其异议和自由讨论,似乎是人类骄傲的展示,其理智假设与阿伯拉尔的《神学》一样令人震惊'"。(Leclercq 1982, 208)

[2] "对辩证法的滥用产生了一种好奇,修士们拒绝了这种好奇,因为它似乎与圣本笃建立修院生活所基于的谦逊相悖。修士们喜欢引用圣保罗的话:知识让人自大(scientia inflat)【译者注:这句话的拉丁原文来自武加大本《哥林多前书》8:1,对应的和合本译文为,'知识是叫人自高自大'】。他们用'素朴'来抵消这种自负的知识"。(Leclercq 1982, 205)

说，"心灵必须回到一种单一的事业和专注。一种单一的寻求和一种单一的探索必须取代所有这些问题。寻求上帝，而非讨论祂，以避免过于微妙的研究、辩论和多样的论证带来的内心混乱，为了逃避纷争的外部喧嚣，为了消除无用的问题——这就是素朴的首要作用"。(Leclercq 1982, 205)对他们来说，任何关于神圣教义的学院式辩论都与修院生活不兼容。勒克莱尔得出结论，"明白的是，清醒的心灵清楚地意识到，那里有争斗的机会，而不是'知识'，但某种形式的学术被认为与沉思生活几乎不兼容"。(Leclercq 1982, 207)

第五，他们以截然相反的方式评估好奇心的作用。明谷的伯纳德的一篇有影响的短文是《谦逊和骄傲的步骤》。他详细描述了谦逊的12个下降步骤，与圣本笃提出的谦逊的12个上升步骤相对应：骄傲，或hubris，被认为是亚当和夏娃的罪，导致了人类的堕落。伯纳德断言骄傲始于好奇，他将好奇定义为"当眼睛和其他感官注意和这人无关的事情"。(Bernard 1980, 27)这是通往第十二步"罪的习惯"的向下之路的第一步。伯纳德观察到，"在前六步中，我们发现对弟兄的蔑视；在后四步中，我们发现对上级的蔑视；在最后两步中，我们发现对上帝的蔑视"。(Bernard 1980, 27)在他的主要著作《雅歌布道》的第36篇布道，伯纳德写道，"因为有些人渴望认识的唯一目的是认识，这是可耻的好奇心"。(Bernard 1976, 176)[1]

阿奎那在他的主要著作《神学大全》II—II，第167题("论好奇")，第1节、答复3，中持相反的观点："学习哲学本身合法和值得赞扬，因为哲学家们通过上帝向他们揭示而获得的真理，如《罗马书》1：19所述"。

---

[1] 伯纳德区分了认识的五个不同目的：单单为了认识的目的、为了被认识、为了出售其果实而得到金钱或荣誉、为了服务，和为了有利于自己。他只赞同最后两个目的，"因为他们为了行善而渴望认识"。(Bernard 1976, 176)在这篇布道前面的地方，伯纳德还争辩道："所有知识本身都是好的，只要它建立在真理的基础上；但是由于时间的短暂，你急于在恐惧和颤抖中得到你的救赎，所以要注意去主要和首要地学习教义，你的救赎密切依赖它们"。(Bernard 1976, 175)

此外,作为亚里士多德的仰慕者,阿奎那撰写了《亚里士多德〈形而上学〉评注》,该评注以这句著名的话——"凡人都自然地渴望认识"——开始。阿奎那提供了三个理由来支持这一说法。"第一个理由是,每一事物都自然地渴望自己的完善。因此,质料也被认为渴望形式,就像任何不完善的事物渴望自己的完善一样。因此,因为理智——人通过它而是其所是——就其本身被认为,在潜能的意义上是所有的事物,并且只有通过知识才能在现实意义上成为它们,因为正如《论灵魂》第三卷所述,在理解他们之前,理智并非这些存在的事物,所以,每个人自然地渴望知识,如同质料渴望形式一样"(Aquinas 1961,27)。对阿奎那来说,所有知识本身都是美善的,因为它可以完善人之自然,尽管他也意识到人类如何经常滥用知识。

这一问题继续引起分歧。在 14—16 世纪,修院学校重申了他们对学院神学的反对。"在整个演变过程中,一个持续的主题是对好奇(curiositas)的批评,参考圣伯纳德在其《谦逊与骄傲的步骤》一文中所写的内容"。(Leclercq 1986,193)

2. 对神学知识本质的不同理解

最后,这两种环境在对神学知识本质的理解上有所不同。对于每天进行辩论的学者来说,和大学教授的其他学科一样,神学也是理智的知识。对修院思想家来说,神学不仅仅是理智的——要认识这位有位格的上帝,一个人需要亲身遭遇上帝。[1]所有对上帝的个人化认识都是从祈祷开始的。伯纳德说,"我们是以更有价值的方式寻找,我们通

---

[1] 道依茨的鲁珀特(Rupert of Deutz,约 1075-1080 年—约 1129 年),一位有影响的本笃会神学家,写道,"这种知识并非来自外部的,似乎是外来的,记录,它来自内在的和个人的经验。那些对学习感到骄傲的人,放任他们尽其所能增加他们的知识吧——或者至少是他们认为是知识的东西,他们永远不会获得这种特殊的理解"。(引自 Leclercq 1982,212)在这种语境下,经验"仅仅意味着,在研究和反思中,重视内在的启迪……,亲密祈祷的恩典……,品味和欣赏教父传统中不断教导的神圣现实的方式"。(Leclercq 1982,213)

过祈祷比通过辩论更有能力去发现"。(引用于 Leclercq 1982, 211)在修院生活中,祈祷是"所有理解和所有爱的源泉"。上帝的启示是通过"经由沉思获得的光照"来理解的。(Leclercq 1982, 211)[1]

从大学学习中获得的那种知识并非修院生活的知识。圣本笃是"有学识的无识和明智的无知"(Leclercq 1982, 207),因为对他来说,唯一重要的学识是爱。在 14 世纪的法国写作时,理查德·罗尔(Richard Rolle)"建议那种就是爱的学识,正如圣格里高利就此所说的:爱本身就是知识:一个人爱得越多,就知道得越多"。(Leclercq 1982, 208)伯纳德最著名的短文是《论爱上帝》。(Bernard 1973, 93—132)个人化地爱上帝,而不是爱关于上帝的辩论,是一种"更高的知识,是信仰的补充和成果,并在祈祷和沉思中达到圆满"。(Leclercq 1982, 214)[2]在爱上帝中,人经验到与上帝的密契合一(mystical oneness)。"和所有修士一样,圣伯纳德强调对上帝的认识应该保留的本质上**宗教的**特征:它应该是一种让人与上帝联合和联结的知识"(Leclercq 1982, 216),因此修士们不满于在"世俗"大学学习神学。"但总而言之,学院神学与修院神学之间的重大区别在于后者重视与上帝结合的经验"(Leclercq 1982, 212)。因此,对伯纳德来说,"学习与密契主义……是结合在一起的"(Leclercq 1982, 214)(这类似于新儒学的观点,即,学习的最终目标是实现"天人合一",这将在下一节中详细阐述)。此外,如果爱上帝并与上帝结合是神学教育的最终目标,那么更直接的目标是过一种完善的

---

[1]　对于修士们来说,阅读《圣经》不同于阅读其他书籍。他们提倡"神圣阅读(lectio divina)",这是通过阅读、默想、祈祷和沉思的四步方式,来帮助人们聆听上帝的声音。

[2]　伯纳德在《圣经》中最喜欢的书卷是《雅歌》,他的 86 篇《雅歌布道》构成了他的主要著作之一。认识上帝就是爱上帝,爱的一个象征就是亲吻,他在第六篇布道中讨论了这一点。正如勒克莱尔总结的那样,"上帝对我们的爱是我们关于上帝所有知识的来源,对我们而言,没有爱就没有对上帝的宗教知识。'如果教父没有被完善地爱,他永远不会充分认识'。以一种有益的方式——这方式既是拯救的结果也是手段——认识上帝,就是爱他:这意味着意愿他的奥秘可以在我们身上实现。灵魂之吻所需要的两片嘴唇是理性和意志;一者理解,另一者同意"。(Leclercq 1982, 221)

宗教—道德生活,即,成为一名圣徒。因此,伯纳德说,"并非辩论,而是圣洁,能理解,是否不可理解者能通过某种方式被理解。这种方式是什么? 如果你是圣徒,你已经明白了,你知道;如果你不是,成为圣徒,你就会通过自己的经验学习到"(Leclercq 1982,216)。(如下一节所述,新儒学教育也强调"成为圣人"的切近目标,以便实现天人合一的最终目标。)

四、对中世纪盛期全人教育的意义

用今天的用语来说,修院生活提供了全人教育,因为它教授了包括三艺和四艺的基本自由技艺。每个修院都有一个拥有各种书籍的图书馆。哲学被认为是所有科学的女王。在导师的指导下提供属灵—道德的塑造(formation),在严格的纪律下实行集体生活。唱诗形式的音乐每天都要练习几次。然而,随着大学的兴起和神学研究性质的改变,全人教育似乎已经消失。应该指出的是,"在修院里,神学是根据修士的经验来学习的,这种经验意味着一种修院中的信仰生活,在修院中,宗教思想和属灵生活,对真理和追求和对完善的寻求,必须携手并进,相互渗透"。(Leclercq 1982,199)这不仅是对知识的单一维度的理智寻求。除了宗教塑造之外,修院学校还提供道德塑造。全人教育意味着知识和道德实践应该携手并进。因此,一心追求更多更新的知识只会偏离教育的基本目标:过一种更好的道德生活。更糟糕的是,它会导致理智上的傲慢,这是一种恶/罪。

回应这一严重指控,一所中世纪大学的说理可能如下:经过严格的理智测试后,大学授予学位。这一教育机构不是为道德—属灵塑造而设计的,而道德—属灵塑造在教会(基督教世界的语境)中广泛可得。学习神学以成为圣徒和在道德上完善只是对少数人的呼召;然而,大学为各行各业的人服务。修院学校不能满足人类对知识的渴望,因为它们根据知识对属灵成熟的贡献来评判所有知识。发现、传播和增进知识需要另一类高等教育机构。简言之,大学的倡导者可能会争辩说,修院学校和大学都是合法的——每个都有其自身的优势和局限性,而且都无法单独满足全人教育的所有要求。

这个可能的回应并不仅是我自己的猜想。我在上面广泛引用的勒克莱尔得出结论,修院神学和学院神学"只是神学方法的两个互补方面"。(Leclercq 1982, 222)正如他所解释的,"修士和学者之间的差异不在于教义领域,而在于心理领域。他们是两种不同生活状态的结果,这两种生活状态在教会都是合法的"(Leclercq 1982, 217;参见 196):大学是为了世界中的行动生活,修院是为了共同体中的沉思生活。"学者的努力在很大程度上是由教会对行动的需要引起的:辩论、教牧管理,或者对新问题的再次解决。修院思想较少受当前问题的影响:相反,它只受寻找上帝的永恒需要的支配"。(Leclercq 1982, 224)

那些有更高的呼召去过更完善、更虔诚生活的人应该进入修院。大学是为普通基督徒开设的。"但那些在职业上属灵的人,通过他们的天职**唯独(exclusively)**朝向寻求上帝,在这种信仰的活动中,在同样宗教性的反思中,他们可以达到更高境界"。(Leclercq 1982, 223,着重由我所加)修院神学的目的"不是揭示上帝的奥秘,解释它们或从中得出任何推理的结论,而是让他们的**整个生活(whole lives)**都沉浸在这些奥秘中,并命令他们的**整个存在(whole existence)**去沉思"。(Leclercq 1982, 223;着重由我所加)大学不是适合这些人的教育机构。"一般来说,修士们不是在学校里,在学者的指导下,通过问题(quaestio)获得他们的宗教培养,而是在修道院院长、属灵父亲的指导下,通过阅读《圣经》和教父,在修道院生活的礼仪框架内,单独获得宗教培养。"(Leclercq 1982, 2)相反,正如下一节所解释的,在"正统"新儒学的教育哲学中,没有两种人生状态——每个人都被期待去学会追求最重要的人生目标:

通过追求道德完善而成为圣人。

当时教会不顾修士和修院院长的强烈批评,肯定这两种高等教育模式,这一事实表明教会理解这两种教育体系的互补性。他们服务于教会和社会的不同需要。教会既需要属灵之人,也需要理智上的教师;因此,在 1231 年,教皇格里高利九世授予巴黎大学特权:

> 巴黎,科学之母,闪耀着珍贵的光辉,感谢在那里学习和教授的人。在那里,他们为基督的军队准备了信仰的盔甲、圣灵的宝剑和其他宣扬赞美基督的武器……我们授予教师和学生权力,以制定明智的规则,关于课程和讨论的方法和时间,以及合适的着装形式;关于谁应该讲课,在什么时间,选择什么作者;关于工资的确定和驱逐违反这些规则者的权力。(Comby 1985,152)

尽管只有一个教会,但有两种高等教育机构和模式。这是西方文明的一项关键成就,却是前现代中国所缺乏的。

五、12 世纪和 13 世纪的儒教书院

1. 背景

中国有着悠久的文明历史,而帝制中国有着悠久的高等教育历史。这个机构最初是在首都建立的,由政府为有利于治国之道而管理。中国的高等教育始于西汉时期(公元前 206 年),当时政府把儒学思想确立为国家意识形态,太学(advanced institutes)为深入研究五经而设立。这些经典旨在在道德塑造或自我修养的过程中指导个人,以至于他们成为道德上有美德的人。中国传统教育专家李弘祺总结了早期儒学的教育理想:"可以清楚看到,儒学思想,以及作为一个整体的中国传统,把个人道德的完善和从这一成就中获得的快乐视为教育的主要目的和

目标"。(Lee 2000,4)在后来的朝代,高等教育课程扩展到其他儒学经典,但儒学经典得到了最密集的学习。与道德修养无关的知识(如,数学、天文学、医学、法律)被降到了专门的技术学校,这些学校也在首都设立,但声望很低。[1]

2. 宋代私立儒教书院的兴起及其教育哲学

宋代中国的高等教育(公元 960—1279 年)值得特别关注,因为这是儒教思想和儒学教育复兴的时期,而且首都的帝国高等教育机构也经历了一些重要变化。正如李弘祺所解释的,"到了宋朝,政府教育的重要性已经降低了,特别是在更高层次。文官考试让教育领域蒙上了阴影,并成为影响中国教育进程的最具决定性的力量"。(Lee 2000,78)因此,人们追求高等教育主要是为了职业发展。为了抵消这种"不正当"的刺激,一些著名儒教学者建立了自己的私立书院(colleges or academies),以图教授儒学而为了"正当"的学习结果:成为圣人(一个完全且完善地有美德的人;参见 Angle 2009,18—20)。这几十所书院中的每一所都由一位著名儒教学者管理。正如李弘祺解释的那样,"宋朝思想家,主要是新儒学家,最关心的是对抗考试实践所培养的流行的功利教育目的。为了取代这种扭曲的观点,他们提出,对完善生活的思考和探索在于道德人格的培养"。(Lee 2000,280)[2]

人们经常观察到,这些新的儒教书院在很大程度上受佛寺影响。

---

[1]　科学教育的发展是场悲剧。它在唐代受到更多关注,但在宋代被忽视;它被元朝政府再次拾起,但在明代再次被忽视(Lee 2000,512—525)。新儒学似乎阻碍了科学教育的发展。中医教育尤其是一种文化反讽。中医在当今享有很高的声誉,但过去从业者的社会地位很低。医学是整个欧洲大学教育的一个必要部分;博洛尼亚大学和帕多瓦大学的解剖剧场仍然是热门旅游景点。相反,在前现代中国,中医却从未在高等教育机构中获得一席之地。

[2]　朱汉民认为,这些私立儒教书院的兴起有四个原因:(一)战时的混乱导致人们迁移到中国南方,那里成了学术和文化的地方;(二)新儒学运动;(三)佛教和道教都在扩张,修行者在山间建立了学术中心;以及(iv)印刷和造纸的发展导致书籍激增,儒教书院最初是私人图书馆(Zhu 2013,13—16)。

(Hu 1991, Lee 2000)[1]然而,他们的教育哲学显然是儒学的。为了理解新儒学的教育哲学,我们从术语"大学"开始。今天,这个短语的意思是"大学(university)",但在古代,它被用来指成人教育。它也是一篇儒学短文的标题,这篇文章在宋代由朱子提升为核心儒家经典。这篇著名的论文(译为《伟大学问》)的第一句话说:"大学之道,在明明德,在亲民,在止于至善"。(Chan 1963, 86)陈荣捷解释了这段简短的经典文本的巨大意义:

> 这部小经典的重要性远远超过它的小篇幅所能体现的。它概括了儒教的教育、道德和政治纲领,用所谓的"三纲领"进行了整齐的概括:明明德,亲民与止于至善;在"八条目"中:格物、致知、诚意、正心、修身、齐家、治国和平天下……这八步是将人性化为现实生活、谨慎维护个体和社会两边之间的平衡与和谐的蓝图。正是由于这一意义,《大学》才被列为儒学经典,并在过去八百年中产生了深远的影响。(Chan 1963,84)

狄培理对"三纲领"的阐述也很有帮助:

> 这些指导原则中的第一条是"显明或表明光明的美德",指的是所有人的道德本性,这一本性本来是明晰和光明的,但如果要充分表

---

[1] "书院的早期历史始于儒教思想家如何看待和理解佛寺及其教育计划在中国人生活中所起的作用。在新儒学兴起之前的年月里,世俗人士长期利用佛寺甚至道观进行私人研究。在一种安静而和平的环境中,学生们可以自由致力于学习,不受宗教秩序的阻碍。在他们对内心平静的个人寻求中,宗教人士严格的纪律、生活的宁静和安逸让许多人印象深刻……朱熹的书院就像这些佛教或道教的机构。对他来说,教育的目的远不止通过文官考试的功利目标。他的为了人们自己寻求道德真理的立场成为中国教育领域的一个主导主题。主要以他和其他宋朝思想家发起的运动命名的新儒学思想,是中国未来七百年教育思想的旗手"。(Lee 2000, 7—8)

明出来，就必须消除模糊……第二条指导原则是"更新人"，即，帮助他人通过自我修养表明其道德本性……指导原则中的第三条是"停留于最高的善"；这意味着显明光明的美德（表明道德本性）和更新人民，一个人应该达到终极善的境界并留在那里。（de Bary 1989，195）

这八个步骤包括"自我修养的连续步骤……涉及一系列认识、道德和社会操作"（de Bary 1989，196）。

正如李弘祺所评论的，"四书的历史意义是不可估量的，它强调一种对知识的**整全的(holistic)**和道德的进路，这影响了中国儒教学者，甚至其他宗教的学生对学习目的的理解"（Lee 2000，297；着重由我所加）。所有的学习主要或最终都是为了道德塑造或道德品格的修养。相近地，狄培理认为教育的目标是提供"给个人一个适合**全人(whole person)**的榜样"（de Bary 1989，198；着重由我所加）。在我们审视"全人教育"这一主张之前，我们需要更好地理解宋代新儒学的教育哲学。

《大学》很好地表达了新儒家的教育哲学。从上面的论述可以清楚看出，教育的目标是塑造一个人的道德品质。一旦个人道德生活井然有序，一个人与家庭成员和社会的伦理生活也将随之而来。

宋代新儒学的核心入门文本是《近思录》，此书由朱熹和吕祖谦编纂，后者是另一位新儒家学者。它是朱子时代以前新儒家著作的按主题编排的选集。第二章，"为学大要"，对我们的目的非常重要。接下来的文本总结了新儒家关于教育的预期学习成果："濂溪先生说：'圣希天，贤希圣，士希贤。'"（Chan 1967，35；经更正）。通过学习，每一个认真的学生（士）都应该成为一个善良和有能力的人（贤），而非为了学术的原因去成为有学识的。在进一步的学习中，这样一个人应该有志成为圣人（圣，道德完善的人）。最后，这样一个人应该有志于"天人合一"。在新儒学的教育哲学中，品格上完善高尚是切近的目标，而天人合一,新儒学的一个关键理念,是最终目标。因此,教育最终是关于伦理和宗教的。

这章的第94条阐述了这种教育哲学:

> 今且只将尊德性而道问学为心,日自求于问学者有所背否? 于德性有所懈否? ……每日须求多少为益。知所亡,改得少不善。此德性上之益。读书求义理,编书须理会有所归着,勿徒写过。又多识前言往行。此问学上益也。(Chan 1967, 82—83)

"尊德性而道问学"这句短语最终被用来区分种新儒家的两个学派。在本文中,我们不需要详细讨论这两个学派。这条强调,学习、知识和学术都是为了道德——不仅是道德知识,而且是道德行为。同一章(第27条)中有相关的一条:"明道先生以记诵博识为'玩物丧志'"(Chan 1967, 52)。新儒家的教育哲学排除为了知识的知识;知识总是为了道德上的自我修养。[1]

朱熹的教育哲学是"变化气质,克己复礼,复其初"。(Lee 2000, 282)我们可以通过一个案例研究来更仔细地了解他的哲学。[2]

3. 个案研究:白鹿洞书院

在几十所私立儒教书院中,有四所特别有名。为了两个原因,我们仔细看看在江西省庐山的白鹿洞书院。第一,它与当时最伟大的儒教哲学家朱子有着密切联系。第二,朱子为这所书院编了一套学规(可能在公元1180年),它们被刻在建筑外的一块石碑上。全文翻译如下。

---

[1] 关于"广泛的知识"的一句评论是"追求小的东西而遗忘大的"(Chan 1967, 52)。大的图景总是关于追求道德完善;一个人不应该在学术和博学这样的小事上花费太多时间。

[2] 我们应该注意到,朱子并不代表南宋新儒学思想的全貌,因为陆象山创立了对立的新儒学学派。毫不奇怪,最近一本完全致力于陆的哲学教育的专著,是对他的道德教育哲学的阐述(参见 Guo and Gu 1996)。

父子之间应该有情感。

在统治者和大臣之间，应该有正义。

夫妻之间要注意各自的作用。

在老人和年轻人之间，应该有一个适当的秩序。

朋友之间应该有忠诚。

以上是五种教导的内容。

广泛学习，准确提问，仔细思考，清楚区分，认真实践。

以上是学习的顺序。

说话要诚恳和可信，做事要认真和恭敬。抑制愤怒，压制欲望。向善运动，改正错误。

以上是自我修养的要领。

端正道德原则，不追求利益。照亮道，不计较结果。

以上是办事的要领。

不要对别人做你不希望他们对你做的事。如果你的行为不成功，就向内寻求原因。

以上是与他人打交道的要领。[1]

（英文翻译自 Chan 1989，397）

这些规范被后来的新儒家书院称为"学规"。(de Bary 1989，202)

这些规范被整齐地分为五个部分，但只有第二部分涉及学习。第一部分涉及致力于履行家庭—社会责任。第三部分涉及自我道德修养。第四部分涉及做道德判断的标准。第五部分涉及人际关系中的道

---

〔1〕 朱熹《白鹿洞书院揭示》中相应原文为："父子有亲，君臣有义，夫妇有别，长幼有序，朋友有信。右五教之目……博学之，审问之，谨思之，明辨之，笃行之。右为学之序。……言忠信。行笃敬，惩忿窒欲，迁善改过。右修身之要。正其义不谋其利，明其道不计其功。右处事之要。己所不欲，勿施于人。行有不得，反求诸己。右接物之道。"原文引自朱熹：《白鹿洞书院揭示》，见朱杰人、严佐之、刘永翔主编：《朱子全书》第 24 册，上海古籍出版社、安徽教育出版社，2010 年，第 3586—3587 页。——译者注

德行为。新儒家书院的这一典范章程所传达的总体信息非常明确：儒教书院更多是为了道德塑造，而非理智追求。

我认为，通过将理智追求纳入道德塑造这一凌驾一切的目标，新儒家书院实际上更接近于中世纪欧洲的修院学校，而非大学。就修院学校而言，共同体生活受创始人设立的规则的管理，每一所新儒家书院则有它自己的共同体生活规则。促进道德和属灵塑造的日常仪式无处不在。儒教书院的学生们以每天早晚向孔子致敬，并正式问候老师和高年级同侪，代替了弥撒、忏悔和唱圣诗。每月两次，每人在孔子像前焚香并鞠躬，学生们还会向老师和同龄人鞠躬（Chu 2002，168—169）。

人们可以称此为"全人教育"，因为理智维度和道德维度都存在。然而，新儒家的教育哲学不允许学生为了知识自身的缘故而追求知识，[1]而只允许学生为了道德塑造而追求知识。中国传统教育专家李弘祺称这种教育为"不自由的"。（Lee 1995）[2]

4. 儒学书院类似大学还是类似修道院学校？

我在前文证明了，"大学（universitas）"的出现是相对于修院学校和大教堂学校的一种新现象；与之类似，一些中国学者认为私立新儒家书院是一种新现象，相对于首都的帝国高等教育机构。然而，尽管两种教育机构出现在大致相同的时期——11世纪和12世纪——它们之间几乎没有相似之处。与中国最近的一些发现相反（Liu 2012；Sun and Ren 1997），宋代的私立儒教书院与欧洲中世纪盛期的大学完全不同，但更像是当时的修院学校。没有固定的课程、固定的学习年限、定期的考试或授予学位。如上所述，新儒学思想家们从大量佛寺那里，获得了在山

---

[1] 张载是新儒学的先驱之一，他对理智知识和道德知识进行了区分，认为后者并不依赖于前者（"见闻之知，乃物交而知，非德性所知；德性所知，不萌于见闻"；Zhang 1978，24）。

[2] 很容易谈论高调的儒学教育理想，而不涉及历史上的具体体现。黄的除此之外非常优秀的关于《孟子》中全人教育的文章就是一个很好的例子（Hunag 1996）。然而，李弘祺的杰出著作在历史教育语境中考察了儒学理念。

间建立私立书院的想法。[1]无论是在中国还是亚洲其他地区,佛寺体系都是学术中心。(参见 Dawson 1950, 47)[2]所有新儒家书院所采用的教学法主要是关于儒教经典的讲座,由学生的讨论和"反诘争辩(disputes)"补充,其中,学生提出问题,老师给出权威性的答案。没有发生丝毫类似于士林式辩论的争论发生(参见 Hu 1991, 163—208),辩论当然没有被制度化为与讲座相平等的教学法。每所书院都由一位著名的儒学家(一种院长)领导。当宋代出现对立的新儒学学派时,这些书院的学生以非常党派化的方式互相攻击(Hu, 1991, 261—262; 265—267),甚至互相指控对方为异端(Hu 1991, 264—266)。不同于中世纪大学,这些新儒学学者和学生没有进行理性、逻辑的辩论。(朱熹和陆象山之间的一次著名的公开辩论以激烈结束,未曾举行其他公开辩论。中国文化珍视和谐,这导致一元化的整合,中国文化不喜欢双方争论的观点。)他们互相谴责对方缺乏相关经验或"对道的体证、证会(realisation)"。因此,余英时认为,他们的竞争不是诉诸理性,而是诉诸宗教经验(Yu 1991, 72—73)。他们对教义(dogma),比开放的知识,更感兴趣。相比之下,中世纪大学非常乐于接受来自其他地方的新知识:"亚里士多德、欧几里得、托勒密和希腊医生的著作,新的算术,以及那些在黑暗时期隐藏的罗马法文本"(Haskins 1957, 4—5)。修院学校和新儒家书院分别专注于其塑造性的思想家:早期教父和孟子。它们都不提供专业教育以满足社会需求。对于中世纪大学来说,它们的主要任务是追求真理(各个领域的理智知识),最主要的权威是逻辑。因此,学生和教师地位相平等。除了每天下午的辩论外,每半年一次的自由辩论

---

[1] "与佛教僧伽一样,书院也是新儒家弟子的培训场所。佛教僧伽教育对书院的影响体现在对纪律、遵循仪式和讲座的重视上。陆九渊(1139—1193)的著名做法包括,他的象山书院的选址、他日常演讲的仪式惯例,还有他甚至给他在象山的私人书房命名为方丈(字面意思为一丈见方),这些都反映了佛教的影响"。(Lee 2000, 86)

[2] 藏族佛寺体系至今仍在扮演这一角色。

(一位著名教师就现场向他提出的话题与其他每个人辩论)是一个巨大的市校联谊盛会。对于修院学校和新儒家书院来说,它们的主要使命是追求善良和圣洁(属灵和道德的塑造)。最主要的权威是属灵—道德导师;因此,师生关系是不平等的。事实上,新儒学把教师提升到与天、皇帝和父母相当的极高地位(天地君亲师)。

5. 全人教育:三种高等教育类型的总体比较

学院大学、修院学校和儒教书院总体比较

学院大学	修院学校	儒教书院
预期学习成果(ILO):成为一名知识分子(intellectual)。	**预期学习成果(ILO)**:成为一名圣徒(属灵—道德完善),并与上帝实现密切的结合。	**预期学习成果(ILO)**:成为一个圣人(一个完善的有美德的人),并经验天人合一。
课程内容:所有知识:文理通识(arts and sciences)、专业培训、神学。	**课程内容**:基本文理,密契神学(没有"世俗的"专业教育)。	**课程内容**:只有文科知识(没有科学或专业教育)。
教材:关于三艺或四艺的希罗文本,希腊哲学,亚里士多德的伊斯兰评注,罗马法和教会法,罗马医学,过去千年的神学文本(文化多元主义)。	**教材**:关于三艺或四艺的希罗文本、希腊哲学、神学文本,特别是早期教父的文本(无伊斯兰作者)。	**教材**:儒教经典、历史、文学、新儒家哲学(没有道教或佛教著作;没有科学、医学和法律)。
好奇心的作用:肯定好奇心;为了知识而知识有正当性。	**好奇心的作用**:好奇心是"可耻的";否定为知识而知识。	**好奇心的作用**:正当的知识只有德性之知(moral knowledge);闻见之知(intellectual knowledge of various kinds)本身不应是目的。
新思想的作用:将新发现的亚里士多德哲学范畴整合到神学中。	**新思想的作用**:拒绝将异教哲学与神学混为一谈;只保留早期教父的传统神学。	**新思想的作用**:拒绝融合佛道思想的折衷主义;坚持并阐述了道统(the pure Confucian thought of ancient times)。
教学法(除了学习经典):在日常教学(包括神学)中使用辩证法或辩论。	**教学法**(除了学习经典):默想、祈祷和密契体验。辩证法对于神学来说过于理性。	**教学法**(除了学习经典):问答、静坐(meditation),体会天道(religious or mystical experience)。

学院大学	修院学校	儒教书院
整体方向:构建一个包容性的知识体系,整合古代资源和后续发展,包括基督教和非基督教著作。	**整体方向**:坚持奥古斯丁学统;拒绝其他的和后来的非修院传统。	**整体方向**:只坚持孟子学派;拒绝从汉代到唐朝(大约1 000年)的儒学思想。

可以通过多种方式比较这三种高等教育类型。如上表所示,相对于学院大学,儒教书院与修院学校的距离要近得多。

同样,以今天的用语,宋朝的儒教书院会认为中世纪的欧洲大学缺乏全人教育。这些大学是为了知识或专业知识自身而求知的地方;没有道德的自我修养或道德塑造,日常默想也不是课程的一部分。大学的回应将与对来自修院学校的批评的回应相同:大学在严格的理智测试后授予学位,并非为道德—属灵的塑造而设计,这种塑造在教会中广泛可得(在基督教世界的语境中)。学习以成为圣徒并在道德上完善只是对一小部分人的呼召;然而,大学面向各行各业的人。中世纪盛期大学的一位代言人会辩称,新儒家书院本身无法满足人类对知识本身的渴望,因为所有知识都根据其对人的道德完善的贡献而被判断。非道德知识的发现、传播和增长需要另一种高等教育机构。这两种机构(为了理智追求和道德—属灵塑造)都是合法的,并互相补充;每个都有局限,而且都无法单独满足全人教育的所有方面。在中国的情况中,由于官立学校和私立学校都受儒教思想的指导,而非常重视道德塑造,故而,在传统中国,为知识自身而求知是不发达的。

应该指出,与欧洲相比,传统中国的印刷技术有了长足进步。正如一本著名美国教科书所说,"中国人发明了雕版印刷……比欧洲的雕版印刷早了近六百年(1395年)。中国人在活字印刷方面也远超西方国家……这项技术是毕昇在10世纪40年代发明的,比约翰·古腾堡创立第一家西方印刷厂(约1450年)早了四百年……"(Kagan, Ozment and Turner 2010, 252—253)。那么,为什么没有"黑暗时期"的中国在现代

知识的突破上落后了? 我的观点是,正是因为传统中国的高等教育专
注于道德塑造,而很少关注非道德知识,所以传统中国对全球知识世界
的贡献微乎其微,尤其与欧洲相比。尽管中国在印刷方面取得了巨大
的进步,但传统中国很少印刷书籍来传播非道德知识。正如他之前的
学生报告的那样,著名汉学家芮沃寿(Arthur F. Wright)相信儒教思想
"是中国未能成为现代国家的最终原因"(Lee 2000, vii)。这是所谓"全
人"教育盛行的沉重代价(de Bary 1989, 198)。

六、21 世纪全人教育的前瞻解决

大约 100 年前,中国意识到其对道德教育的片面关注不符合国家
的需要,于是转向了另一个极端。当帝制中国被中华民国(1912 年以
后)取代时,所有公立高等教育机构都以欧美大学为榜样。它们将"uni-
versity"翻译为"大学",以新儒学经典的名称命名。类似基督教修士的
属灵塑造的儒教道德修养的日常实践,被认为不适合大学课程,因此遭
到忽视。然后,不同于中世纪欧洲,中国大学——当时和现在——并不
存在于一个拥有充满活力的道德文化的社会。中国社会(中国的大陆、
香港、澳门和台湾)没有一个国家教会(如欧洲国家),没有社会中教会
的强大存在(如美国),或者其他国家宗教共同体(如日本)。西方大学
被移植到了中国的土壤上,而中国的民间社会几乎没有致力于宗教—
道德塑造的宗教—道德机构。因此,大学中全人教育的缺乏在中国社
会更为严重。

我认为,我们必须实事求是,不应以"全人教育"的名义在四年制大
学课程中塞进太多内容。大学本身和更广阔的社会应该以充满活力的
文化为基础,以滋养全人。西方社会不再享有充满活力的基督教文化,
一些人已经主张大学中的品格教育。例如,在 2017 年,伯明翰大学的
品格与美德禧年中心(The Jubilee Centre for Character & Virtues)发表

了一份深思熟虑的文件,题为"学校中品格教育的一个框架"。这份文件的一部分被征引如下:

美德可以被……

抓住:在一种激励和促进品格发展的积极风气中,教职员工和学生组成的学校共同体提供了榜样、文化和鼓舞人心的影响。

教授:学校提供课堂内外的教育体验,使学生具备语言、知识、理解力、技能和特质,从而让品格发展成为可能。

寻求:学校提供各种机会,这些机会引起个人习惯和性格承诺的塑造。随着时间的推移,它们帮助学生寻求、渴望和自由追求他们的品格发展。(Jubilee Centre 2017,9)

因此,品格塑造的任务不可能在三学分课程中完成;它应该通过教职员工和学生活生生的榜样以及大学能够提供的教育经验来被灌输。

德里克·博克(Derek Bok,1971—1991 年,2006—2007 年的哈佛大学校长)在他关于大学教育的重要著作的第 6 章("塑造品格")中提出了类似的建议,他认为大学应该提供认知教育和意志教育的机会。"事实上,如今更需要道德教育,因为学生在发展自己的道德信仰时,似乎受父母、教会或其他外部来源的影响要少得多"。(Bok 2006,150)在认知上,他主张在课程中开设更多应用伦理学或实践伦理学课程来教授道德推理。学生"应该得到人类智慧所能设计的,在道德反思上最有帮助的阅读材料和最能激励人的机会。这不是教员规定本科生去认定什么合乎道德的场所。但学院应该尽其所能让学生做好准备,做出自己深思熟虑的判断"。(Bok 2006,150)

在课程之外,博克建议我们可以为学生提供教育机会,让他们"增强道德行为的意愿"。(a)大学高级管理人员应该为学生树立自己的鲜活榜样。"大学校长、校园部长、院长和其他行政人员应该(而且经常这样做)努力为学校及其学生树立一个正确的基调,通过公开表白强有力的伦理原则和关心他人福祉的重要性"。(Bok 2006,160)(b)为了支持他们的言论,大学的政策和实践应该体现正当的价值观,领导应该乐意解释并在伦理上捍卫这些政策和实践的基本原理。(c)"有时,院长或校长可以将原则和实践间的看似的冲突转化为宝贵的教学机会,不是通过解释为什么有争议的实践是合理的,而是通过在仔细检查揭示其无据时表现出改变实践的意愿"。(Bok 2006,161)(d)正如孟子和伊曼纽尔·康德指出的那样,"同情心(empathy)为道德行为提供了最强大的动机"(Bok 2006,166),因此大学应该设计项目来增强同情心。"旨在增强学生同情心的项目最常见的例子是社区服务"。(Bok 2006,167)[1]

这章的结论是大胆而雄心勃勃的:

> 在这种情况下,最重要的问题不是是否开设新的伦理课程或增加更多的社区服务项目,而是决定道德发展应该在全面的自由教育中被置于什么位置……因此,每所大学都需要讨论一个基本问题。道德发展是否仅仅是感兴趣的学生的一种选择(对于大学当局来说,如果成本不太高或没有争议的话)?或者它应该是所有学生本科教育的一个必要部分,而且是一个需要关注、努力有时甚至需要各级大学管理层的一点勇气和牺牲的目标?(Bok 2006,170—171)

大学是否应该以全人教育的名义促进道德品格的发展?这个问题在过去是没有争议的,因为中世纪大学是以社会强烈的基督教风气为基础的。同样,中国的高等教育,无论是官方的还是非官方的,都曾将其大

---

[1] 在当代大学的背景下,全人教育许多有价值的组成部分无法纳入课程,课程涉及评估和评分。至多,它们应该作为课程辅助或者课外活动而被纳入。

部分资源用于促进道德生活和培养道德品格。今天的文化悲剧是,当代中国社会的大学必须向西方学习如何提供品格教育,而非相反。

参考文献

Aertsen, Jan A. 1993. "Aquinas's Philosophy in Its Historical Setting," in Norman Kretzmann and Eleonore Stump, editors, *The Cambridge Companion to Aquinas*. Cambridge: Cambridge University Press, pp. 12—37. https://doi.org/10.1017/ccol0521431956.002.

Angle, Stephen C. 2009. *Sagehood: The Contemporary Significance of Neo-Confucian Philosophy*. New York, NY: Oxford University Press.

Aquinas, Thomas. 1961. *Commentary on the Metaphysics of Aristotle*. Volume 1. Translated by John P. Rowan. Chicago, IL: Henry Regnery.

Bernard of Clairvaux. 1976. *On the Song of Songs II*. Translated by Kilian Walsh. Kalamazoo, MI: Cistercian Publications.

——. 1980. *Treatises II: The Steps of Humility and Pride, On Loving God*. Kalamazoo, MI: Cistercian Publications.

Bok, Derek. 2006. *Our Underachieving Colleges: A Candid Look at How Much Students Learn and Why They Should Be Learning More*. Princeton, NJ: Princeton University Press.

Boyle, L. E. 2003. "Canon Law, History of: 4. Classical Period," *New Catholic Encyclopedia*. Second edition. Volume 3. Detroit, MI: Thomson & Gale, pp.46b—50b.

Chan, Wing-tsit. 1963. *A Source Book in Chinese Philosophy*. Translated and compiled by Wing-tsit Chan. Princeton, NJ: Princeton University Press.

——. 1989. "Chu Hsi and the Academies," in Wm. Theodore de Bary and John W. Chaffee, editors, *Neo-Confucian Education: The Formative Stage*. Berkeley, CA and Los Angeles, LA: University of California Press, pp.389—413.

Chu, Jung-kuei 朱荣贵. 2002. *Xue gui yu shuyuan jiaoyu*《学规与书院教育》(*Regulations and Confucian College Education*). In *Quanti da yong zhi xue: Zhu zi xue lunwen ji*《全体大用之学:朱子学论文集》. Taipei: Xuesheng, pp.157—195.

Cobban, A. B. 1975. *The Medieval Universities: Their Development and Organization*. London: Methuen.

Comby, Jean. 1985. *How to Read Church History*. Volume 1. *From the*

Beginnings to the Fifteenth Century. Translated by John Bowden and Margaret Lydamore. New York, NY: Crossroad.

Cox, Rory. 2018. "Gratian," in Daniel R. Brunstetter and Cian O'Driscoll, editors, *Just War Thinkers: From Cicero to the 21st Century*. London: Routledge, pp.34—49.

Dawson, Christopher. 1950. *Religion and the Rise of Western Culture*. New York, NY: Doubleday.

de Bary, Wm. Theodore. 1989. "Chu his Aims as an Educator," in Wm. Theodore de Bary and John W. Chaffee, editors, *Neo-Confucian Education: The Formative Stage*. Berkeley, CA and Los Angeles, LA: University of California Press, pp.186—218.

"Education," 2020. In *Encyclopædia Britannica*. Retrieved from https://academic-eb-com.lib-ezproxy.hkbu.edu.hk/levels/collegiate/article/education/105951.

Ferzoco, George and Carolyn Muessig, edited. 2000. *Medieval Monastic Education*. London: Leicester University Press.

Gilby, Thomas. 1949. *Barbara Celarent: A Description of Scholastic Dialectic*. London: Longmans.

Griffiths, Fiona J. 2007. *The Garden of Delights: Reform and Renaissance for Women in the Twelfth Century*. Philadelphia, PA: University of Pennsylvania Press.

Guo, Qijia, and Gu Chun 郭齐家、顾春著. 1996. *Lujiuyuan jiaoyu sixiang yanjiu*《陆九渊教育思想研究》(*A Study of the Philosophy of Education of Lu Jiuyuan*). Nanchang: Jiangxi Education Press.

Haskins, Charles Homer. 1957. *The Rise of Universities*. Ithaca, NY: Cornell University Press.

Hu, Wan-ju 吴万居. 1991. *Songdai shuyuan yu songdai xueshu zhi guanxi*《宋代书院与宋代学术之关系》(*On Song Dynasty Education and Song Dynasty Scholarship*). Taipei: Wenshizhe Press.

Huang, Junjie 黄俊杰. 1996. "The Meaning of Whole Person Education from an Ancient Confucian Perspective,"《从古代儒家观点论全人教育的涵义》*Quanren jiaoyu: Guoji xueshu yantaohui lunwenji*《全人教育：国际学术研讨会论文集》(In *Whole Person Education: Proceedings of An International Conference*), edited by Lin Zhiping. Taipei: Cosmic Light Press.

Huizing, Peter. 1990. "Canon Law," in Jordan Hite and Daniel J. Ward, editors, *Readings, Cases, Materials in Canon Law: A Textbook for Ministerial Students*. Revised edition. Collegeville, MN: Liturgical Press, pp.62—74.

Jubilee Centre for Character & Virtues, The. 2017. *A Framework for*

Character Education in Schools. Birmingham：University of Birmingham.

Kagan, Donald, Steven Ozment, and Frank M. Turner. 2010. *The Western Heritage*. Tenth edition. Upper Saddle River, NJ：Prentice Hall.

Knowles, David. 1962. *The Evolution of Medieval Thought*. New York, NY：Vintage Books.

Larson, Atria A., editor. 2016. *Gratian's Tractatus De Penitentia*：*A New Latin Edition with English Translation*. Washington, DC：Catholic University of America Press. https：//doi.org/10.2307/j.ctt1d9npnj.

Lawn, Brian. 1993. *The Rise and Decline of the Scholastic "Quaestio Disputata"*：*With Emphasis on Its Use in the Teaching of Medicine and Science*. Leiden：E. J. Brill.

Leclercq, Jean, OSB. 1982. *The Love of Learning and the Desire for God*：*A Study of Monastic Culture*. Translated by Catherine Misrahi. New York, NY：Fordham University Press.

——. 1986. "Monastic and Scholastic Theology in the Reformers of the Fourteenth to Sixteenth Century," in E. Rozanne Elder, editor, *From Cloister to Classroom*：*Monastic and Scholastic Approaches to Truth*. Kalamazoo, MI：Cistercian Publications, Inc., pp.178—201.

Lee, Thomas H. C. 李弘祺. 1995. *Chuantong zhongguo de shuyuan jiaoyu*：*You "ziyou jiaoyu" xiaoguo de "qian ziyou jiao yu"*《传统中国的书院教育：有"自由教育"效果 的"前自由教育"》(*Academy Education in Traditional China*：*"Illiberal" Education with Liberal Significance*), *Tong shi jiaoyu jikan*《通识教育季刊》(*Journal of General Education*) 2 卷 1 期(1995 年 3 月),页 19—41.

——. 2000. *Education in Traditional China*：*A History*. Leiden：Brill.

Liu, Heyan 刘河燕. 2012. *Songdai shuyuan yu ouzhou zhong shiji daxue zhi bijiao yanjiu*《宋代书院与欧洲中世纪大学之比较研究》(*A Comparative Study of Song Dynasty Academies and Medieval Universities in Europe*). Beijing：Renmin Press.

Michaud-Quantin, P. and J. A. Weisheipl. 2003. "Dialectics in the Middle Ages." *New Catholic Encyclopedia*. Second edition. Volume 4. Detroit, MI：Thomson & Gale, pp.725a—728a.

Munier, C. 2003. "Canon Law, History of：3. False Decretals to Gratian," *New Catholic Encyclopedia*. Second edition. Volume 3. Detroit, MI：Thomson & Gale, pp.44a—46b.

Roche, Mark W. 2009. "Should Faculty Members Teach Virtues and Values? That Is the Wrong Question," *Liberal Education* 95：3(Summer)：32—

37.

Rogers, Perry M. 1997. *Aspects of Western Civilization*: *Problems and Sources in History*. Third edition. Volume 1. Upper Saddle River, NJ: Prentice Hall, 1997.

Rosemann, Philipp W. 2004. *Peter Lombard*. New York, NY: Oxford University Press. https://doi.org/10.1093/acprof:oso/9780195155440.003.0003.

Sun, Peiqing and Ren Zhongyin, editors. 1997. In 孙培青、任钟印编. *Zhongwai jiaoyu bijiao shi gang*《中外教育比较史纲》(*A General History of Comparative Education in China and in the West*), 第十章, *Zhongguo zaoqi shuyuan yu ouzhou zhong shiji daxue*《中国早期书院与欧洲中世纪大学》. Jinan: Shandong University Press, pp.480—514.

Torrell, Jean-Pierre. 2005. *Aquinas's Summa*: *Background*, *Structure*, & *Reception*. Translated by Benedict M. Guevin. Washington, DC: Catholic University of America Press.

Weisheipl, James A. 1983. *Friar Thomas D'Aquino*: *His Life*, *Thought*, & *Works*. With Corrigenda and Addenda. Washington, DC: Catholic University of America Press.

——. 2003. "Scholastic Method," *New Catholic Encyclopedia*. Second edition. Volume 12. Detroit, MI: Gale, pp.747—749.

Winroth, Anders. 2004. *The Making of Gratian's Decretum*. Cambridge: Cambridge University Press.

Woods, Jr., Thomas E. 2005. *How the Church Built Western Civilization*. Washington, D. C.: Regnery Publishing, Inc.

Yu, Ying-shih 余英时. 1991. *Youji fengchui shuishang lin—Qianmu yu xiandai zhongguo xueshu*《犹记风吹水上鳞——钱穆与现代中国学术》(*Qian Mu and Contemporary Chinese Scholarship*). Taipei: San Min.

Zhang, Zai 张载. 1978. *Zhang zai ji*《张载集》(*Collected Works of Zhang Zai*). Beijing: Chung Hwa.

Zhao, Dunhua 赵敦华. 1994. *Jidujiao zhexue 1500 nian*《基督教哲学1500年》(*One Thousand and Five Hundred Years of Christian Philosophy*). Beijing: Renmin Press.

Zhu Hanwen 朱汉文. 2013. *Shuyuan jingshen yu rujia jiaoyu*《书院精神与儒家教育》(*The Spirit of Confucian Academy and Confucian Education*). Shanghai: East China Normal University Press.

道场、旅游胜景和学术重镇

——明清以来岳麓书院的多重形象探析及其当代复兴

覃　琳　汪　亮*

福柯通过他的精彩研究呈现了现代空间和文化政治的复杂关系：现代的各种空间具有比较强的规训色彩，其中，现代医院和现代学校是现代政治技术展现的代表性空间，是福柯经常举例的对象。[1]除了空间的政治性之外，伊利亚德对于神圣空间的研究也给人以启发，在《神圣与世俗》等著作中，伊利亚德提出显圣物的概念，事实上，这些有神圣性的物体也的确是神圣空间的核心构成部分。[2]

福柯和伊利亚德的精彩研究对于探究中国古代教育空间的特点很有启发。高明士就中国古代教育的研究，认为中国古代教育的特点是庙学制度[3]，而和庙学联系紧密的是遍布全国的书院。[4]书院作为一

* 覃琳，北京大学社会学系博士；汪亮，华中师范大学教育学院博士后。

[1] 参见福柯：《临床医学的诞生》，译林出版社2001年版；福柯：《规训与惩罚》，三联书店1999年版（尤其是《规训的手段》这一章）。关于空间与政治之间的关系，还可以参考卡尔·施密特：《大地的法》，刘毅、张东果译，上海人民出版社2017年版；洪涛：《逻各斯与空间：古代希腊政治哲学研究》，上海人民出版社2000年版。

[2] 伊利亚德：《神圣与世俗》，华夏出版社2002年版。

[3] 参见高明士：《中国教育制度史论》，联经出版事业公司1999年版。另外参见周洪宇、周采主编：《教育史学前沿研究》上册，第十二章《文庙、学庙与庙学研究》，山东教育出版社2019年版。

[4] 参见邓洪波等学者关于书院的一系列研究。

种教育空间在中国古代教育中占据了极其重要的地位,因此,分析书院空间的政治维度和神圣维度有助于思考书院教育的特点。[1]

最近中文学术界出现了一些关于空间政治和神圣空间的研究,魏斌在 2019 年出版的《山中的"六朝史"》一书就是其中的代表性成果。在此书中,作者着重探讨了中古时期和山岳有关的文化信仰现象,主要涉及祭祀、寺院、道馆、学馆、隐舍等,关心的主要是"山岳神圣性的建构和山中寺院、道馆兴起的文化意义"。[2]这一中国中古时期的神圣空间的建构自然既有神圣性的核心要件,同时也和"山外"的政治空间有着复杂的纠缠。[3]

《山中的"六朝史"》是从整体上去研究南方的各种神圣空间,试图描绘出一个区域史中的文化信仰的面向。而张帆在 2019 年发表的论文《非人间、曼陀罗与我圣朝:18 世纪五台山的多重空间想象和身份表达》聚焦于五台山这个历史悠久的个案,她的研究结合宗教地理学和山志书写来分析不同叙事之间的关系,分别展示了"汉传佛教叙事,藏传佛教叙事和皇权叙事,探讨不同叙事呈现出的不同文明体系对于空间和地景、民族和国家、世俗和神圣等概念的想象和表述"[4],呈现出较新的问题意识和方法。

过去对于神圣空间的研究,因为各种原因,研究的对象以佛教、道教和民间宗教居多。但是可能忽略了在古代中国很重要的一类神圣空

---

[1] 学界也有一些对于书院建筑的研究,但是多从建筑技术着眼,对于空间安排背后所反映的思想意涵分析不够。空间背后其实蕴涵很深的哲学和政治学问题,比如吴国盛:《希腊空间概念》,中国人民大学出版社 2010 年版,以及前引的福柯等书。

[2] 魏斌:《"山中"的六朝史》,三联书店 2019 年版,第 9—10 页。

[3] 同上书,第 31 页。另外,此书重点关注的时间点是唐宋以前,这个时期,书院还没有兴起,儒家的教育主要依靠大家族的传承,参见李弘祺:《学以为己:传统中国的教育》,香港中文大学出版社 2012 年版,第 47—74 页。在民间教化方面,佛教和道教占据比较重要的地位。

[4] 张帆:《非人间、曼陀罗与我圣朝:18 世纪五台山的多重空间想象和身份表达》,《社会》2019 年第 6 期。

间,那就是儒家的道场:书院和孔庙。[1]

　　岳麓书院在宋代成为四大书院,一举成为具有全局影响力的儒家文化教育机构。在岳麓书院的历史上,朱张会讲这一事件具有奠基性的重要意义,在之后的岁月中,湖湘士人和官员不断追述往事,构建道统,终于建立了以岳麓书院为核心的神圣空间和文化空间,吸引湖南乃至四方的求学和求道之士。[2]

　　本文试图借鉴神圣空间和空间政治的研究思路和方法,借助分析几部有代表性的岳麓书院志,展示这一经常被忽视的书院神圣空间的演变。岳麓书院在古代一方面既是具有神圣性的道场,同时也是书院士子和游访学人悠游涵泳的诗意空间,到了清代,政治力量则通过各种方式介入这一空间的构造。而在近代大的时代变局下,岳麓书院的神圣性和政治性似乎都同时减弱了。本来充满了诗意的悠游涵泳空间成了现代旅游胜景,一种更具有世俗性的"景观空间"开始慢慢成形[3],岳麓山及其周围开始演变成旅游胜景的空间。此外,神圣空间开始慢慢退隐,道场也慢慢演变成了现代学术场域。[4]

---

〔1〕　这一忽略的原因背后可能有多重的文化政治经济原因,吴飞在《从祀典到弥散性宗教》(载李四龙主编:《人文宗教研究》第3辑,宗教文化出版社2013年版,第106—121页)一文中,针对杨庆堃经典著作《中国社会中的宗教》,分析了其提出的弥散性宗教这一概念,吴飞认为弥散性宗教这个概念有比较大的贡献,但也遮蔽了很多重要的现象。吴飞认为在中国古代有着一套非常恢宏的以天地人为框架的祭祀体系。在这一套官方祭祀体系中,毫无疑问,儒家的元素是比较多的。这套祭祀体系在清代分为大祀、中祀和小祀三类。祭祀孔子是中祀(在清末被提升为大祀)。因此,按照宗教地理学的框架,这些祭祀的场所都应该是神圣空间。而祭祀孔子在古代除了孔庙,还有一类重要场所就是书院。因此,对于书院的研究可以借鉴对于神圣空间的研究来加以展开。

〔2〕　对于岳麓书院的研究已经有了很多学术积累,其中朱汉民、邓洪波、肖永明等贡献很多。不过过去的研究似乎多侧重思想和历史的维度,本文试图借鉴神圣空间的概念以及关于历史书写的理论从一些新的角度加以分析。

〔3〕　参见居伊·德波:《景观社会》,王昭风译,南京大学出版社2017年版。

〔4〕　参见应星:《"学术社会"的兴起:蔡元培与北京大学,1917—1923年》,载应星:《新教育场域的形成:1895—1926年》,三联书店2017年版,第93—180页;汪晖:《现代中国思想的兴起》下卷,第2部《科学话语共同体》,三联书店2004年版。

一、作为道场的岳麓书院：明代《岳麓书院志》中的形象建构

岳麓书院位于湖南省长沙市岳麓山下，因宋代的朱张会讲闻名于世，同时也被认为是天下四大书院之一。[1]书院始建于976年，之后屡毁屡建，一直延绵不绝。[2]从清代中晚期到近代，岳麓书院因为湖南在整个中国的重要地位而持续被关注。[3]

王胜军在2017年的论文《明道继统：书院志编纂与理学道统的建构》[4]中，通过分析多部书院志，认为书院志的书写彰显了"明道"和"继统"这两大功能，前者强调其作为道场的神圣性，后者表达了书院志的编纂者对于自己参与到这一道的事业中的担当意识以及对于后来者的期许。此文泛论一般书院，并没有专门论述岳麓书院。

本节聚焦于现存最早的一部岳麓书院志，也就是明代士人编修的《岳麓书院志》的文本，分析其如何通过书院志书写建立起岳麓书院的道场这一形象的。

这部现存在最早的岳麓书院志由陈论首先编集、吴道行等续正。吴道行是岳麓书院在明代的最后一任山长，最后殉国而亡。[5]吴道行

---

〔1〕　参见朱汉民、邓洪波：《岳麓书院史》，湖南教育出版社2013年版。

〔2〕　四大书院的另外三个书院，从延续性上来看，不如岳麓书院，其中原因值得进一步思考，也许岳麓书院所在的长沙是湖南省的省会是其中一个比较重要的原因，应星在《新教育场域的兴起》中认为湖南士人的场域有一些特点，其中一个特点是明清以来，湖南士绅慢慢开始集中到城市了，见此书第20页；另外，也可以参见麦哲惟：《学海堂与晚清岭南学术文化》，广东人民出版社2018年版。

〔3〕　比如，在岳麓书院的历史书写中，会反复强调曾国藩等人和岳麓书院的渊源，以及"实事求是"的思想观念和岳麓书院的关系等。此外，近代的戊戌变法的重要参与者梁启超和时务学堂关系很深，岳麓书院的山长王先谦虽然不是直接参与者，但是作为重要的地方缙绅，在其中影响自然也不小。

〔4〕　王胜军：《明道继统：书院志编纂与理学道统的建构》，《湖北大学学报》(哲学社会科学版)2017年第3期。

〔5〕　吴道行、赵宁等修纂，邓洪波、杨代春等点校：《岳麓书院志》，岳麓书社2011年版，第27页。

此书是续编[1],但是可以作为宋明岳麓书院的书院志编纂的代表。

此志共分十卷,第一卷分别是:道统图,圣学统宗,新修岳麓书院总图,文庙旧图,崇道祠旧图,六君子旧图,禹碑石本图,禹碑考,建造和沿革。以道统图开头,道统从尧舜到孔子,子思和孟子,然后就到了周敦颐,经过二程到了朱熹和张栻。这是典型的宋明理学的道统观念,然后加上了朱张会讲这一重要事件。以道统作为开端,奠定了全书的基调。值得注意的是,道统图其实分两部分,第一部分是从尧舜到周子,第二部分是从周敦颐到朱熹和张栻。第二部分的核心其实是朱熹和张栻,朱张不仅对于岳麓书院具有独特的意义,其学术思想更具有全国性的影响力。而第一幅图和第二幅图耦合的关键则是周敦颐,周敦颐也是湖南人。通过这些谱系的建立,吴道行等人建立了一个有说服力的精神传统。

之后的第二小节圣学统宗是对道统图的文字说明。此文字说明和道统图是匹配的,大体也可以分两部分,第一部分是对从尧舜到周子的说明,第二部分是对朱张传统的说明。[2]

之后就是新修岳麓书院总图,在此图中,不仅仅画了岳麓书院,事实上,岳麓书院所倚靠的岳麓山以及门前的湘江、橘洲,禹碑等都清晰可见。[3]此图紧挨着道统图,如果说道统揭示了神圣性的来源,那么也可以说岳麓书院总图中的岳麓书院、岳麓山、湘江等似乎都沐浴在这一神圣光辉之下。在这张图中,似乎能看到重修者的抱负和格局。这一点可以通过后面几幅旧图的比较显示出来,在紧挨此新修图之后,是"岳麓书院旧图""文庙旧图""崇道祠旧图""六君子堂旧图"。在旧图

---

[1] 具体的考证参考上书。

[2] 这样一个结构似乎很类似宋代之后的家谱编纂,对于远祖和始迁祖的同时重视。参见张小军:《"文治复兴"与礼制变革——祠堂之制与祖先之礼的个案研究》,《清华大学学报》(哲学社会科学版)2012 年第 2 期。

[3] 值得注意,此总图中没有描绘出岳麓山上历史更悠久的寺庙和道观。

中,没有画出新修图的江山胜迹,只有建筑的平面图,而新修图似乎更像山水画。不过,虽然是几幅旧图,其排列顺序还是严格按照道统的重要性来排列的,文庙用于祭祀孔子,自然放在最前面,是岳麓书院的传道人朱熹和张栻放于其后,因此崇道祠在文庙后,之后是对于岳麓书院有功的几位地方官员。在此书的排列中,官员是放在朱熹等人后面的,这种彰显贤者的行为显然是和书院志编纂者通过历史书写建构道统相贯通的。但是在后面就能看到这一传统在清代似乎被有意模糊。

二、兴衰和追忆:岳麓书院周围山水胜景的诗意书写

张帆在《非人间、曼陀罗与我圣朝》一文中认为:"在汉文中,空间和地景常常被称为'胜地'而非'圣地',意味着其不必然与超越性的神圣存在相关,而是作为政治和社会生活的延伸,山水尤其是。"但是在岳麓书院这个具体的案例中,似乎并不尽然。岳麓书院周围的山水因为岳麓书院所传的是道而具有了一定的神圣性,而非仅仅是胜地而已。反而是近代以来随着儒家的衰落,岳麓书院也被去神圣化,从而导致了今天的岳麓山更多显示出一种胜景而非超越性存在的意味。

值得注意的是,在明代《岳麓书院志》的编纂中,书院附近的小景和山水占据了极大的篇幅。此外,诗歌也占据了很大的篇幅。事实上通过把书院空间神圣化,继而这些书院周围的山和风景似乎也因此具有某种神圣的意味。

山水、古迹和疆界出现在第三卷,而第二卷是《书院兴废年表》。书院代表的是道的化现,因此书院的兴废可以作为道的兴衰的晴雨表。因此,在这里,编纂者似乎在通过陈述书院的兴废来表达一种自己作为岳麓书院的修复者的自豪,因为修复书院以及记录书院过去的兴废这个行为本身就是对于弘道这一儒家的使命的担当和继承。对历史兴衰的感叹自来都是中国文学和文化的主题,陈子昂的《登幽州台歌》就是

其中的代表,但是此诗中,幽州台这个地点并不具有神圣性。而在书院志这里,书院因为和道的关联而具有了神圣性,道亦有了独特的载体。书院虽然废了,然后来者只要具备一定的条件即可恢复之,这种书院作为精神家园的意味可能是陈子昂的幽州台不具备的。

值得注意的是,在吴道行的编写中,有大量的艺文志。这些艺文志的核心首先是追慕往圣先贤,而非仅仅是抒发对于江山胜迹的感受和情怀。当然,在诗文中,自然也涉及很多对于岳麓书院附近的山水甚至是湖南文化地标的赞叹,但是这些并不是一般山水诗的抒怀,更多是对于存神过化的道统的追忆和怀念。

三、御书和匾额:清代岳麓书院的皇权介入

在分析完现存的成书于明代的岳麓书院志之后,本文进入第二部重要的书院志,该书院志是由清代的赵宁编纂的《新修岳麓书院志》。[1]

清王朝虽然遵从程朱理学的正统,但是作为异族统治者,清代初年的统治者展开了复杂的文化政治控制技术和策略。杨念群在《何处是"江南"》以及相关的研究中,认为清代初年的统治者,通过重新给经典作注,以及对于史书的点评,强调自己是道统的继承人,改变对五伦的顺序,把君臣一伦凌驾于父子一伦之上,建立了独特的帝王经学。[2]对于本文来说,清代统治者对于政统的强调似乎也可以在书院志的编纂上反映出来。

在赵宁纂修的《新修岳麓书院志》中,吴道行一书的道统图等最彰

〔1〕 吴道行、赵宁等修纂,邓洪波、杨代春等点校:《岳麓书院志》,岳麓书社 2012 年版。
〔2〕 杨念群:《何处是"江南"》(增订版),三联书店 2017 年版;杨念群:《"天命"如何转移:清朝"大一统"观再诠释》,《清华大学学报》(哲学社会科学版)2020 年第 6 期,此外,邓国光在《康熙与乾隆的"皇极"汉宋义的抉择及其实践:清代帝王经学初探》一文提出了应该从"帝王经学"角度来探讨"皇极"问题对"正统"构造之作用,此文载彭林编:《清代经学与文化》,北京大学出版社 2005 年版。

显道统的图不见了,取而代之的首先是"新典恭纪"。"新典恭纪"一共收录了两份,"请书额疏"和"第二疏"。这两份上奏给朝廷的奏疏的核心主题是丁思孔请求朝廷"御书赐额,颁给讲义诸书,以光旧制,以昭化成制"。第一份疏似乎写于康熙二十四年,似乎没有很快得到回应,因此丁思孔在康熙二十五年又写了一份更长的疏,详细论述了其意义,这份疏很快就得到了回复,四天之后,朝廷就批准了此请求。

从清初复杂的政治文化来看,清朝对于士人的精神传统既敬畏,又主动参与构建。书院尤其是士人精神传统的体现,因此,在古老书院的复兴问题上,特别能看出清代统治者的文化策略及其和士人的互动。[1]

首先值得分析的是"御书赐额",皇帝赐书这一行为,至少在宋代就是比较常见的现象了。[2]但是在这里仍然有其独特的意味,这是一种获得最高政权认可的独特行为。此外,"讲义"一词值得重视,丁思孔的疏文中写道:"伏恳皇上万机之暇,御书匾额,并日讲解义诸经书,统祈颁赐,悬贮其中,使士子旦夕恭睹宸翰,油然生其忠爱之心,而诵习经书,又仰见皇上睿智天纵,广厦细旃之上,与诸儒臣讨论精微,孜孜不倦,若此莫不益加砥砺,共效规摩。"[3]在这里,丁思孔强调的不是一般的经书,而是清代初年康熙的文治的重要成果。康熙是古代帝王中特别重视学习的,在他统治大清帝国期间,通过他和群臣的努力,连续编纂了《日讲春秋解义》等书。这一行为绝不仅仅是学术行为,更是一种文化政治,通过重新给经书作注解,清代帝王建立了新的道统与政统关系的叙述。在这种新的叙述中,政统的地位被提高。[4]而赵宁主动迎

---

〔1〕 杨念群:《"天命"如何转移:清朝"大一统"观再诠释》,《清华大学学报》(哲学社会科学版)2020 年第 6 期。

〔2〕 参见余英时:《朱熹的历史世界》,三联书店 2011 年版。

〔3〕 吴道行、赵宁等修纂,邓洪波、杨代春等点校:《岳麓书院志》,岳麓书社 2012 年版,第 188 页。

〔4〕 参见钱穆的《历代政治得失》,尤其是明代和清代的部分,载《钱宾四全集》第 31 集,商务印书馆 1931 年版。

请日讲类的经书,表达了对于这种新的经典解释的认同。[1]我们固然不能说在这种新的岳麓书院志的编写中没有了道统,但是能看到皇权对于道场空间的介入,这种介入通过赐书和匾额这些物质载体,展示了皇权的在场和权威。

四、旅游胜景和学术重镇:民国时期的岳麓书院形象的重新建构

在吴道行的文本中,岳麓书院附近的山水似乎是因岳麓书院的道而获得了一种神圣性。在文本的具体书写中,这些山水和遗迹围绕道统的建立而排列有序。儒学传统特别强调"过化存神",神圣性的空间经常和圣贤的过化有关。伊利亚德在经典著作《神圣与世俗》中提出了著名的显圣物的概念,在儒学传统中,这些带有神圣的空间和物体似乎总和圣贤有关。但是,随着儒家传统的衰落[2],这些以前围绕道和圣贤周围的山水似乎开始展现出别样的意味。本节通过分析民国时期的两种岳麓小志来分析这一转变。

在邓洪波主编的《岳麓书院志》中,收录了两种民国时期出版的《岳麓小志》[3],一种署名为成嘉森,一种署名为湖南大学,名称都一样。前者为湖南新闻社出版,成嘉森为湖南本地人。其自序称:

> 衡山为五岳之一,有七十二峰,起于衡阳之回雁,绵亘数百里,止于长沙之西,是名岳麓,盖以其为衡山之足也。岳麓襟湘江而带洞庭,形势天然,风景绝佳,古迹罗列,名贤荟萃。如岳麓书院之建自

―――――――――

[1]　这种皇帝的文化政治行为及其士人之间引起的互动在杨念群《何处是"江南"》一书中有详细的论述。

[2]　参见余英时:《现代儒学的困境》,载《现代儒学论》,上海人民出版社1998年版;余英时在此文中认为儒家在现代中国成了"游魂"。

[3]　具体介绍见吴道行、赵宁等修纂,邓洪波、杨代春等点校:《岳麓书院志》,岳麓书社2012年版,序言,第30页。

赵宋,禹碑之起于洪荒,与夫朱文公之遗墨,李北海之碑刻,均足见重于士林,为世称道。惟是山深谷奥,兴替靡常,游览者每以不能遍睹名胜及遗迹之所在为憾。森也不文,爰本旧志,兼采群书,益以实地之调查,报章所记载,辑而成编,额曰《岳麓小志》,非敢假名山以并传,聊以供游人考证之资耳。抑更有进者,我省政当局,诚能遵照内政部保存古迹明令,重为修葺,更事建设,则此名山胜景,益增秀丽,又岂让浙之普陀、赣之庐山专美于前哉。是为序。

这段小序中的核心词是风景名胜。现在可能对于这样的论述耳熟能详,但是可能也需要注意到其背后对于岳麓书院的认知可能和古人有了比较大的距离。

首先,此小序将岳麓山作为一个整体的风景名胜,岳麓书院只是其中的一部分,甚至可能都不是最重要的。在作者的排序中,风景是排在古迹和名贤前面的。作者觉得更有价值的似乎是作为景观的岳麓山,风景和古迹都是可以见到的景观,因此作者强调的也都是那些可见的物质载体,比如作为建筑实体的岳麓书院,历史悠久的禹碑。需要注意的是,在明代书院志中,大禹的碑刻似乎是因为大禹在道统中有一席之地而被重视,但是到了这个民国时期的《岳麓小志》一书中,其价值被置换为:因为其历史悠久,可以供游人发思古之幽情而已。此外,对于朱熹,作者强调的也是其遗墨而非其在道统中的位置。

至于作者假想的对话对象,也已经变成了现代的"游人"以及政府。这些游人已经不是古代对于岳麓书院的道充满向往的朝圣者了,而是流连于景观名胜的观赏者了。此外,作者也对政府喊话,希望地方政府重视这个"古迹",将其作为"名山胜景"去建设,进而和普陀山和庐山去竞争。从作者最后的呼吁很清晰地看到作者已经把这看做了过往的陈迹而非活生生的道场。

在书的开头也列出了一些图,分别是"岳麓山石壁禹碑",题为朱子遗墨的"忠孝廉节"和朱子遗像图。[1]此书和吴道行一开头列出道统图不一样。把禹王碑列在第一,之后才是朱熹。似乎更加强调时间的悠远而非道统的连贯。吴道行的图的排列顺序是:道统图,新修岳麓书院总图,岳麓书院旧图,文庙旧图,崇道祠,六君子堂,之后才是禹碑石本图。虽然大禹在道统图中是排在朱子前面的,但是在之后分图中,朱熹的图排列在禹的前面,如何理解这个顺序? 也许和孔子是贤于尧舜有关,而朱熹是继承孔子之道,因此,需要放在大禹的前面。在这里,顺序被颠倒了;并且,对于宋学很重要的道统图也被删除了。

成嘉森在三幅图之后的文字部分一共分为八部分,分别是:疆域,山水,古迹名胜,书院沿革,传记,湖南大学概要,仙释,旅游行程。大致可以分为三部分:从疆域到古迹名胜呈现出这个景观的外在的环境和其物质文化部分;从书院沿革到仙释是呈现人文活动的部分;最后的旅游行程是给游人的介绍。和前面的图类似,作者是把岳麓山当作一个宏大的景观架构而成为核心关切对象,在此基础上,岳麓书院,湖南大学,甚至仙释都是其景观空间的构成要件。这样一种编排自然不是按照道场的展开而来。此外,如果按照宋儒的道统观念,书院是儒家的道场,自然不合适记载佛道的部分。但是对不具备甚至反感道统的"游人"来说,这样的编排也许更为合适。

和主要针对游人的成嘉森的《岳麓小志》不同。湖南大学编的《岳麓小志》的假想阅读对象是"游士",在编者小言中,编者强调:

> 衡岳七十二峰,岳麓居最北,其距岳之主峰为最远,故以岳麓名。
> 夙为中国名胜,恒与庐山、普陀并称。自宋开宝中创建岳麓书院于
> 麓之东,以地清幽,适于讲学,渐蔚为有名学府。自宋以来,名贤讲

---

[1] 参见吴道行、赵宁等修纂,邓洪波、杨代春等点校:《岳麓书院志》,岳麓书社 2012 年版,第729 页,注释 1。

授传习其间者代不乏人,其处乎此以事学术也,研稽之精深,宗旨
之纯正,姚江黄梨洲《岳麓学案》述之详矣。其出乎此以事事功也,
奋勉之忠贞,成就之宏大,历代国史亦多纪焉。岳麓之见重于世,
羞有以也,岂徒山清水回已哉。

编者虽然在开头强调岳麓从来都是和庐山、普陀并称的名胜。但是认
为仅此自然不足以说明岳麓的伟大和重要价值,编者更想强调的是其
学术和培养的人所造成的事功。学术自然是事功的前提,而作为岳麓
书院的现代继承者湖南大学,自然要继承这样悠久的学问传统,进而吸
引对于岳麓山的悠久历史和文化传统有兴趣的现代"游士"来深入了解
之。作者的假想对象也许是新时代的湖南大学的学生,以及对于学术
有兴趣的现代知识分子。

　　本书核心包括两部分:第一部分是山川形势和名胜古迹;第二部分
是书院沿革。在第二部分书院沿革的最后一段,谈到了湖南大学的创
建的倡议。有趣的是,在此部分最后的按语部分,作者认为欧洲有四个
古老大学是大学的源头,分别为"意之波罗纳,法之巴黎,英之牛津、剑
桥",作者将宋代的四大书院与之比较,并且认为岳麓书院创建的年代
还要早 200 年。这无疑是一种新的眼光,在这种新的眼光中,西方的大
学成为了参考的标准,以追求学术为核心的现代大学精神成为编者心
中最关心的要点。这种眼光自然是现代的,和古人的道的眼光也有较
大的差别。[1]事实上,虽然说现代大学的来源是中世纪大学,但是这些
早期的大学都有很强的神学背景,似乎不合适简单地等同于现代以分
科学术为核心的大学。但是,在民国时期,蔡元培的学术至上的高等教
育理念对于高等教育影响深远,编者这样论述自然可以理解。[2]

──────────

〔1〕 唐文明在《与命与仁》中提出,原始儒家的核心观念是天道观。见唐文明:《与命与仁》,河
　　 北大学出版社 2002 年版,第 17~70、97~184 页。
〔2〕 参见陈洪捷:《德国古典大学观及其对中国大学的影响》,北京大学出版社 2002 年版;叶
　　 隽:《异文化博弈:中国现代留欧学人与西学东渐》,北京大学出版社 2009 年版。

总之,通过民国时期的两种岳麓小志,可以看到近代的对于岳麓书院两种形象的建构,一个是作为古迹和风景名胜的岳麓书院,一个是作为学术重镇的岳麓书院。

五、结论:学科问题与大学式书院改革

前文通过分析从明代到民国时期的几种岳麓书院志,发现了几种类型的岳麓书院形象,分别是作为道场的岳麓书院,作为皇权文化控制的岳麓书院,作为风景名胜和学术重镇的岳麓书院。

前面两者是古代的形象,反映了书院空间中的神圣的维度和政治维度,背后彰显出的政教关系自然是古代书院这一文化空间最重要的关系。进入现代以后,随着儒家的衰落,道的光环不在,政治的维度自然随之而去。民国时期的两种书院志书写者在新的时代,通过对于岳麓书院和岳麓山的形象的重新建构,试图挖掘其自然、文化、教育意义,重新建构作为风景古迹的书院和学术场域的书院。这些建构无疑是成功的,事实上,民国之后的后来者对于岳麓书院的理解以及对于岳麓书院和湖南大学的理解似乎基本没有超出这两种形象。但是,随着20世纪80年代岳麓书院的复兴和重建,岳麓书院作为道统的形象似乎又重新获得重视,岳麓书院也开始得到系统修复和重建,并且还恢复了教学和研究的功能。[1]

书院形象的变化其实不仅仅只是一个形象问题,其背后其实反映了更深层次的学科问题。如果我们明了道场的形象背后对应着经学和儒家教化,现代学术的形象背后是对于文史哲等现代七科。那么,我们就明白了,岳麓书院道场形象的衰落和学术重镇形象的兴起其实是这一四部到七科的学科演变的一个缩影。[2]

---

[1] 朱汉民、邓洪波:《岳麓书院史稿》,湖南教育出版社2013年版,第671—674页。

[2] 左玉河:《从四部之学到七科之学:学术分科与近代中国知识系统之创建》,上海书店出版社2004年版。

　　早在张之洞制定晚清的大学章程的时候,经学科名列第一科,1904 年,王国维提出一些不同的看法,认为经学科没有必要,而把哲学加入进去。[1]虽然王国维毕竟不掌握权力,无法在清朝灭亡前实现其构想,但是其对于哲学的重视反映了时代了很大一股思潮和力量。因此,民国刚成立,蔡元培就取消了经学科,于在经史子集中,唯一经学没有自己比较接近的学科。[2]

　　但是,随着 20 世纪 90 年代的国学热的复兴,很多大学纷纷在学校里面成立国学院,甚至成立儒学院,还有很多学者开始呼吁把国学或者儒学确定为教育部学科和学位目录中的正式的学科。[3]这一努力虽然持续了多年,但是一直没有成功。经学这一在古代最重要的学问在大学体系中缺少制度化的存续空间。这一对于经典教育的需求在民国却如火如荼地开展,因为缺少大学有组织有系统培养经学和儒学的专门高水平人才,民间的读经教育和"书院"教育似乎在一种无序中生长。[4]

　　如果我们认为大学是文明的船只,肩负有传承文明的重任,那么我们必须要问我们中国的大学传承的是什么文明,以及对于中国文明的传承是否足够? 西方的文教体系通过哲学、宗教学、古典学和神学等学

〔1〕 唐文明:《辛亥革命以前王国维论哲学及人文学的分科》,《云南大学学报》(社会科学版)2011 年第 6 期。

〔2〕 经学的解体是近代中国文教制度至关重要的大事,经学的衰落和史学的兴起参见陈璧生编:《国学与近代经学的解体》,广西师范大学出版社 2010 年版;陈璧生:《经学的瓦解:从"以经为纲"到"以史为本"》,华东师范大学出版社 2014 年版。

〔3〕 和此问题相关的有关于古典学的问题,在国外很多著名大学,古典学是单独的一个学科,神学、古典学不同于哲学和宗教学,而哲学和宗教学在国内都是正式的学科,但是国内的大学的学科目录不承认古典学和神学的位置,神学只在很少几家神学院有。和这一努力伴随的是对于中国哲学这个学科的合法性的反思和讨论。经学虽然没有正式注册,但在学界中,经学的复兴是最近二十年中国学界一个不可忽视的现象。此外,在北京大学、清华大学、湖南大学岳麓书院、人民大学国学院等,或者成立了经学教研室(研究所),或者经学被作为学院重点发展学科方向,都可以证明这一点。

〔4〕 杨东平主编,刘胡权、宝丽格副主编:《中国当代传统文化教育发展报告》,社会科学文献出版社 2019 年版。

科对于古典两希文明体系进行传承,再通过自然科学和社会科学等学科来传承现代文明和西方历史经验。[1]在西方大学中,西方古今文明间得以同时传承,相互对话和滋养,但是在中国,我们的古代文明这一部分要弱很多,书院的突然衰落和经学科的取消是其中很重要的原因。[2]

和经学和国学很难申请为正式学科相反,在过去的十几年中,中国一些著名大学纷纷建立各种各样的书院。在国家的高等教育改革中,也鼓励大学探索书院制。大学对于书院这一新的改革形式很重视,希望能实现通识教育、交叉学科培养和学生人格培养等传统大学体系中被忽视的一些问题。[3]书院的研究者也强调书院的良好的师生关系和研究性学习的学风等教育功能。但是,仅仅从功能的角度去论述书院是不够的,书院更多是儒家文明传承的道场,如果缺少对于经学的重视和传授,书院的精神底蕴似乎很难深厚,而更多是借着书院名称的高等教育创新改革,这无疑是有意义的,但似乎是不够的。

在美国的高等教育历史上,有一个很重要的时代,就是传统的学院纷纷向大学转型的那个时代。[4]传统的大学主要讲授古典语言和古典文学,其实很接近中国古代书院,但是在19世纪末,随着德国大学的崛起,以及现代自然科学,社会新的现象等的冲击,传统学院改革势在必然,大学教师的增加以及学科的增加势在必然。但是美国的高等教育改革的"英雄时代"的教育家们并没有简单取消学院,而是在研究型大

〔1〕　华勒斯坦等:《开放社会科学:重建社会科学报告书》,刘锋译,三联书店1997年版。

〔2〕　涂尔干:《教育思想的演进》,刘锋译,商务印书馆2003年版;渠敬东:《"经典"与"经验"的科学:本科教育的精神》,《北京大学教育评论》2017年第4期。渠敬东:《通识教育、经典与经验》,《通识教育评论》2020年第1期。

〔3〕　还有很多大学借鉴西方住宿制学院的经验。但是这一体制是英国独有的,可能也很难模仿。

〔4〕　李猛:《在研究与教育之间:美国研究型大学兴起的本科学院问题》,《北京大学教育评论》2017年第4期;张斌贤主编:《美国高等教育史》中卷,第三章,教育科学出版社2019年版。

学中综合了美国传统学院和德国式的高深研究,其中一大举措就是成立研究生院。[1]美国没有简单模仿德国大学,而是走出了自己的道路。但是在一百年前的中国的高等教育改革中,给予书院的空间甚小。

回到岳麓书院的案例。岳麓书院和湖南大学其他的学院,其实来自两种不同的精神传统,前者的精神底蕴是以儒学教化为核心的文明传统,后者更多是现代大学传统,这两种内在是有张力的,经史子集的学科体系自然和文史哲的学科体系有关,但是终究是不一样的,我们能否在新的时代,走出一条既能传承中国古典文明,同时有能保持对于西方文明和学科开放性,实现两者的互动和切磋,也许是我们必须思考和探索的。而岳麓书院则给提供了一个很好的难得的案例和巨大的想象空间。[2]

---

〔1〕 参见渠敬东:《文明之舟:美国大学的源流与变迁——〈智慧的摇篮:现代大学的兴起〉序》,《北京大学教育评论》2020 年第 4 期。

〔2〕 任何去过岳麓书院参观过的人都会感到其气场和通常的大学很不一样,这种感觉可能比较类似英国那些历史悠久的著名的大学,牛津和剑桥大学很多学院仍然保持继承了修道院的传统。参见柯瑞思:《剑桥:大学与小镇 800 年》,陶然译,三联书店 2013 年版。

儒学的新开展与公共实践:韩愈的典范性[*]

王中江^{**}

寻找宋代儒学复兴运动和新儒家兴起的缘由,人们不时将它的初始条件和契机追溯到中唐时期的韩愈,认为他是宋代儒学复兴的先驱。[1]这样的定位,在一定程度上揭示了韩愈在唐宋文化和儒学转型中的地位。但在一个更大的时间尺度内(即整个中国儒学史这一概念下)认识韩愈的角色和影响力,追问他在儒学的大传统中传承了什么和发展了什么,很有必要。笔者认为将"儒者的典范"这一个符号放在韩愈身上是十分合适的。他称得上是中国儒学漫长历史上最具代表性的典范性人物之一,或者说他是一位大儒。[2]

理念型的中国士大夫,一般要扮演好双重角色:做一个政治上有所作为、能够造福公众的官吏;同时又成为知识、思想和文化的创造者。良好的设想在现实中总会遇到困难。韩愈意识到社会分工的重要性,

---

　* 本文原刊《中州学刊》2021 年第 11 期。

　** 王中江,郑州大学哲学学院特聘教授、北京大学哲学系教授,教育部长江学者特聘教授。

〔1〕关于"唐宋转型",参见包弼德:《斯文:宋宋思想的转型》,刘宁译,江苏人民出版社2017 年版,第158—166 页。这一概念具有历史性和解释性的双重意义。

〔2〕陈寅恪:《论韩愈》,《历史研究》1954 年第 2 期。

认为"术业"有"专攻"。一个人要同时成就两项非常不同的事业,不是只有在今天才非常困难,在古代也殊非易事。想象一下,一位儒者带着政治理念从事政治,带着学术信仰去从事学术,他的目标如此高远,他实现目标的道路怎会平坦。韩愈惊人的地方是,尽管他选择的路充满了坎坷,他的人生历程荆棘丛生,但他在这两项事业中仍有超常的表现:他是儒家道德使命的坚定担当者、捍卫者和儒家道德学说的转型者;他又是儒家伦理道德的实践者和行动者,是中国历史上士大夫中最具道德勇气和正义感(这是考验一个人是不是真正儒者的试金石)的人之一。韩愈的一个承诺是:"君子居其位,则思死其官;未得位,则思修其辞以明其道。我将以明道也,非以为直而加人也。"[1]《新唐书·韩愈传》称道他"操行坚定,鲠言无所忌","愈性明锐,不诡随。与人交,终始不少变",这是他品行的很好写照。

一、身份认同:儒家道德谱系的构建

儒家自孔子之后的演变,既呈现出不断分化的多元性(如韩非就有儒分为八的证言),又在一些关键的地方顽强保持着自身的同一性和连续性,使自己具有明显可识别的特征。如《汉书·艺文志》描述儒家"游文于六经之中,留意于仁义之际"。韩愈在儒学史上的重要性之一,是他努力强化儒家谱系的特征和与之相关的连续性,在儒家内部进行辨别和选择,自觉扮演起传承者的角色;在外部为它争取空间,同异己者展开论辩。在前者,他塑造了一个新的儒家传道谱系(一般称为"道统",也可叫作"道谱");在后者,他主张对抗佛家和道家的力量。

韩愈建立的传道谱系,上自尧、舜,中经禹、汤、文、武、周公,下至

---

〔1〕 韩愈:《韩愈选集·争臣论》,上海古籍出版社 1996 年版,第 160 页。下引《韩愈选集》仅注页码。

孔、孟。在韩愈看来,不幸的是,这一谱系在孟子之后和直到他之前中断了。从战国中期到中唐时期,儒学史链条上的人物(包括荀子、董仲舒、扬雄等儒家,还有大量的经学家)有很多,韩愈不是对此视而不见,只是在他看来,他们都没有真正扮演起儒家道谱传承者的角色。在这一判定之下,韩愈就将自己设定为孟子之后儒家道谱的传承者。韩愈在《原道》中没有直接这样说,但其中暗含了这一层意思。而且他在不同地方当仁不让地承诺,他要担当起儒家道谱和价值的传承者角色。如《赴江陵途中寄赠王二十补阙李十一拾遗李二十六员外翰林三学士》诗说,"生平企仁义,所学皆孔周"[1];在《与孟简尚书书》中他以谦虚的口吻说,"使其道由愈而粗传,虽灭死万万无恨! 天地鬼神,临之在上,质之在傍,又安得因一摧折,自毁其道以从于邪也?"[2]贞元十六年(800),韩愈在《答李翊书》中坦露心声,他已"学之二十余年矣",一开始就"非三代两汉之书不观,非圣人之志不敢存"。[3]之后,他坚持传道的信念,奉行"处心有道,行己有方,用则施诸人,舍则传诸徒,垂诸文而为后世法"[4],期望成为儒家道谱的承前启后者。

　　韩愈的道谱论上传孟子的版本[5],下启程朱理学的新版本。[6]孟子塑造的道谱论是:"由尧舜至于汤,由汤至于文王,由文王至于孔子,各五百有余岁,由孔子而来至于今,百有余岁,去圣人之世,若此其未远也,近圣人之居,若此其甚也。"[7]孟子上承的道谱跨度是从孔子到他

---

〔1〕 韩愈:《韩愈选集·争臣论》,上海古籍出版社 1996 年版,第 45 页。
〔2〕 韩愈:《韩愈文集汇校笺注》第二册,刘真伦、岳珍校注,中华书局 2017 年版,第 888 页。下引《韩愈文集汇校笺注》仅注册数和页码。
〔3〕 同上书,第 700 页。
〔4〕 同上书,第 701 页。
〔5〕 有关韩愈道谱说的缘由,参见史少秦:《韩愈"道统"论缘起辨微——以陈寅恪与饶宗颐的争论为中心》,《管子学刊》2020 年第 3 期。
〔6〕 孟子塑造的道谱论说:"由尧舜至于汤,由汤至于文王,由文王至于孔子,各五百有余岁,由孔子而来至于今,百有余岁,去圣人之世,若此其未远也,近圣人之居,若此其甚也。"参见《孟子·尽心下》。
〔7〕 《孟子·尽心下》。

自己之间,这是儒家发展的早期,中间只有很短的时间。韩愈的道谱论,从孟子到他自己,时段就长得多。他赋予自己庄严的使命,要将中断了如此之久的儒家道谱重叙下来。韩愈的道谱建构影响了宋代程朱新儒家的谱系说。但反讽的是,程朱新儒家没有将韩愈置于道谱之中,程颐的道谱论将上传孟子之道的角色赋予了他的兄长程颢;朱熹扩大了这一版本,将周敦颐和程氏兄弟置于上接孟子的位置,他则是他们的传承者。

从韩愈到程、朱,他们为了建立儒家道谱,自觉主动地赋予自己传承儒家的新角色,重新去塑造儒家和强化儒家的内涵,使之展现出不同于汉唐的面貌。但道谱论也产生了一个后果,从孟子至唐或宋之间的儒学(包括其中复杂的经典诠释学)大都被过滤掉了,原本不同时期的儒家人物、经典、学说,实际上都是儒家丰富多彩的一部分,道谱论将它变得狭隘了。孟子的道谱叙事排除的东西(主要是孔子后学)还比较少,但后两者排除的东西都比较多。韩愈排除了从孟子到他自己之前的,程朱的排除了从孟子到唐代的。

为了承继儒家的道谱,韩愈从事了两项外围的基础性工作:推动古文运动[1];对佛、道两教展开激烈的批判。道谱论是韩愈在儒家内部进行正本清源;古文运动和批判佛、道两教是韩愈在外部为复兴儒家之道创造客观条件。对韩愈来说,言论和文章是为了表达和阐明道的,"我将以明道也"。[2]表达和阐明道需要优美的文辞,不能"言之无文";文辞是为了表达道和阐明道的,不能言之无物。这正是韩愈所说的"学古道则欲兼通其辞。通其辞者,本志乎道者也"。[3]骈文是六朝以来一直兴盛的文体之一,在演变中,人们愈来愈追求辞藻华丽和对仗排偶,

---

〔1〕 韩愈在古文运动中的角色和实践,参见罗联添:《韩愈研究》,天津教育出版社2012年版,第195—209页。

〔2〕 《韩愈选集》,第160页。

〔3〕 屈守元、常思春主编:《韩愈全集》,四川大学出版社1996年版,第1500页。下引《韩愈全集》仅注页码。

越来越变得"言之无物"，徒有文辞之表，而无为文之旨义。没有意境，何谈载道明道。复兴儒学之道，在韩愈看来，需要改变唐代文坛的这种现状和文风。[1]

作为一个清理者，韩愈不满骈体文的风气，批评它带来的弊端；作为一个建设者，韩愈复建古文传统，以再现先秦和汉代论说文、散文（文体）的活力。已有的风气和习惯总有惯性，改变它所遇到的阻力只有大小之分。韩愈自述说："仆为文久，每自测意中以为好，则人必以为恶矣。小称意，人亦小怪之；大称意，则人必大怪之也。"[2]堡垒一旦打开缺口，新的力量就会涌入。韩愈带动和实践的古文活动[3]，既有柳宗元这样的并肩而行者，又有李翱、皇甫湜、李汉等他的学生追随者。[4]他们协同开创了唐代的古文运动，又下启了宋代的古文新风，欧阳修、王安石、曾巩、苏洵、苏轼、苏辙等皆其代表。文以明道和传道的精神被传承和光大。欧阳修相信，只要有了高明的道，表达它的语言就会如影随形；苏轼承诺说，他要做的是"文道合一"。韩愈在古文复兴中的作

---

〔1〕　韩愈革新骈体文，不是完全抛弃骈体文体；复兴古文文体，也不是简单的复古。他融合了两者，使之焕发出活力。有关这一点，参见《韩愈选集》，第23—25页。

〔2〕　身处唐代文风之下并同韩愈一起作战的柳宗元评论韩愈说："奋不顾流俗，犯笑侮，收召后学，作《师说》，因抗颜而为师。世果群怪聚骂，指目牵引，而增与为言辞。愈以是得狂名。"参见柳宗元：《答韦中立论师道书》，《柳宗元集》第三册，中华书局1979年版，第871页。

〔3〕　仰慕和效法"古文"，韩愈之前已有先驱人物并受其影响。《旧唐书》卷百六十《韩愈传》称："大历、贞元之间，文字多尚古学，效扬雄、董仲舒之述作，而独孤及、梁肃最称渊奥，儒林推重。愈从其徒游，锐意钻仰，欲自振于一代。洎举进士，投文于公卿间，故相郑余庆颇为之延誉，由是知名于时。寻登进士第。"

〔4〕　受韩愈推荐的李翱和尉迟生，在考取进士的过程中都向韩愈求教文学之道，韩愈教诲他们，一要耐心修习文学，不为功利诱惑；二要培根本求道义之实。只要具备了文和义，就自然能够为文而文美，为义而实有："将蕲至于古之立言者，则无望其速成，无诱于势利，养其根而俟其实，加其膏而希其光。根之茂者其实遂，膏之沃者其光晔。仁义之人，其言蔼如也。"参见《韩愈选集·答李翊书》，第187页。"夫所谓文者，必有诸其中，是故君子慎其实；实之美恶，其发也不掩。本深而末茂，形大而声宏，行峻而言厉，心醇而气和；昭晰者无疑，优游者有余。体不备不可以为成人，辞不足不可以为成义。"参见《韩愈选集·答尉迟生书》，第193页。

用,苏轼在《潮州韩文公庙碑》中的评价可谓无以复加:"文起八代之衰,而道济天下之溺,忠犯人主之怒,而勇夺三军之帅。此岂非参天地、关盛衰,浩然而独存者乎?"[1]

韩愈建构儒家道谱论的另一项基础性工作是激烈批判和抑制佛道两教。魏晋以降,儒释道三教之间的争论和相互批评一直存在。儒家整体上居于官方意识形态的地位,但实际上,佛道或佛老获得的空间越来越大,佛教更是越来越兴盛。相比之下,儒教则失去了生机和创造性。韩愈诊断这一历史过程说,从汉初黄老学的兴盛开始,儒家就处在不利的状况下;佛道两教在东汉后期的兴起以及后来的兴盛,又使儒家受到了更大的挑战甚至被边缘化,"道衰,孔子没,火于秦,黄老于汉,佛于晋、魏、梁、隋之间。其言道德仁义者,不入于杨,则归于墨;不入于老,则归于佛……之人其欲闻仁义道德之说,孰从而听之? 老者曰:'孔子,吾师之弟子也。'佛者曰:'孔子,吾师之弟子也。'为孔子者,习闻其说,乐其诞而自小也,亦曰'吾师亦尝师之云尔'"。[2]按照韩愈的这一诊断,儒家陷入了危机之中。

在三教竞争关系中,儒教处于被动地位自有由来。有时候,事物越被保护,越容易受损害。儒家政治意识形态的地位使它享有思想上的独权,却也为它带来了发展上的惰性。东汉的经学越到后来越失去了活力,汉末出现了名教和意义危机,魏晋道家之学和道教、佛教乘虚而入。唐代经学的标准化和统一化,又使它变得教条化和形式化,更遮蔽了它的精神和价值。儒教自身乏力,又有外在佛道的挑战,此消彼长的局面使韩愈十分不甘。他的道谱论设定的目标是改变儒学、复兴儒学。为此,批判和对抗佛道就成为他义不容辞的责任。

韩愈对佛道类似于控诉性的批判由以下几个方面组成。第一,佛

---

[1] 苏轼:《苏轼文集》第二册,孔凡礼点校,中华书局1986年版,第509页。
[2] 《与孟简尚书书》中说:"汉氏以来,群儒区区修补,百孔千疮,随乱随失,其危如一发引千钧,绵绵延延,浸以微灭。"参见《韩愈文集汇校笺注》第二册,第888页。

道两教破坏了生产与消费之间的平衡,造成了社会供需之间的严重矛盾。因为中国的社会阶层自从有了佛道之后,就从原来的四个(士农工商)变成了六个(加上佛道两个阶层),一个阶层种地和一个阶层做手工,同时要承担六个阶层的消费,大大增加了社会的负担;第二,佛道两教倡导"清静寂灭"的价值观,建立出家的生活制度和生活方式,使家庭失去孝道,使社会失去君臣之道,瓦解了儒家的家庭伦理价值,破坏社会政治秩序[1];第三,老子批判儒家仁义是因为他的目光太狭小,不是因为仁义本身不好;第四,佛教所立之教原本是夷狄之法,它的教义违背了中国的人伦传统,违背了中国用夏变夷的文化原则。韩愈从儒家立场对佛道展开的这四个方面批判,一般来说,二和四项比较常见,一和三则少一些。不同学派之间的自由竞争和批判,具有相反相成的意义,但他说"不塞不流,不止不行。人其人,火其书,庐其居"[2],主张借用政治的力量来消除其他学派,则是文化上的专断主义。[3]

二、意义定位:对儒家价值的阐释

道谱论是韩愈复活儒家精神和价值的一个方向性原则,在这一原则之下,韩愈对儒家精神和价值本身做出了新的阐释,使之居于儒家体系的核心地位。这是他作为儒者典范的又一个根据。韩愈对儒家精神和价值的新阐释,有他的《原道》《原毁》《原性》《原人》和《原鬼》等文本,

---

[1] 韩愈《论佛骨表》又激烈批判佛陀这一夷狄者的异端性:"夫佛本夷狄之人,与中国言语不通,衣服殊制;口不言先王之法言,身不服先王之法服,不知君臣之义,父子之情。"参见《韩愈选集》,第397页。

[2] 《韩愈选集·原道》,第271页。

[3] 现在人们不时将早期的儒家——先儒同后来的儒家对立起来,认为只有孔子儒家才是真正的儒家,后来的儒家由于各种原因改变了儒家的初衷,已不再是真正的儒家。这种判断和评判的合理之处,是能够为儒家的复兴寻找根据,但不利的是,它同时又会造成自我否定。儒家正是在不断发展和变化中才有生命力,不同时期的儒学都是整体儒家历史的一部分。

他的这五篇作品一般称为"五原",是韩愈在贞元十九年(803年)开始陆续撰写出来的。韩愈使用"原"这个字本身就表明,他要在一些关键论题上追根求源、探赜索隐。其中的《原道》久负盛名。韩愈的其他论说文和书信等也以不同的角度阐释儒家的精神和价值。

韩愈阐发、弘扬的儒家精神和价值是什么呢?儒家有复杂的伦理道德体系,也有以古典学为中心的复杂的学问体系。《史记·论六家要旨》描述儒家学派说,"夫儒者以六艺为法。六艺经传以千万数,累世不能通其学,当年不能究其礼"。人们如果不能入乎其内、出乎其外的话,就容易"博而寡要,劳而少功"。这是就儒家古典学的复杂性及其容易产生的弊端而言。对于司马谈和司马迁父子来说,儒家的价值主要是"列君臣父子之礼,序夫妇长幼之别"。这是就儒家之礼对建立秩序的重要性而言,并未触及儒家的根本价值。在这一点上反而是《吕氏春秋·不二》篇的作者深得其旨,认为孔子之道的精髓是"仁爱主义"("贵仁")。前述《汉书·艺文志》概括儒家之道说的"游文于六经之中,留意于仁义之际",凝聚了儒家的两大方面,一是它的经典诠释学,二是它的仁义价值学。这是一个非常高明的概括,标示出了儒家的"两翼"或"两轮"。

儒家信徒研习的经典主要是《诗》《书》《礼》《乐》《易》《春秋》等,信奉的根本价值是"仁义"。这两者构成了儒家学术、学问和价值的两大传统。儒家是人文和经典之学,更是伦理和价值之学;是自我人格升华之学,更是经世济民之学。真正的儒者钻研儒家经典又牢记儒家的根本价值,不会拘泥于小道小数而忘记大本大体。荀子心目中的大儒,一定要从"数"进入"道",不能陷入"数"而不知"道"。韩愈传承了《汉书·艺文志》的儒家两翼论,在《答李翊书》中就强调说,他一直致力于"其旨醇"的境界,致力于"行之乎仁义之途,游之乎《诗》、《书》之源,无迷其途,无绝其源,终吾身而已矣"。[1]

---

[1] 《韩愈选集·原道》,第188页。

　　也许是要从经典注疏学中跳出来，韩愈没有"五经"方面的注释性
著作，只有《论语笔解》。这一事实说明他没有想在经学上同汉唐的
"五经"注释家们一比身手，他的根本志向不在这里。他勤奋研习儒家
的经典还有诸子典籍，但为了避免陷入经学章句学和注疏学中，他宁
可不去注释六典。这是朱熹同他最不同的地方之一。韩愈从经学中
获得了儒家的伦理价值、人道精神、社会政治信念和天下使命感，通过
他的"易简"功夫贯通了起来，这就是现在一般所说的儒家学统、道统
和政统的整体统一。韩愈的《原道》就是他点燃重建这种统一的划时
代火炬。对于沉闷很久的儒家来说，《原道》不啻为复兴儒学的一篇
宣言。

　　探求"道"，韩愈首先在儒家的价值上定位它。儒家和道家都谈论
道和德，但所说的道和德又很不同，这就使道和德的意义处在不确定的
"虚位"中。韩愈要使它具有确定的所指，使它同儒家的具体伦理价值
结合起来。在儒家那里，从五常到五伦，从忠孝到诚敬，伦理道德体系
条目繁多。韩愈接受了《汉书·艺文志》的概括，认为"仁义"是儒家的
根本伦理价值，将两者同道德结合在一起，就使道德也具有了可识别的
根本特质。人们说到"道德"首先想到的就是"仁义"，说到"仁义"就知
道它们是道德的重要内涵，两者可以互换。将儒家的道德安置在仁义
上，就使道德的虚位变成了实位。韩愈说："凡吾所谓道德云者，合仁与
义言之也，天下之公言也。老子之所谓道德云者，去仁与义言之也，一
人之私言也。"[1]在此基础上，韩愈对"仁义"明确作了界定，"博爱之谓
仁，行而宜之谓义"。[2]这一界定非常简练，十分切合儒家仁义的一般
意义(仁的根本意义是爱人，义的根本意义是按照原则行动)。

　　从这一界定出发，韩愈又对道和德做出了具体的界定："由是而之
焉之谓道。足乎己无待于外之谓德。"[3]将仁义道德作为先王教说的

―――――――――

〔1〕〔2〕〔3〕《韩愈选集·原道》，第263页。

时候,它又被韩愈落实在国家和社会生活的整个结构之中:"其文:《诗》《书》《易》《春秋》;其法:礼、乐、刑、政;其民:士、农、工、贾;其位:君臣、父子、师友、宾主、昆弟、夫妇;其服:麻、丝;其居:宫、室;其食:粟米、果蔬、鱼肉。"[1]也正因为如此,仁义"其为道易明,而其为教易行也"。[2]它无所不适,人们都可以实践和运用它:"是故以之为己,则顺而祥;以之为人,则爱而公;以之为心,则和而平;以之为天下国家,无所处而不当。是故生则得其情,死则尽其常。效焉而天神假,庙焉而人鬼飨。曰:'斯道也,何道也?'曰:'斯吾所谓道也,非向所谓老与佛之道也。'"[3]

韩愈彰显《大学》的重点正在这里:"古之所谓正心而诚意者,将以有为也。"[4]这个有为就是自我在现实社会生活,不仅要成就自我,也要成就他人、社会和万物。这不是"遁世"的"洁身自好"。[5]韩愈推崇孟子,有称赞他批判杨、墨及为排佛带来的示范意义,有称赞他的仁义之道对建立良好社会政治秩序的意义:"始吾读孟轲书,然后知孔子之道尊,圣人之道易行,王易王,霸易霸也。以为孔子之徒没,尊圣人者,孟氏而已。晚得扬雄书,益尊信孟氏,因雄书而孟氏益尊,则雄者亦圣人之徒欤!"[6]孟子的"仁义"普遍价值论有一个鲜明特点,它有经济制度和经济生活方面具体的设计。按照这个标准,人们都能过上有保障的生活,他称为"仁政"。经济生活满足了,孟子还有如何丰富他们精神生活的设想。

对儒家来说,普遍价值要体现在个人身上,更要体现在社会政治中。体现在个人身上就是好人(士、贤人、君子、圣人等),体现在社会政

---

〔1〕 《韩愈选集·原道》,第270—271页。

〔2〕〔3〕 同上书,第271页。

〔4〕 同上书,第268页。

〔5〕 佛教带来的最大危害就是"今也欲治其心而外天下国家,灭其天常,子焉而不父其父,臣焉而不君其君,民焉而不事其事"。参见《韩愈选集·原道》,第268页。

〔6〕 《读荀子》,《韩愈文集汇校笺注》第一册,第111页。

治中就是良好的秩序。有了前者的好,自然就会有后者的好(这也解释了儒家为什么从来都将制度放在从属位置上)。[1]如何造就出好人呢?儒家一直从人的先天性和人的后天修为上解释好人的可能性。为了揭示人的先天本性,儒家建立了复杂的人性论;为了强调人后天努力的重要,儒家建立了复杂的修身论。在韩愈那里,好人的可能性整体上也是从这两方面来解释的。按照韩愈的人性论,有天生的好人,这类人生来就是善者,实际上也善;有天生的可以好可以不好的人,这类人实际上的善要靠良好的教育和教化来达到;有天生的不好的人,这类人实际上达到善只能靠刑律的强制来实现。韩愈的人性论整体上属于汉代以来流行的性三品论。[2]其不同之处在于,韩愈用五常——仁义礼智信解释人性为什么是善;用五常在不同人身上的有无、多少、一常与四常的不同关系解释人性的等差;用性三品解释人的情感表现为什么也是三品。

性善论不认为人先天具有善后天就一定会善,性恶论不认为人先天恶后天就一定不能善,性善恶混论不认为人先天有善恶两面后天也一定如此。[3]比较起来,韩愈的性三品论有决定论的意味,这就在很大程度上使人失去了后天的自由道德意志,也使人没有可能通过学习成为圣人(圣人不可学而致论)。这也是性三品论的一般倾向。但韩愈还是期望圣人、贤人和君子,这是他心目中的美好人格,也是他建立好的政治生活的前提(没有好人不可能)。但这几种类型的好人,按照他的人性论,只能部分来源于天生上品后天就善的人,部分来自中品通过学习达到的人。据此逻辑,人的修身似乎被限制在中品之人身上了。但

〔1〕　主张制度首要性的人认为,好的制度能使不好的人变好,坏的制度能使好人也变坏。

〔2〕　有关汉唐的性三品论,参见王中江:《汉代"人性不平等论"的成立》,《孔子研究》2010年第3期;池田知久:《"性三品说"的成立与展开——围绕人性的平等与不平等》,《中国儒学》第16辑,中国社会科学出版社2021年版。

〔3〕　有关早期儒家的人性论,参见王中江:《心性论的多元性与孟、荀"心性论"描述的非单一性》,《船山学刊》2019年第4期。

韩愈的学习和修身论,实际上又是对所有的人开放的:"且令今父兄教其子弟者,曰:'尔当通于行如仲尼',虽愚者亦知其不能也;曰:'尔尚力一行如古之一贤',虽中人亦希其能矣。岂不由圣可慕而不可齐邪,贤可及而可齐邪? 今之人行未能及乎贤,而欲齐乎圣者,亦见其病矣。"[1]

三、入世苦斗:儒家精神的体证

对儒家来说,一位真正的儒者也是真正的士、真正的士大夫。儒家的"士"是入世,入世又是入仕。追求洁身自好的自我完善的"隐士"不是儒家的理想型之士。子夏认为人在学习有余力的时候就要去为政[2],子路认为人不参与政治生活不合乎道义[3],孟子说士参与政治事务就像农民耕种一样自然。[4]韩愈在行动领域的选择完全遵循儒家的这一路线。他是坐而论道者,又是起而行之者。儒家创立了伦理价值,又要求实践它和证成它。这是真正考验儒者的时候。认同和信奉儒家价值的韩愈,是经受了这种考验的人。他在实践和证成儒家伦理价值上堪称典范,是儒家士大夫的表率。

入仕就是获得政治机会和权力。但通向它的道路不平坦,对韩愈来说更是充满了辛酸。从幼小开始就遭遇一系列不幸的他,在磨炼中成长。为了科举及第,他付出了不懈的努力。21 岁(贞元四年,788年)他赴长安考进士,到 24 岁,三试不第。四年后的贞元八年(792年)他登进士第。为了获得政治上的机会,他还需要参加吏部的"博学宏辞"考试。但他同样不顺利,前后考了三年都以落第告终。韩愈在

---

[1] 《通解》,《韩愈全集》第 5 册,第 2747 页。
[2] 《论语·子张》。
[3] 《论语·微子》。
[4] 《孟子·滕文公下》。

《上宰相书》中诉苦说:"四举于礼部乃一得,三选于礼部卒无成。"[1]在这种情况下,贞元十一年(795 年)他几次上书当时的宰相赵憬、卢迈等,向他们诉说自己的志向和抱负,希望他们能慧眼识珠。但他们都是势利之人,对韩愈的自荐无动于衷。无奈之下,韩愈只好离开长安。贞元十二年(796 年),他受到了中唐名臣董晋的推荐,才获得了一个节度使观察推官的职务,总算有了一个从政的机会。贞元十六年(800 年),韩愈第四次参加吏部考试,终于获得了铨选,这使他终于有了在京师任职的机会。

有了政治机会,就有伴随而来的荣誉和相应的俸禄。但韩愈还有超出个人利益之上的强烈的政治抱负。对他来说,政治权力根本上是他实现抱负的工具和手段。《上宰相书》说:"上之设官制禄,心求其人而授之者,非苟慕其才而富贵其身也,盖将用其能理不能,用其明理不明者也耳;下之修己立诚,必求其位而居之者,非苟役于利而荣于明也。"[2]韩愈的承诺不是唱高调。韩愈得到政治上的机会十分不易,如果他以权力为目的,讲求权术之道,周旋于权势之间,他的权位将会很稳固。

但奉行自己的政治理念和正义信念而行动的他,很容易同权力世

---

[1] 韩愈意识到了扮演双重角色的困难,他做好了如无法兼顾而要立其一的打算:"方今天下风俗尚有未及于古者,边境尚有被甲执兵者,主上不得怡,而宰相以为忧。仆虽不贤,亦且潜究其得失,致之乎丞相,荐之乎吾君,上希卿大夫之位,下犹取一障而乘之。若都不可得,犹将耕于宽闲之野,钓于寂寞之滨,求国家之遗事,考贤人哲士之终始,作唐之一经,垂之于无穷,诛奸谀于既死,发潜德之幽光。二者将必有一可。"参见《韩愈选集·答崔立之书》,第 167 页。"君子则不然。处心有道,行己有方,用则施诸人,舍则传诸其徒,垂诸文而为后世法。如是者,其亦足乐乎? 其无足乐也?"参见《韩愈选集·答李翊书》,第 188 页。

[2]《韩愈文集汇校笺注》第二册,第 647 页。韩愈前后的想法也有变化:"家贫又使事,读圣人之书,以为人之仕者,皆为人耳,非有利乎己也。及年二十时,苦家贫,衣食不足,谋于所亲,然后知仕之不唯为人耳。乃来京师,见有举进士者,人多贵之。仆诚乐之,就求其术。"《答崔立之书》,《韩愈文集汇校笺注》第二册,第 686 页。在《争臣论》中,韩愈引用古人语批评为官为禄的人:"古之人有云:'仕不为贫,而有时乎为贫。'谓禄仕者也。宜乎辞尊而居卑,辞富而居贫,若抱关击柝者可也。"《韩愈选集·争臣论》,第 154 页。

界的腐败者产生严重的冲突。比如,德宗之时的谏议大夫阳城,不履行谏官的职责,不问政事之得失。韩愈用问答的形式,写出了著名的《争臣论》,批评阳城的失职失责。韩愈用三个"或曰"的方式一一设问,一一批驳,认为若有人以阳城的学养、为人处事等将他称为"有道之士",那么从他作为一位谏官这方面来说,这一称号无论如何都是不能成立的。因为真正的贤士不是这样:"自古圣人贤士,皆非有求于闻用也。闵其时之不平,人之不义,得其道不敢独善其身,而必以兼济天下也。孜孜矻矻,死而后已。故禹过家门不入,孔席不暇暖,而墨突不得黔。彼二圣一贤者,岂不知自安佚之为乐哉诚? 畏天命而悲人穷也。夫天授人以贤圣才能,岂使自有余而已,诚欲以补其不足者也。"〔1〕又如,本来就昏庸的德宗到了晚年更甚,政门从上到下玩忽职守。众人皆醉,韩愈独醒,上书数千言极力劝诫,德宗不听,愤怒之中将他贬谪到他地:"德宗晚年,政出多门,宰相不专机务。宫市之弊,谏官论之不听。愈尝上章数千言极论之,不听,怒贬为连州山阳令,移江陵府掾曹。"〔2〕

　　韩愈的忠诚和极大的道德勇气,在他强烈劝阻宪宗礼迎佛骨事件上得到了充分的体现。韩愈明知宪宗崇信佛教,也明知凤翔法门寺佛骨舍利到了 30 年一开的重大时刻,举国上下都沉浸于礼佛的氛围之中。这种情况下,韩愈再向宪宗进谏无疑冒着极大的政治风险,何况他此时也不是言官,他是"中书舍人",在中书省掌制诰事。但他不顾自己的安危,毅然决然地上奏了《论佛骨表》,批判和否定佛教,力谏宪宗改变自己迎佛骨的决定。宪宗没有了颜面,被彻底激怒,当即决定处之以极刑。因宰相裴度等大臣(还有皇亲)极力为韩愈说情,才使他免于一死,被贬任为潮州刺史。〔3〕这一事件充分显示了韩愈的道德勇气。正

---

〔1〕 《韩愈选集·争谏论》,第158—159 页。

〔2〕 《旧唐书·韩愈传》说:"愈自以才高,累被摈黜,作《进学解》以自喻。"

〔3〕 遭受如此变故的韩愈,反思自己,向宪宗致谢不杀之恩和晋献忠诚,又使宪宗感动并想起用他。"既至潮,以表哀谢。帝得表,颇感悔,欲复用之,曰:'愈前所论是大爱朕,然不当言天子事佛乃年促耳。'"参见《新唐书·韩愈传》。但韩愈的直言不讳遭皇甫镈的忌惮,从中作梗:"忌愈直,即奏言:'愈终狂疏,可内移。'"

如裴度为韩愈说情所说，韩愈"非内怀忠恳，不避黜责，岂能止此？"[1]

韩愈的忠诚和不顾安危还有一个例证。长庆二年(822年)，他临危受命，前往镇州(今河北正定)"宣谕"。当时王廷凑的卫兵作乱，杀害了军政要员田弘正及其家属、将吏几百人，王廷凑被拥立为节度使。这是一个严重的叛乱。但穆宗一方面对田弘正追加封赐(册赠)，另一方面又息事宁人，安抚王廷凑，委派韩愈去宣谕。在局势不明朗的情况下，这是一个十分危险的使命。元稹预测韩愈之行凶多吉少，为他担心；穆宗也有后悔之心，要他酌情行事，未必一定到镇州。但忠诚的韩愈说，既然受命，他就不应该有丝毫犹豫。他迅速到了镇州。王廷凑及其部下对韩愈的勇气和胆气感到惊讶。韩愈有勇、有谋，不惧王廷凑的威胁，晓以大义[2]，解救了被围困的牛元翼将军，顺利完成了使命。韩愈的果敢和智谋使德宗深感欣喜。

韩愈屡遭贬黜，多次失去权力和职位，升降无常。一系列的事例佐证，作为一位儒者士大夫，韩愈不是一个以权力为目的的人，权力只是他实现政治志向的工具。在权力、地位同原则和正义不可兼得的情况下，他宁愿放弃权力，也要坚守道德价值，践履儒家的精神。正直而又不幸的人可能会问，为什么忠于职守的人、坚持正义的人，会不断遭受不公正的待遇，会受到精神上的折磨？但韩愈没有这样追问，也没有精神上的挫败。他写的《进学解》(元和七、八年作)，既有自嘲的意味，又有顺时、自我安慰的情调。他以孟荀为例，说这两位儒者"吐辞为经，举足为法，绝类离伦，优入圣域"，但他们并不遇时("其遇于世何如也")。[3]他远达不到他们的境界，但还是获得了一些机会，应该满足了。

韩愈主掌地方事务的事功为人称赞。说韩愈拙于世务应主要是指

---

〔1〕《旧唐书·韩愈传》。
〔2〕《旧唐书·韩愈传》记载："愈既至，集军民，谕以逆顺，辞情切至，廷凑畏重之。"
〔3〕《韩愈选集》，第330—335页。

他不善于人情世故,不是说他不善于为政。819 年,他被贬谪为潮州刺史,历经艰辛抵达,"既视事,询吏民疾苦"。[1]在短暂的五六个月中,他就做出了惠民利民之举。当地湫水中的鳄鱼,常常为害居民的畜类,韩愈想方设法,很快就消除鳄鱼之患[2]。当地有一种习惯法,穷人向富人借钱,往往将子女作为人质抵押,过期不赎回,子女就没为奴婢。韩愈采取雇工抵债的方法,将很多奴婢赎回,使他们重获人身自由。韩愈这一方法可能借鉴了他的挚友柳宗元曾经在柳州的做法。[3]韩愈原本就是崇尚教育和教化的人。当地长久不设学校,人们不知为学,韩愈当然不能听之任之。他用自己的俸资聘请老师,立教兴学,被传为佳话。

四、结　语

对儒家的一种批评很常见,说它扮演了历史上政治意识形态的角色,造成了中国古代的威权政治,又成为开启现代中国民主政治的障碍;说它热衷政治,迷恋权力,是权力世界的同流合污者,应承担中国权力本位论和政治腐朽的责任。对此我们应该如何回应呢?这些指控对儒家既不客观,也欠公平。人们称赞传统中国的人才选拔制度和文官政治,称赞儒者士大夫或学者官僚在政治上的作用,称赞中国历史的悠久和文明达到的高度和广度。那我们不免要问,它们是如何被造就出来的?儒家士大夫不正是其中的重要力量之一吗?作为个案,韩愈扮演的双重角色能改变我们对儒家的部分偏见。

---

〔1〕《旧唐书·韩愈传》。韩愈转任袁州后,也推行这一人道的做法。

〔2〕韩愈的《鳄鱼文》专为此而作,其方法可能主要是靠人事:"刺史则选材技吏民,操强弓毒矢,以与鳄鱼从事,必尽杀乃止。"《韩愈选集》,第 412 页。

〔3〕韩愈在《柳子厚墓志铭》中称赞了柳宗元的这一美治。韩愈转任袁州后,也推行了这一人道的做法。参见罗联添:《韩愈研究》,天津教育出版社 2012 年版,第 95—96 页。

师道复兴与宋学崛起[*]

朱汉民^{**}

南宋儒者陆九渊敏锐地发现，宋学兴起是与师道复兴紧密联系在一起的："唯本朝理学，远过汉唐，始复有师道。"(《与李省幹二》)陆九渊认为，"本朝理学"作为一种新的学术形态复活了儒家"师道"精神。这反映出一个重要问题：宋儒的"师道"精神不仅代表着宋代士大夫的学术使命和政治责任，并且推动了宋代义理之学的创造性建构。本来，所谓汉学、宋学均指一种经学形态，汉学是重视"五经"典章制度的章句之学，宋学是注重"四书"身心性命的义理之学，但是汉、宋经学形态、解经方法的背后，有着不同社会政治、思想观念的历史差异。汉学讲究的"师法"其实是强调朝廷礼义法度的官方标准，因为汉儒解经的目的是为朝廷制定礼法制度服务；宋学推崇"师道"却是希望以师儒身份成为传承"圣人之道"的文化主体，宋儒通过诠释"四书"的义理之学来传承、复兴孔孟之道，创建了不同于汉学的"本朝理学"。

在唐宋变革的大背景下，宋代士大夫引领了一场复兴师道的思想运动，推动了一种以义理之学为解经目标的学术变革，完成了宋代儒学

---

* 本文原刊《哲学动态》2020 年第 7 期。

** 朱汉民，湖南大学岳麓书院教授。

复兴、文化转型的历史变革要求。学界已经对宋学的经学形态、解经方法等问题作过比较多的研究,本文关注的则是师道复兴与宋学兴起的关系问题:为什么说宋代士大夫的师道复兴代表了宋学精神? 师道复兴对宋学思想核心的道统论产生了什么影响? 师道复兴对宋代政教形态变革起到了何种推动作用?

一、师道与宋学精神

宋代士大夫引领的师道复兴,推动了新时期的思想解放和学术重建,导致了一种具有士大夫精神气质的学术形态——宋学的兴起。正如钱穆所说:"宋学最先姿态,是偏重在教育的一种师道运动。"[1]宋学兴起是以回归先秦儒学、复兴师道为旗帜的。但是宋学作为一种新的学术形态,之所以能够在宋代兴起,其背后隐藏着唐宋之际儒学重建、政教转型的历史要求。全祖望对宋初学术的总体情况,有一个重要概述:

> 有宋真、仁二宗之际,儒林之草昧也。当时濂、洛之徒方萌芽而未出,而睢阳戚氏在宋,泰山孙氏在齐,安定胡氏在吴,相与讲明正学,自拔于尘俗之中。亦会值贤者在朝,安阳韩忠献公、高平范文正公、乐安欧阳文忠公皆卓然有见于道之大概,左提右挈,于是学校遍于四方,师儒之道以立,而李挺之、邵古叟辈共以经术和之。[2]

北宋前期开始萌动一场学术巨变,儒家士大夫希望推动一股回归儒家

---

[1]　钱穆:《宋明理学概述》,台湾学生书局 1984 年版,第 2 页。
[2]　全祖望:《庆历五先生书院记》,见《全祖望集汇校集注》,上海古籍出版社 2000 年版,第 1037 页。

经典以"相与讲明正学"的宋学思潮,而宋学兴起的背景是当时大量出现的"学校遍于四方,师儒之道以立"景象。我们知道,汉学兴起是因为汉武帝在朝廷推动了"罢黜百家,表彰六经"的政策,特别是建构了"兴太学,置明师,以养天下之士"(《汉书·董仲舒传》)的政教形态。而宋代似乎不同,作为儒学变革主体力量的士大夫,他们主要是在民间或者地方推动政教变革。宋代士大夫批判了汉唐经学,也对汉唐政教形态提出质疑,他们向往和复兴了先秦儒家士人文化主体意识的师道精神,致力于对儒家经典的重新诠释,推动了儒学的一系列创新发展。

宋代士大夫推动两宋重建儒学的思想动力,来自他们内心"师儒之道以立"的主体意识。在此过程中,宋代士大夫完成了一种新的学术形态即"宋学"的建构,创造了一种适应新时代需要的新经典体系。他们标榜师道,一方面表现为一种文化主体意识,即召唤儒家士大夫"为往圣继绝学";另一方面此师道具有鲜明的政治意义,他们认为通过师道复兴能够逐渐回归三代的王道政治。所以,宋儒的师道复兴可以归因于儒家传统的政教观念,这种意识也影响了宋学的学术旨趣,演变成所谓的"宋学精神"。钱穆说:"宋学精神,厥有两端:一曰革新政令,二曰创通经义,而精神之所寄则在书院。"[1]钱穆对"宋学精神"的概括是很精准的,革新政令、创通经义、书院教育三个方面确实表达出崛起的"宋学精神",而且这三个方面也能够鲜明体现出师道的主导作用。

首先,我们考察宋儒复兴师道与革新政令之间的关系。宋学并不是只会谈空谈义理、体悟心性的无用之学,恰恰相反,宋儒普遍标榜其学术宗旨是"明体达用之学",他们希望解决人心世道、经世治国等实际问题,强调学术必须有体有用。宋儒关怀现实、心忧天下,特别关注国家制度、政治治理,希望自己能够参与实现天下安泰的经世事业。北宋发生的几次重大而有影响的政治改革运动,正是朝野不同士大夫群体

---

[1]　钱穆:《中国近三百年学术史》,商务印书馆1997年版,第7页。

广泛参与的结果。同时,由于学术与政治的密切联系,学术领域的学派与政治领域的朋党密切相关,学派往往也是党派。荆公之学是学派,荆公新党是党派,他们是同一个群体。与之相对立的洛学、蜀学、朔学均是具有不同学术特色的宋学学派,同时也是有不同政治主张的洛党、蜀党、朔党等政治朋党。宋朝的政治形态较之汉唐确实发生了很大改变,士大夫在朝廷的主导权越来越明显。特别是宋代士大夫通过言事、劝谏、封驳、经筵、舆论等各种方式限制皇权,体现出士大夫政治的成型。

所以,宋代的师道复兴运动,首先对宋儒推动的革新政令有深刻影响,推动了宋儒对"得君行道"的期许。"庆历新政"是宋代士大夫推动的新政运动,也可以看作一场在师道精神指导下的政治改革。推动"庆历新政"的主体是以范仲淹为首的士大夫集团,他们既是一个推动政治改革、主持新政的政治集团,又是一个倡导复兴师道、重建儒学的学者集团。正如朱熹所说:"文正公门下多延士,如胡瑗、孙复、石介、李觏之徒,与公从游,昼夜肄业。"(《宋名臣言行录后集》卷十一)作为政治集团,他们得到宋仁宗支持而发动了庆历新政,推动了涉及政治、经济、军事、文化、教育各个领域的革新。值得关注的是,这个士大夫集团总是将振兴师道作为新政的根本,其核心人物范仲淹认为当时"文庠不振,师道久缺,为学者不根乎经籍,从政者罕议教化"(《上时相议制举书》),即由于师道不存导致了士风衰退、吏治败坏。范仲淹进一步提出:"今天下久平,修理政教,制作充乐,以防微杜渐者,道也。"(《上执政书》)这一个"道"既是师道,也是政道。所以范仲淹提出建议,在"诸路州郡,有学校处,奏举通经有道之士专于教授,务在兴行"(《答手诏条陈十事》)。可见在范仲淹看来,"立师道"应该是整个新政的重心,要推动革新政令的深入开展,必须将复兴师道置于首位。范仲淹在《上时相议制举书》中指出:"夫善国者,莫先育材;育材之方,莫先劝学;劝学之要,莫尚宗经。宗经则道大,道大则才大,才大则功大。"只有实现了师道复兴,才能够培育人才、发展教育、更新学术,进而使得澄清吏治、提升行政效率等一系列政令得到实现。可见,范仲淹是宋代政治改革的先行者,他倡导的师道复兴与政治改革密切相关,所以"庆历新政"其实是宋代士大夫的行道活动。

其次,宋代士大夫的师道复兴与创通经义有密切联系。《宋元学案》的案语中谈到师道与宋学的关系:"宋兴八十年,安定胡先生、泰山孙先生、石先生始以师道明正学,继而濂洛兴矣。故本朝理学虽至伊洛而精,实自三先生而始,故晦庵有伊川不敢忘三先生之语。"(《宋元学案·泰山学案》)所谓"以师道明正学",道出了师道复兴对宋学兴起的深刻影响。儒学的汉学与宋学是两种不同的经学形态,汉学讲究章句训诂,宋学探究道德义理,而创通经义成为宋学的基本精神与主要特点。但是宋儒之所以敢于、善于创通经义,同样源于对师道精神的坚守。师道一方面强调"师"是文化主体性的存在,另一方面坚持"道"是回归经典的目的所在。宋儒希望通过经典来寻求圣人之道、天地之理,故而形成了创通经义的宋学。胡瑗是宋学的开创人物之一,他也是师道复兴的呼吁者。胡瑗对师道复兴与创通经义之间的关系有明确认识,他在《洪范口义》中释"八政"之"师"云:"师者,师保之师也,夫能探天下之术,论圣人之道。王者北面而尊师,则有不召之师。师之犹言法也,礼义所从出也,道德以为法也……自古圣帝明王,未有不由师而后兴也。故《传》曰:'国将兴,尊师而重道。'又曰:'三王四代惟其师。'故师者,天下之根本也。"这是一个重大的思想转向,胡瑗所说的"师"不是帝王君主,而是作为儒者的"师保之师",他们能够"探天下之术,论圣人之道",因此"师"既应拥有"道"而独立于"王者",又应受到帝王的"尊师而重道"。胡瑗认为"师"应为"天下之根本",而由师道精神推动义理之学建构的宋学,也应成为主导天下秩序的学术。胡瑗等宋初三先生"以师道明正学"的思想行动,得到了当时诸多大儒的高度评价。如欧阳修说:"师道废久矣,自景祐、明道以来,学者有师,惟先生(胡瑗)暨泰山孙明复、石守道三人。"(《胡先生墓表》)欧阳修肯定了胡瑗、孙复、石介对宋代师道复兴所产生的重大影响,而此三人恰恰成为推动宋学发展的"宋初三先生"。

继宋初三先生之后,宋学的经典诠释与义理建构进一步发展,特别是出现了周敦颐、张载、程颢、程颐、邵雍等创发道学的"北宋五子",到南宋又出现了道学运动的集大成者朱熹与张栻,他们后来成为宋学思潮中的正统派,被列入《宋史·道学传》。他们之所以能够成为宋代大儒,与他们勇于复兴师道密切相关。宋代道学群体的出现,也是师道复兴运动发展的结果。师道之"道",正是两宋兴起的"道学"之"道",其思想核心就是体现早期儒家士人精神的"孔孟之道"。而且,宋儒在师道复兴中发展出宋学新经典体系"四书",这正是两宋师道复兴运动的最重要学术成果。"五经"是三代先王留下的政典,它们作为核心经典,是君师一体的三代先王的政治训诫;而《论语》《大学》《中庸》《孟子》是孔子、孟子等先秦儒者的讲学记录,它们能够成为南宋以后的核心经典,恰恰代表了早期儒家士人的师道追求。可以说,宋代崛起的师道精神推动了对"四书"圣人之道的探求;反过来说,"四书"学也为宋代的师道精神提供了经典依据和学术资源。

最后,宋儒的师道复兴与书院教育具有密切联系。如果说革新政令、创通经义是宋儒师道精神的目标追求的话,那么书院教育则是宋儒师道复兴的直接体现。关于宋儒的师道复兴与书院教育的密切联系,明清之际大儒王船山曾经有评论:"咸平四年,诏赐'九经'于聚徒讲诵之所与州县学校等,此书院之始也。嗣是而孙明复、胡安定起,师道立,学者兴,以成乎周、程、张、朱之盛。"(《宋论·真宗一》)他认为宋学由初起走向大盛,与以师道复兴为目标的书院密不可分。北宋初年,书院兴起,特别是孙明复、胡安定等宋初诸儒的推动,使得师道立而学者兴,推动了宋学初起,最终形成了宋学的"周、程、张、朱之盛"。确实,宋初形成的庆历士大夫集团,其中儒者均是宋学创始人,同时也是创办书院的教育改革者。他们推崇的师道思想,成为他们创办和主持书院的主要动力。范仲淹主持睢阳书院,并且为之写记以论述自己的书院教育理念。范仲淹在记文中表示书院的作用是"经以明道""文以通理"(《南京书院题名记》),这正是宋代士大夫强调的师道精神。石介讲学泰山书院并作《泰山书院记》,肯定泰山书院的目标是传承儒家士人的师道,他在文中所表彰的"道统",就是孟子、扬子、文中子、韩愈等儒家士大夫体现的师道精神之谱系。

南宋前期作为民间儒学的理学大盛,同时书院也大盛。南宋理学家特别强调,作为独立于地方官学系统的书院,乃是士大夫复兴儒学、重建理学的大本营,所以他们于其中特别标榜士大夫的师道精神。朱熹在担任湖南安抚使的时候,将自己修复岳麓书院看作一种对师道复兴的追求:"契勘本州州学之外复置岳麓书院,本为有志之士不远千里求师取友,至于是邦者,无所栖泊,以为优游肄业之地。故前帅枢密忠肃刘公特因旧基复创新馆,延请故本司侍讲张公先生往来其间,使四方来学之士,得以传道、授业、解惑焉,此意甚远,非世俗常见所到也。而比年以来,师道陵夷,讲论废息,士气不振,议者惜之。"(《潭州委教授措置岳麓书院牒》)事实上,朱熹一直将官学之外的书院创建,看作一项复兴师道的重大举措。纵观朱熹一生,他的主要精力除了从事学术研究、理学建构外,就是大量创办或恢复书院讲学。他在福建、江西、湖南等地,到处创办或主持书院,将书院教育发展到一个繁荣的阶段。这一切,均是基于他复兴师道的精神动力。

二、师道与宋学道统论

在师道复兴的思潮推动下,宋儒不仅推动了宋学的兴起和宋学精神的形成,还建构了以师道为主体的道统论。师道与道统论的密切联系,反映出师道复兴与宋学建构之间的互动关系。宋儒虽然承认三代圣王相传的先王型道统,但是更强调孔孟儒家所传承的士人型道统。

士人型道统论的建构,成为宋学的一个新学说,也是师道复兴的理论成果。宋儒道统论虽然与佛学的"法统"刺激有关,但是还有一个更加深刻的政治根源,而这存在于持有人文理想的儒者与持有政治权力的帝王的紧张关系中。两宋兴起的师道复兴,推动了宋学的道统论思想建设,重新定义了儒师与帝王的关系。

按照宋儒的看法,春秋战国以来的儒者有道而无位,汉唐帝王则有位而无道,所以宋儒总是呼唤复兴师道,希望确立以孔孟精神为主体的道统论,以挽救儒家的圣人之道。宋儒建构的道统论,否定了汉儒在道统传承史上的地位。宋儒特别不满意汉唐以来"师道废久矣"(《胡先生墓表》)的情况,他们批判汉唐士大夫缺乏早期儒家"师道尊严"的士人精神,或者沉溺于章句训诂之学而谋取功名利禄,或者引导君主"汨于五伯功利之习"而违背孔孟的道德精神。宋儒创建以师道为主体的道统论,强调必须传承先秦儒家士人的精神传统,而这一士人精神传统就是师道型的道统论。

学界普遍关注的道统论,其实是与师道复兴同时发生的。唐宋以来道统论的倡导者,也正是师道的呼吁者。宋儒为了让师道获得神圣性权威并能够与强大的政治王权抗争,必须建构一个既有神圣性又有永恒性的道统,而且这一道统应该是由师道主导的。其实,自秦汉以来的传统中国一直存在两种权威:一种是君主权力的权威,另一种是圣人文化的权威。而且这两种权威有着密切的关联,君主的政治权威需要圣人文化权威的维护,而圣人文化权威往往需要得到君主权力的认可。值得注意的是,历史上的现实政治权力,往往会与儒家士大夫争夺圣人文化的权威。

关于"道统"这一概念的产生,过去学界一般认为是朱熹发明的。如陈荣捷在《朱子新探索》中认为,朱子在《中庸章句序》中首次提出"道统"概念。[1]这一观点影响较大。但是后来有学者发现,其实在朱熹之

---

〔1〕 陈荣捷:《朱子新探索》,华东师范大学出版社 2007 年版,第 287 页。

前就出现了"道统"的概念,如现存文献中可以发现在朱熹以前的几处"道统"用法。[1]在这些材料中,我们发现一个重要的现象:在宋学兴起以前的道统论中,以帝王之位上接三代先王"道统"的说法占据主导地位。

譬如,北宋靖康初年担任太学博士的李若水撰有《上何右丞书》,他提出的道统论就特别突显帝王之位:他认为能够代表道统的人物,是那些拥有至高无上政治权力、并且创造巨大政治事功的帝王们,而与孔子以来的儒家士人没有任何关系。李若水肯定上古时代的圣王序列:"盖尧、舜、禹、文、武、周公之成烈,载于《书》,咏于《诗》,杂见于传记。"(《上何右丞书》)早期儒家如孔孟等赞扬三代圣王的仁德和胸怀,是为了批判现实政治中君王的暴虐和狭隘;但是李若水推崇三代圣王的成就功业("成烈"),则是为了推崇汉、唐、宋等大一统王朝的帝王,故而将道统归诸汉唐以来的帝王序列。他还说:"周衰,私智横议者出,此道坠地。汉兴,力扶而举之,汉末复坠……至唐力扶而举之……天厌丧乱,眷命有德。艺祖以勇智之资、不世出之才,祛迷援溺,整皇纲于既纷,续道统于已绝。"(《上何右丞书》)在这里,李若水明确提出"道统"概念,而列入道统脉络的都是有权有位的"帝王之统",他肯定那些在历史上能够建立统一帝国的君王就是三代道统的承接者,认定他们才是"王"与"圣"合一的道统传人。应该说,作为太学博士的李若水提出的道统论,绝不是一个孤立的现象,而是代表了帝王希望将自己"圣人"化的要求。

所以,宋学道统论不仅是在文化上与佛道争正统,更是希望通过师道复兴,建立起以孔孟之道为本位的师道型道统论。也就是说,宋儒复兴师道的最终目的之一就是消解以王位相承的帝王道统论,建构以道学相承的士人道统论。可见,宋儒的师道精神确实具有重要的道统意

---

[1]　参见苏费翔:《朱熹之前"道统"一词的用法》,载《文化权力与政治文化——宋金元时期的〈中庸〉与道统问题》,中华书局 2018 年版,第 213 页。

义。一方面,他们强调三代时期的"圣王之道",大力表彰尧、舜、禹、汤、文、武、周公之道的历史传承;另一方面,他们大力强调春秋战国以后,能够传承道统的只有开创民间讲学的孔子、孟子等士君子。也就是说,秦汉以后那些推行霸道、悖逆仁义的暴君并不能够传承圣人之道,而开创宋学的诸多儒家士大夫,将通过师道复兴来传承孔孟的道统。

道统论的系统理论是由南宋张栻、朱熹所确立的,他们二人均通过师道复兴而建构儒家的士人道统论。张栻是以师道复兴而建构道统论的重要人物,他主持地方书院、创办州县学校,并将这些看作振兴儒学、复兴师道的重要举措。他曾于乾道初年主持岳麓书院,并以"传道"为根本宗旨,从而将师道复兴与书院创建结合起来,推动了理学学统与书院师道的密切结合。张栻还通过创建周敦颐、二程等道学学者祠堂的方式,既推动师道复兴,也进行宋代道统的思想建构。在张栻看来,师道、道学、道统是同一件事情,三代圣王之道至东周不得其传,幸亏孔孟以师道方式传承了此道,但是自秦汉以来,往往是言治者汩于五霸功利之习,求道者沦于异端空虚之说。要如何才能够传承三代圣王之道呢?张栻认为秦汉以后的帝王不可能成为道统的传承者,所以只能将希望寄托于士人传承的师道。张栻在为静江府学宫创建周敦颐、二程等道学学者的"三先生祠堂"时,向士林表明这一切均是为了复兴师道,他反复指明师道的意义所在:

> 师道之不可不立也久矣! 良才美质,何世无之,而后世之人才所以不古如者,以夫师道之不立故也。……幸而有先觉者出,得其传于千载之下,私淑诸人,使学者知夫儒学之真,求之有道,进之有序,以免于异端之归,去孔孟之世虽远,而与亲炙之者故亦何以相异,独非幸哉? 是则秦汉以来师道之立,宜莫盛于今也。(《三先生祠记》)

张栻反复强调要复兴孔孟奠定的师道,就是希望宋代士人能够承担和传承三代圣王创建的道统。可见,他期望通过书院、学校开创出"秦汉以来师道之立,宜莫盛于今也"的局面,将师道与道统统一起来。

如果说张栻希望从士人之师道过渡到士人之道统,那么朱熹就是这一师道化道统的全面建构者。朱熹完成的道统论,不仅是一种理论建构,还特别体现在经典建设和教育制度建设两方面。其一,朱熹通过结集《论语》《大学》《中庸》《孟子》而合称"四书",并以毕生精力完成了《四书章句集注》一书。朱熹关注的重点不再是作为三代先王政典的"五经"体系,而独创一套早期儒家士人经典的"四书"体系,他还通过为"四书"作序,系统阐发了其道统论思想。朱熹在《大学章句序》中,首先肯定的道统人物是"君师"合一的上古圣王,他们创造了"教治"合一的道统:"此伏羲、神农、黄帝、尧、舜所以继天立极,而司徒之职、典乐之官所由设也。"(《四书章句集注》)在《中庸章句序》中,朱熹则特别强调"子思子忧道学失其传而作"的道统意义:"盖上古圣神,继天立极,而道统之传有自来矣。其见于经,则'允执厥中'者,尧之所以授舜也;'人心惟危,道心惟微,惟精惟一,允执厥中'者,舜之所以授禹也。尧之一言,至矣尽矣;而舜复益之以三言者,则所以明夫尧之一言,必如是而后可庶几也。""若吾夫子,则虽不得其位,而所以继往圣,开来学,其功反有贤于尧舜者。然当是时,见而知之者,惟颜氏、曾氏之传得其宗。及曾氏之再传,而复得夫子之孙子思。"(《四书章句集注》)朱熹进一步在《大学章句序》中将宋代道学学派列入孔孟之道的道统脉络中:"于是河南程氏两夫子出,而有以接乎孟氏之传……虽以熹之不敏,亦幸私淑而与有闻焉。"(《四书章句集注》)

其二,朱熹通过承载师道理想的书院,将其道统思想落实到具体现实。宋代书院的兴起与宋代师道复兴运动本来就是密不可分的,宋儒通过书院制度的建立,希望进一步确立具有师道精神的道统论。朱熹在他主持的沧州书院中,特意将代表师道精神的道统与书院的祭祀制度结合起来:"维绍熙五年岁次甲寅十有二月丁巳朔十有三日己巳,后学朱熹敢昭告于先圣至圣文宣王:恭惟道统,远自羲、轩,集厥大成,允属元圣,述古垂训……今以吉日,谨率诸生恭修释菜之礼,以先师充国公颜氏、郕侯曾氏、沂水侯孔氏、邹国公孟氏,配濂溪周先生、明道程先生、伊川程先生、康节邵先生、横渠张先生、温国司马文正公、延平李先生,从祀尚飨。"(《沧州精舍告先圣文》)从孔、颜、曾、孟,到周、程、邵、张、司马、李,他们均是士人师道精神的典范,也是道统的传承者。朱熹特别将自己的老师李侗列为道统人物,更是表达了自己要传承这一千年师道精神的宏愿。南宋时期,逐渐有大量书院开始创建本学派宗师的专门祠堂,这既体现出对学统的尊崇,更使师道观念和道统意识落实到书院制度中。

由此可见,由道学派集大成者朱熹完成的道统论,其实是唐宋以来师道复兴运动的思想成果。元代官修《宋史》专列《道学传》,其之所以称周敦颐、二程、朱熹为"道学"并单独列传,是因为他们以孔孟的师道精神传了三代之道。《道学传》的依据就是程颐为程颢撰写的《墓志铭》中的道统论:"周公没,圣人之道不行;孟轲死,圣人之学不传。……先生生于千四百年之后,得不传之学于遗经,以兴起斯文为己任,辨异端,辟邪说,使圣人之道焕然复明于世,盖自孟子之后,一人而已。"(《宋史·道学一》)可见,宋儒通过复兴师道而建构的道统论,其实是士大夫主体精神的理论建构,体现了先秦儒家师道精神的思想传统。

三、师道与政教转型

两宋的师道复兴,推动了宋学的兴起和发展,同时还引发了一个重要的历史转型,即从汉学型的政教形态转型为宋学型的政教形态。从儒家学派产生开始,儒者就以"师"的身份成为文化传承和知识创新的主体,并活跃于历史舞台。无论是汉学的"师法"还是宋学的"师道",均对汉、宋学术的思想演变与学术授受产生了重要影响。的确,儒家尊师的思想传统与中国传统政教形态密切相关。而唐宋之际出现的师道复兴,特别是宋代士大夫"以师道自居"之责任担当带来的两宋时期的思想解放和儒学复兴,其实就是一场以师道复兴为契机而由两宋士大夫完成的政教转型。

从春秋战国到西汉时期衍生出的"士大夫"阶层,是将官员与学者两种身份合一的群体。但是在具体的现实情境中,每一个士大夫对自我身份的认同有很大差别:或者是首先认同其官员(大夫)的政治身份,或者是首先认同其学者或师者(士)的文化身份。与此相关,春秋战国以来的"师"也一直有二重身份:辅助帝王的官员与承担价值的学者。我们发现,"士大夫"与"师"的身份认同和历史上不同的学术形态也有密切关系。汉学强调"师法",汉儒之"师"首先是朝廷的大夫,突显的是朝廷政治身份的认同;宋儒强调"师道",宋儒之"师"的身份首先是"志于道"的士人身份认同。所以在两千多年的儒学史中,发展出两种士大夫类型:一种是大夫型的汉儒,另一种是士人型的宋儒。大夫型汉儒拥有庙堂儒家的地位,他们在学术上标榜"师法",其"师"的身份是朝廷的"博士",突显其官员(大夫)政治身份的认同;士人型的宋儒具有山林儒家的风貌,他们在学术上张扬"师道",其"师"的身份是孔子所谓"志于道"的士人身份认同,他们希望自己是"道"的承担者、推行者。

其实,师道复兴不仅涉及教育领域、学术思想领域的问题,还涉及一个更加重大的问题:宋代儒者强调继承早期儒家的士人精神,重建由儒家之道主宰的庙堂之治,实现儒家政教文明的转型。所以在唐宋变革的大背景下,儒家士大夫不满汉代由王权主导的政教体系,而推动了一场由士人之师道精神主导的复兴先秦儒学、重建儒学的宋学思潮。虽然宋代学术仍是传统政教形态的组成部分,但它是由宋代士大夫主导并表达士大夫对两宋政教形态转型之要求的新儒学。两宋时期的师道复兴和士大夫主体精神,在中国历史上具有政教文明演进的特别意义。

我们可以发现一个重要历史现象:两汉确立的学术思想、政教形态在历史上被称为"周孔之教";两宋确立的学术思想、政教形态则被称为"孔孟之道"。为什么唐宋变革以来,儒者开始将"周孔之教"转型为"孔孟之道"? 这不仅是一个名称表述的差别,其背后正是政教形态转型的影响。那么,汉学型"周孔之教"与宋学型"孔孟之道"之间究竟有哪些重要差别呢?

其一,政教形态的主导者不同。汉代建构的政教形态是"秦政"与"周孔之教"的结合,"秦政"决定了帝王的集权不仅要主导"政",同时要主导"教"。在"周孔之教"体系中,以体现三代先王典章制度的"周"为主,而"孔"为辅,因此历代帝王可以很方便地改造"周孔之教"以满足"秦政"的需要。所谓"师法"其实是希望庙堂之上的经师通过经义解说,为朝廷建构"秦政"的制度与治理提供文献咨询与理论论证。宋代士大夫希望推动的政教形态转型和建构的孔孟之道,体现的是春秋战国时期儒家士人的思想视角,而"孔孟之道"恰恰是士人人格和师道精神的典范。宋儒希望重新张扬先秦孔孟等儒家士人的师道精神,努力推动宋代政教形态的转型,并致力于由掌握师道的士大夫来主导新的政教形态。

其二,主要经典体系不同。"周孔之教"以"五经"为核心经典体系,而作为汉学型政教形态的"五经"源于三代的王官之学,其内容是记载三代时期关于礼乐政典方面内容的王室档案。《尚书·五子之歌》曰:"明明我祖,万邦之君。有典有则,贻厥子孙。"三代文明遗留的"典"与"则",就是"五经"的文献基础。汉儒以"五经"为核心经典而建立的"儒术",就是这样一种学术类型,这正是陈寅恪所说的"儒学"特征:"故二千年来华夏民族所受儒家学说之影响最深最巨者,实在制度法律公私生活之方面,而关于学说思想之方面,或转有不如佛道二教者。"[1]陈

---

[1] 陈寅恪:《金明馆丛稿二编》,三联书店 2001 年版,第 283 页。

寅恪所说儒家对政治社会一切公私行动影响"最深最巨者"的法典,正是以"五经"体系为根本的汉学型"周孔之教"。而宋学型"孔孟之道"是以"四书"为核心经典体系的,"四书"原本属于"六经以外立说"的儒家子学体系。"四书"作为民间士人的讲学记录,突显出儒家士人希望在政教形态中居于主导地位的要求,弘扬的是士人的师道精神。特别是宋儒诠释的"四书"学,成为一种能够兼容并取代佛道二教的思想与学术。可见,"五经""四书"之间有着重要的思想区别:如果说"五经"的思想主体是君主的话,那么儒家子学便是春秋战国时期在民间讲学的士人之"立说";如果说"五经"的思想核心在君王求治的话,那么儒家子学的思想核心便在士人求道。所以,宋儒诠释的"四书"学,更加明显地体现出宋学型政教形态的特点。

由于上述两个方面的重要差别,导致汉学因"师法"而关注礼法典章,宋学因"师道"而强调道德义理。宋代士大夫希望以宋学型的"四书"学来取代汉学型的"五经"学,其实就是希望以更能够表达儒家士人价值理想的"孔孟之道",来代替满足朝廷政治需求的"周孔之教",从而推动两宋政教形态的转型。由于汉代的政教形态是"秦政"与"周孔之教"的结合,所以儒家士大夫面对现实政治中"尽是尊君卑臣之事"的"秦之法"(《朱子语类》卷一百三十四)而无可奈何。这正如张栻所说:"自秦汉以来,言治者汩于五伯功利之习,求道者沦于异端空虚之说,而于先王发政施仁之实,圣人天理人伦之教,莫克推行而讲明之。故言治者若无预于学,而求道者反不涉于事。"(《南康军新立濂溪祠记》)张栻认为,只有由主动承担"道"的儒者来主导和推动政教转型,才能够实现"五伯功利之习无以乱其真,异端空虚之说无以申其诬,求道者有其序,而言治者有所本"(《南康军新立濂溪祠记》)。唐宋变革为汉唐政教形态的转型提供了历史条件,宋代士大夫不仅在文化领域强化了其主体地位,在政治领域的地位也不断提升。这样,宋代士大夫推动的师道复兴、儒学重建和文化教育下移等一系列思想文化变革,均体现出他们希望推动政教形态转型的努力。

还有一个与此密切相关的现象,即宋代儒家士大夫在推动师道复兴的同时,也在追求王道的复兴。甚至可以说,他们之所以追求师道,乃是基于王道理想。所以我们在讨论宋儒推动师道复兴时,需要厘清宋儒对师道与王道关系的看法。从一般意义上看,"师"与"王"之间可能存在明显的权力紧张与政治冲突。但是,因为儒家称道的"王"原本指三代圣王,春秋战国以后,圣王已死而王道不继,现实的君王都是一些暴虐、私利之徒,孔孟儒家不得不以民间之"师"的身份,承担起复兴"天下之道"的责任和使命,所以儒家士人不能够以"王"者身份、只能够以"师"者身份进入中国传统的政教相通的政治现实中。因此,春秋战国时期的师道兴起,其实是在儒家士人追求实现天下之道与君主帝王现实争霸的紧张中产生的。西汉确立儒学的主导地位以后,儒学的发展史便是有志于道的"师"与争夺权位的"王"之间不断合作又充满紧张的历史。可见,师道与王道本来就是密切相关的,宋儒复兴的"师道",也就是儒家士人在春秋战国时期宣讲的"王道",它是儒家士人引导甚至对抗王权的"尚方宝剑"。按照宋儒杨时的说法:"人主无仁心,则不足以得人。故人臣能使其君视民如伤,则王道行矣。"(《宋元学案·龟山学案》)士大夫必须具有师道精神,才有可能以人臣的身份使君主推行王道。

根据宋儒的看法,师道是在王道不可实现的历史局面下,儒家士人不得已的追求,而且王道的实现并不像汉唐一样完全依赖于帝王。两宋时期的三代王道理想,恰恰依赖于儒家士大夫复兴的师道。因此,要在两宋以后真正实现王道型的政教理想,最根本的出路是士大夫主导的师道复兴。由此也可以说,在宋儒推动的政教转型运动中,师道复兴是他们的唯一希望所在。

承认理论的创造论回归

——一项关于人伦构成的哲学研究 *

唐文明 **

一、黑格尔、霍耐特的现代承认理论

通过发掘黑格尔耶拿时期关于主体间性的思想,霍耐特提出了承认理论。承认理论的目的,是直面现代社会的现实"阐明一种具有规范内容的社会理论"。[1]承认理论作为一种来自欧洲的现代性理论,正是以欧洲人所经历的古今之变为前提的。无论是亚里士多德的政治理论,还是中世纪基督教的自然法理论,都从人与其所处共同体的天然归属关系来理解政治社会,或者说都从目的论的人的观念出发而将人理解为一种"政治的动物"。随着中世纪后期社会结构的转型,尤其是政治领域和经济领域的不断变迁,如生产与贸易的发展、公国的独立等,古典政治哲学逐渐让位于现代社会理论。霍耐特指出,马基雅维利和随后的霍布斯都将社会生活描述为个人为了自我持存而进行的无休止的斗争,正是这一完全背离亚里士多德的看法成为现代社会理论的起

---

* 本文删节版原刊《中外医学哲学》第 20 卷 2022 年第 2 期,此次是全文刊发。

** 唐文明,清华大学人文学院哲学系教授。

〔1〕 霍耐特:《为承认而斗争》,胡继华译,曹卫东校,上海人民出版社 2005 年版,第 5 页。

点,从而也为黑格尔提出他的承认理论奠定了划时代的基础。

黑格尔一方面明确接受了康德式的道德自由观念,另一方面非常憧憬希腊城邦中人作为共同体成员所过的那种伦理生活,因而他一生的工作就是致力于将现代自由观念与古代政治思想协调起来,即促成古今和解。在这样的问题意识下,黑格尔所期待的理想社会就只能被理解为"一个自由公民组成的伦理共同体"。[1]那么,由此可能提出的问题就是,当个人自由作为前提而被认可,又如何基于此前提而建构出一个伦理共同体呢? 对于这个可能提出的问题,黑格尔认为自己的解释足以将之消解。黑格尔早期主要将批评的矛头对准现代自然法理论的原子论前提,他指出,现代自然法理论纯粹以原子式个人为出发点,顺此则人类共同体只能被抽象地想象为孤立个体的组合,而不可能是那种有机的伦理共同体。

既然不存在从个人自由建构出伦理共同体的可能性,那就只能从其他地方寻求伦理共同体的基础,并在此基础之上重新思考自由与伦理共同体的关系——对黑格尔来说,特别是自由之于伦理共同体的积极意义。在这个问题上,黑格尔诉诸个人身在其中的民族及其风俗对于伦理共同体的实际建构作用。霍耐特指出,从理论上来看,这意味着黑格尔试图"用主体间的社会关系范畴取代原子论的基本概念"。[2]不难看出,这正是黑格尔深受亚里士多德影响的地方,即他在认可个人自由的同时也认可伦理共同体之于个人生活的意义,而深知不可能基于前者建构出后者。就伦理共同体的领域而言,黑格尔不同于亚里士多德的地方主要在于黑格尔对资本主义市场的伦理性质的高度肯定,也就是说,黑格尔将个人在市场中进行的各种活动作为一个重要领域纳入了他对伦理共同体的总体性理解。

----

〔1〕 霍耐特:《为承认而斗争》,胡继华译,曹卫东校,上海人民出版社 2005 年版,第 18 页。
〔2〕 同上书,第 19 页。

　　关于个人自由与伦理共同体的关系问题,黑格尔思想最重要、最独特的地方在于他强调,从根本上来说,不能将伦理看作是与个人自由完全对立的一系列规范性要求,而应当将伦理理解为个人实现其自由的一系列真实的机会。换言之,民族的伦理生活,也就是风俗,"是普遍自由和个体自由一体化得以实现的社会媒介"。[1]在伦理生活中实现个人的自由,我称之为伦理自由,是黑格尔自由观念的精华所在,是在霍布斯的消极自由、卢梭和康德等人的反思自由之后提出的第三种自由观念,也是现代自由观念史发展的顶点。[2]黑格尔以这种方式将个人自由与伦理共同体协调起来,静态地看,意味着他采取了双重立场,认为个人自由与伦理共同体二者可以协调但不可化约。从个人自由这一方面而言,伦理共同体作为客观制度为自由的实现提供了真实的机会;从伦理共同体这一方面而言,个人自由为伦理共同体走向更为成熟的高级阶段提供了真实的动力。所谓伦理共同体走向更为成熟的高级阶段,就是指其从自然到自由的发展过程,即伦理共同体将个人自由纳入其中的过程。我们也可以说,黑格尔的这个思路其实意味着将个人自由内嵌于主体间积极互动的关系之中,互动的每一方都能够通过语言、行动积极地表达、呈现自我的认同与对他人的承认,并在对他人提出承认要求的同时尊重他人具有做同样事情的权利,也就是平等地承认他人,从而达到改善、成就自我与他人的伦理关系的实践目的。

　　因此说,承认来自这样一种需求,即作为一个主体的自我认识到在自我的身份、品质和能力等方面必须被作为另一个主体的他人所承认,从而在这些方面的认知和相关的实践态度上与这个他人达成和解,这

〔1〕　霍耐特:《为承认而斗争》,胡继华译,曹卫东校,上海人民出版社 2005 年版,第 18 页。

〔2〕　关于对三种自由的思想史分析,参见霍耐特:《自由的权利》,王旭译,社会科学文献出版社 2013 年版。霍耐特将第三种自由概括为"社会自由",我则改用"伦理自由"一名,参见拙文《从陈寅恪悼念王国维的诗文谈儒教人伦思想中的自由观念》,载唐文明:《彝伦攸教:中西古今张力中的儒家思想》,中国社会科学出版社 2019 年版。

个自我才能与这个他人建立起真正的伦理关系。[1]既然对承认的这一解释已经明显地涉及了自我认同的问题,那么,就认同与承认的关系问题,黑格尔所揭示的一个重要的事实就是,自我认同离不开他人的承认,或者更直接地说,他人的承认是自我认同得以伸张、实现的一个必要维度。既然伦理生活能够被理解为主体间的实践形式,那么,承认就能够被理解为保障主体间性、成就主体间伦理关系的伦理行为。黑格尔在这个主题上的独创性在于,他将斗争概念纳入到对承认运动的理解之中,从而从动态的视角对主体间的相互承认提出了全新的看法。

　　概而言之,斗争不仅存在于各种不同的承认形式内部,也存在于各种不同的承认形式之间的过渡与发展环节之中。斗争之所以可能,正是因为个人的自由使得主体间的相互承认遭到破坏,黑格尔在早期著作中称之为"犯罪"。而斗争之所以必要,则是因为只有通过"犯罪"的环节,伦理才能从不成熟状态向更为成熟的水平发展。因此,个人自由虽然是"犯罪"的根源,但对于伦理关系走向成熟具有积极意义,因为不经过"犯罪"的环节,就不能将自由嵌入伦理互动之中,伦理也就不可能经过自由的洗礼而获得个人的真正认可,从而也就不可能从自然伦理过渡到自由伦理。质言之,正是由个人自由作为动力而带来的承认的斗争,推动着伦理生活的进展,推动着伦理从自然状态进展到自由状态。从社会斗争的观念史角度看,我们的确可以说,黑格尔的这一做法意味着将马基雅维利和霍布斯的社会斗争理论加以改造,通过将社会斗争的心理根源"追溯到道德冲动那里,而不是追溯到自我持存的动机那里"而赋予社会斗争以伦理意义,从而对社会斗争进行了重新定位。[2]

　　对应于伦理生活的不同领域,黑格尔主要刻画了三种不同的承认

---

〔1〕　请注意这里对于承认中的认知因素与实践因素的双重强调。

〔2〕　霍耐特:《为承认而斗争》,胡继华译,曹卫东校,上海人民出版社 2005 年版,第 10 页。尽管如此,从卢梭到康德到黑格尔的权利概念仍然继承了霍布斯的基于自我保存的权利概念。

形式:家庭或私人领域的情感承认、社会领域的法权承认与国家领域的公共承认。除黑格尔之外,霍耐特还列举了诸如米德、舍勒以及受舍勒影响的普莱斯纳等人对伦理生活领域的类似划分,然后总结说,这无非"说明将社会生活分为三个互动领域的方法具有相当程度的可靠性。很明显,区分社会一体化主要取决于情感依附、权利赋予或共有的价值取向"。[1]正如我们前面提到的,法权承认所对应的市民社会领域,是黑格尔因应古今之变而将之纳入伦理共同体的,其中特别呈现了黑格尔对资本主义市场的高度肯定。基于其独特的精神哲学,无论是在耶拿时期还是在之后的时期,黑格尔都将家庭、市民社会和国家作为伦理发展的三个阶段按照由低到高的顺序排列;而将这一点关联于承认问题,就是以三种承认形式的辩证运动来刻画伦理发展的三个阶段。霍耐特并不接受黑格尔的精神辩证法,因此他并不将爱、尊重和团结这三种承认形式看作由低到高的三个不同发展阶段。在他看来,黑格尔相比于费希特已经实现了承认理论的去先验化,而他自己的工作则是进一步引入米德的社会心理学以期实现承认理论的后形而上学转向。在对黑格尔的三种承认形式的重构过程中,霍耐特也很少讨论到三种承认形式之间的关系。

　　从主体间互动的方式上看,三种承认形式依次是爱、尊重和团结。关于家庭或私人领域的情感承认,也就是爱的承认形式,无论是黑格尔还是霍耐特,对于夫妻之间、父母与子女之间、兄弟姐妹之间、朋友之间或情侣之间的爱的差异都未特别措意,而是笼统地从情感需要和情感依恋的意义上加以理解。既然承认包含着两个主体对于双方自由能力的相互认可,那么,就情感需要和情感依恋的关系而言,身处其中的个人是否具备自主性和自信心就是检验此类关系是否成熟的标志。霍耐特运用温尼科特的精神分析理论,特别是温尼科特关于母子关系——

────────────

〔1〕 霍耐特:《为承认而斗争》,胡继华译,曹卫东校,上海人民出版社 2005 年版,第 102 页。

被有些研究者称为"原始主体间性"——的精彩论述,来说明孩子如何在对母亲的情感需要和情感依恋中通过承认的运动逐渐发展出他的自主性,获得他的自信心。概而言之,从认为母亲与自己是同一个人到与母亲分离,孩子必须经过痛苦的幻灭阶段和逐渐走向适应的过渡阶段,在这个过程中,母亲对孩子无条件的、值得信赖的、持续不断的爱是孩子顺利度过幼年的心理危险期而获得自主性和自信心的保障:"如果母亲之爱持久而可靠,那么,在她的主体间可靠性的保护伞下,儿童也就不仅可以同时发展出一种对社会满足其需要的信赖感,而且通过这种信赖所开辟的心理道路,发展出渐渐展示在儿童身上的一种基本的独立存在能力。"〔1〕

关于社会领域的法权承认,也就是尊重的承认方式,霍耐特特别从古今之变的角度刻画了其历史发展。概而言之,古代社会的法权承认,是基于权利与义务不平等分配的共同体状况而实行的,其中个人尊严与其社会角色"完全融为一体";而现代社会的法权承认,则要求所有的互动伙伴作为自由、平等的个体不允许被赋予任何特权,其中个人尊严与其社会角色被分离开来。在这个意义上,深刻地影响了梁启超权利观念的耶林的《为权利而斗争》就是专门为现代社会的法权承认张目的一部著作。将现代社会的法权承认与古代社会的法权承认相对照,或者说,基于现代社会的法权承认来看古代社会的法权承认,就可以区分出两种不同的尊重形式,也就是两种不同的承认形式:其一是那种仅仅由于人之为人而被认为应该得到的人格尊重,其二则是那种因个人对社会所做出的贡献而给予的特别的尊重——后者正是耶林所区分过的那种被称为"社会重视"的尊重形式,其相关的术语是"社会荣誉"或"社会声望"。

个人因其特殊的能力和品质而对社会做出特殊贡献,由此而获得

----

〔1〕　霍耐特:《为承认而斗争》,胡继华译,曹卫东校,上海人民出版社 2005 年版,第 111 页。

的特殊的承认,关系到这个社会所崇尚的共同价值,因为正是社会所崇尚的共同价值为"何谓贡献"提供了评价标准。这种承认形式其实就是黑格尔所说的第三种承认形式,即我所概括的国家领域的公共承认。我们知道,黑格尔意义上的国家被设想为一个价值共同体,国家的理性化过程被设想为组成国家的个人作为公民在民族伦理生活所崇尚的共同价值和现代教养所必备的自由的双重引导下逐步走向有机的团结。团结作为一种互动形式只有在价值共同体的每个成员都认识到自己的能力、品质和贡献能够得到其他成员出于公共考量的对等重视时才能产生,而这就是能够用"团结"来表达这种特殊的承认形式的原因所在。霍耐特简要地刻画了古今之变过程中荣誉与尊严的分离,以及尊严的凸显与荣誉的私人化,也表明他出于现实的考量不再接受黑格尔的国家观念。不过,霍耐特显然并未忽视团结的承认形式,实际上他以个人的自我价值感来强调其意义,而将三种承认形式在人格塑造上的成果刻画为自信、自尊与自重。由此,基于黑格尔原来的看法并结合霍耐特的阐发,我们可以如此概括黑格尔承认理论的伦理关切:来自母亲的爱让我们自信,来自法律的权利让我们自尊,来自国家的荣誉让我们自重。

在《物化》一书中,霍耐特以卢卡奇所提出的物化问题为进路切入承认问题。卢卡奇的物化概念受到马克思异化概念的影响是不言而喻的,但其所指又有所不同。作为马克思主义社会批判传统的一个重要议题,物化针对的是社会关系的日益功利化,即人们越来越以功利的态度对待他人,相应地,物化也可能表现在对待自然的态度上,即由原来的对自然的工艺态度转变为对自然的工具态度。更进一步,既然自我认同是通过自我与他人之间的相互承认确立起来的,那么,不难想到,物化也可能表现在主体对待自我的态度上,即对自我的物化。因此说,物化可包括三层含义:对他人的物化、对自然的物化与对自我的物化。霍耐特立足欧美现实,指出物化作为 20 世纪初期形成的马克思主义社会批判传统的一个重要议题虽然在"二战"以后一度趋于没落,但在晚近的欧美思想界又重获重视。如他所言,在晚近欧美伦理学的脉络中所谈的物化,

> 有着确切的规范意义,它指的是损害道德或伦理原则的人类行为,亦即,一种不符于其他主体所具有的各种人之特质的、将他人当作无感受无生命之客体、当作"物"或"商品"的对待方式。而今日不论是代理孕母日渐增高的需求、爱情之商业化或是性产业的兴盛发展,都是此种界定所涉及的经验现象。[1]

反观当下的中国,将他人视为工具的极端态度也比比皆是,因此可以说物化在当下中国也是一个极具现实意义的社会批判议题。

作为其资本主义批判的重要组成部分,卢卡奇对物化的分析首先聚焦于经济维度。卢卡奇指出,只要是从经济意义上的有用性出发,主体感知中的对象就会沦为无生命之物。如果这一点仅限于经济活动的话似乎也不成问题,因为我们已然生活在一个经济活动与人的生存状态息息相关的时代。问题在于,经济活动的影响是如此之大,以至于人们会将经济活动中常见的物化他人的态度扩展为对待他人的基本态度。也就是说,这种来自经济活动的物化他人的行为会"影响主体与他周遭环境的所有关系",从而导致主体在对待他人的问题上逐渐习惯于采取一种冷漠的旁观与疏离的态度——此种态度中文"麻木不仁"一语足以当之。因此,卢卡奇的结论是,"所有参与资本主义生活方式的主体,必然习惯成自然地、以看待无生命之物的方式看待自己以及周遭的一切",也就是说,在资本主义条件下,物化已然成为人的第二自然,"之

---

[1] 霍耐特:《物化》,罗名珍译,华东师范大学出版社 2018 年版,第 10 页。霍耐特此处列举的两个例子是玛莎·纳斯鲍姆和伊丽莎白·安德森。

所以会如此演变,是因为交易双方对潜在获利之互相计算的本身,就要求着交易者尽可能采取全然实用与情感中立的态度。也就是说,主体会随着内在观点的转变,以一种物化他人的方式,觉知看待周遭环境中所包含的一切。"[1]

卢卡奇对物化现象的批判是基于他的实践概念而展开的。在卢卡奇看来,真正的人类实践蕴含着人类主体对待周遭环境和他人的一种共感、关心与参与的态度——我们结合中文表述习惯称之为基于感应的实践,而资本主义商品交易对主体的不良影响可能导致基于感应的实践的衰退、扭曲乃至摧毁,使得原本基于感应的实践沦为主体纯粹为了满足欲望、攫取利益的低级活动。对于卢卡奇将物化以及物化对实践的扭曲归罪于资本主义商品交易这一点,霍耐特颇有分寸地提出了异议,这一方面是因为他认为在有些社会领域,"旁观、疏离的行为方式有着充分的正当性",另一方面更是因为他认为物化的真正根源并不在资本主义。[2]

为了说明作为人类互动形式的那种真正的、未被扭曲的基于感应的实践所具有的共感、参与性质,霍耐特特别援引了海德格尔与杜威等人的思想。在《存在与时间》中,海德格尔通过"操心"(sorge)概念试图阐明对人类主体而言世界首先是一个具有实践意义的场域。操心意味着"主体不只是中立地将外在现实视为认知对象,而是带着生存关切将自身关联于世,而外在世界也会就其实质的意义向人开启。"[3]因此说,操心蕴含了主体对待世界的一种实践态度,即,"人类必然会以一种关心在乎的方式面对其所处的周遭环境"。[4]而且,这种带着生存关切的实践态度不仅涉及与主体共在的人类他人,也涉及与主体共在的自

---

[1] 霍耐特:《物化》,罗名珍译,华东师范大学出版社 2018 年版,第 20、23 页。
[2] 同上书,第 29 页。根据霍耐特的注释可知,他的这一思路来自他的老师哈贝马斯。
[3] 同上书,第 37 页。
[4] 同上书,第 43 页。

然的或人造的事物,后一方面在海德格尔那里特别表现在他对"在手状态"与"上手状态"的区分上。

在《情感思维》与《质性思维》两篇文章中,杜威就人与世界的原初关系进行了分析。一言以蔽之,他不认为人与世界的原初关系是认识论意义上的主、客体关系。杜威的敏锐观察是,"任何对现实的理性掌握最初都连系着一种整体的体验,在此种体验中,既与情境里所有的构成要素都会在主体关注而投入的目光下展露出其特质。"[1]这种整体的体验正蕴含着一种带着主体的生存投入的实践态度,而一般所谓的认知主体,其实是在对这种原初的实践性的整体体验的拆解中分析出来的,即在反思的过程中将这种整体体验拆分为情感的成分和认知的成分,而当认知的成分被凸显出来时,情感的成分往往被忽略或遗忘,仿佛在人对世界的原初体验中从一开始就是认识论意义上的主、客体关系。杜威还从语言分析的角度来说明实践关系的优先性和认知关系的反思性。以"凡人皆会死"的句子为例,主词"人"和谓词"会死"共同构成一个意象,表达出说话者的存在体验与关切所在,在这种体验中并不存在能够被称为"人"的实体和能够附着在实体之上而作为属性的"会死"。只有当通过意象所表达出来的这种存在体验被反思性地转变为普遍化的命题时,才产生了作为抽象实体的"人"和作为实体之属性的"会死"。

霍耐特认为,海德格尔的"操心"、杜威的"人与世界的原初关系"与卢卡奇的"共感参与"其实说的是一回事,三种说法都指向一种带着主体的生存关切的、先于认知的实践态度,也就是一种承认的态度。霍耐特援引发展心理学关于情感认同对幼儿认知能力发展的重要性的论述和卡维尔对认知与承认之关系的论述,以尽可能的经验证据说明承认优先于认知。对于这种能够为任何认知活动奠基、从而在他看来更为

---

[1] 霍耐特:《物化》,罗名珍译,华东师范大学出版社 2018 年版,第 47 页。

基础性的承认,霍耐特将之关联于良心,并特别指出这种根本形式的承认是其他一切特殊形式的承认的基础:

> 无论如何,可以确定的是,此处讨论的承认态度,乃是主体间互相肯认的根本形式,而尚未包括觉知他人的某一特定价值。不论是卡维尔以"承认"、海德格尔以"操心"或"忧患",还是杜威以"涉身投入"所指的,都深埋于基底,而任何特殊形式的相互承认——其包含了对个别他人之独有特质的肯认——皆建立在此基础上。[1]

在这段话之后的注释里,霍耐特进一步强调了这种根本形式的承认的基础性地位,并将之称为"生存模式的承认":

> 因此,相较于我至今为止对承认问题的研究,此处涉及的乃是一种更为根本的承认形式。今日,我相信这种"生存"模式的承认,乃是所有其他的、较具实质内容的承认形式的根基,在那些其他形式中,我们所肯认的乃是他人某些特定的特质与能力。[2]

罗名珍在中译本的译者导言中也特别强调了霍耐特提出生存模式的承认在其承认理论发展过程中的重要性,并指出与爱、尊重和团结那三种具有特定意义的承认形式相比,生存模式的承认虽然所具有的实质内容最为稀薄,但却被认为"有着关乎所有人类生存的普遍有效性",因而被认为"始终具有超越文化差异的普遍意义"。[3]霍耐特通过援引卢卡奇、海德格尔、杜威等人所提炼出的生存模式的承认是否是或何以是一

---

〔1〕 霍耐特:《物化》,罗名珍译,华东师范大学出版社 2018 年版,第 77 页。
〔2〕 同上。"生存模式的承认"英文为"the existential mode of recognition",中译本译为"承认的存在模式"。
〔3〕 霍耐特:《物化》,罗名珍译,华东师范大学出版社 2018 年版,译者导言,第 XIX 页。

切其他特殊形式的承认的基础？这个问题我们留待下一节专门讨论。回到物化问题上来，经过对承认优先于认知的分析，霍耐特提出的核心观点是，物化来自对承认的遗忘，或者干脆直接说物化就是对承认的遗忘。

以对承认的遗忘来解释物化现象，对霍耐特来说，还有一个更为积极的意图，即揭示出承认乃是认知的恰当基础，或者说是为承认在认知活动中的基础性地位正名。就此他指出说："承认的态度作为一种实践的、非认知的态度，乃是人类能够认识其他人以及外在世界的必要先决条件。"〔1〕海德格尔曾经分析过希腊哲学中对应于直觉之知的努思(nous)与对应于推论之知的科学(episteme)的关系，指出科学所对应的推论性真理是以努思所对应的直觉性真理为基础的。在承认理论的脉络中，这就意味着说，理论性的认知是以实践性的承认为基础的。因此说，一切科学——当然也包括人文科学——都离不开抽象化的命题表达，但不能因此而把一切科学认知都看作是物化的产物，尽管警惕科学中的物化思维始终是我们应当重视的一个主题。顺此，霍耐特通过端点的概念区分了两种不同的认知形式：一端是敏于承认的认知形式，另一端是钝于承认或遗忘承认的认知形式；而后者就被他归为物化范畴。因此可以说，对物化作为一种认知现象的剖析也使我们获得了一个反思包括人文科学在内的一切科学的可能，从而构成针对现代社会进行物化批判的一个重要组成部分。〔2〕

在解释认识过程何以导致对承认的遗忘时，霍耐特再一次减弱了批判的锋芒，仅仅诉诸"注意力的弱化"，即由于某种内在的或外在的因素导致"承认之事实渐渐褪入背景而从我们的视野中淡出"。〔3〕当然，在具体论述时，霍耐特也的确提到，在有些情况下，导致对承认的遗忘

〔1〕 霍耐特:《物化》,罗名珍译,华东师范大学出版社 2018 年版,第 85 页。
〔2〕 毋庸赘言,在中国思想界,对现代人文科学的物化思维的批判还远未展开。
〔3〕 霍耐特:《物化》,罗名珍译,华东师范大学出版社 2018 年版,第 92 页。

的并不是某些外在因素,而正是主动的否认或抗拒。在揭示出物化乃是对承认的遗忘之后,霍耐特接着物化他人的脉络进一步讨论了物化自然与物化自我的问题。首先,关于物化自然何以可能,霍耐特援引阿多诺关于"人类凭早期模仿所爱之人发展出心智"的观点来说明之:

> 根据阿多诺的想法,情感认同作为认知的前提条件,不只意味着幼儿能因此学会分辨我们对物的立场态度不同于物本身,并从而逐渐建立起关于客观独立的外在世界的概念;更重要的是,曾经深深吸引幼儿的、所爱之人的种种观点,会从此长留于记忆中,当各种对象物随着时间只剩下僵滞的客观意义时,记忆里留下的他人观点会为之开启另一侧面。这也就是说,对具体他人的模仿——其由幼儿的欲力所滋养——在某种程度上会移情于客体——模仿活动会使我们将所爱之人在客体上曾经觉察到的各种意义要素,再次赋予客体,这使得客体的意义远不止于独立自存。[1]

就是说,物化自然之所以可能,是因为主体对待自然的态度可能受到他人对待自然的态度的影响。具体来说,自然呈现在主体所爱着的他人眼中的意义能够被主体认识到并因为主体对他人的爱而被主体所承认。主体经由对他人的爱而对自然在他人眼中的意义的认可就意味着主体对待自然采取了承认的态度。不难看出,在这种理解脉络中,主体对自然的承认从属于主体对他人的承认。于是,

> 物化自然指的是,我们在认识对象物的过程中不再注意到该物所另外具有的、源自具体他人观点的种种意义面向。与物化他人一样,物化自然也是一种认识上的"特殊的盲目"——我们仅以客观

---

[1] 霍耐特:《物化》,罗名珍译,华东师范大学出版社 2018 年版,第 97 页。

指认的方式看待动物、植物或无生命之物事，而未能忆起，它们对
于周遭之人以及对我们自己而言，有着多样的存在意义。[1]

仅仅在主体承认他人的意义上理解主体对自然的承认以及主体物化自
然的问题是否足够，这是我们阅读到这里时不免产生的疑问。如果他
人在纯粹工具的意义上对待自然，那么，我们即使对他人具有承认的态
度，也仍有可能或更有可能以工具的态度对待自然，即仍有可能或更有
可能物化自然。这一点显示出霍耐特仅仅关联于对他人的承认来理解
对自然的承认存在着明显的漏洞。如果我们将自然本身的价值和意义
理解为一个真实的问题，那么，我们可能会说，霍耐特的这种做法是不
直接的或不彻底的。

　　关于物化自我的可能性，霍耐特首先就主体对自我的关系简要分
析了两种观点，即关于自我的侦探主义（detectivism）观点和建构主义
（constructivism）观点。关于自我的侦探主义观点假定自我是现成的，
主体只需要发现自我是什么即可；关于自我的建构主义观点则不认为
存在固定的自我，而是认为自我是不断建构的结果，如尼采所说，"自我
永远高悬在头上"，需要主体以"热爱命运"的积极姿态去攀缘。霍耐特
指出，侦探主义观点将主体对自我的关系仅仅理解为认知关系，仿佛自
我是仅待发现的某种固定之物，因而本身就意味着一种物化自我的形
态；建构主义观点则忽略了自我的被动性与有限性，仿佛自我完全是由
主体自己生产出来的某种产品，因而也意味着一种物化自我的形态。
换言之，这两种观点"都以无生命的既与物为模本解释内心状态。"[2]
与这两种物化自我的观点相对的是一种关于自我的表达主义（expres-
sionism）观点，霍耐特认为这才能代表正常的自我关系。之所以诉诸表

[1]　霍耐特：《物化》，罗名珍译，华东师范大学出版社2018年版，第99页。请注意这里谈到
　　了"记忆"的问题。
[2]　同上书，第120页。

达来谈论正常的自我关系,是因为主体愿意表达自己内心的真实愿望恰恰表明主体内心中有一个自我,也就是说,表达是以主体对自我的承认为前提的。因此,在霍耐特看来,关于自我的表达主义观点之所以避免了对自我的物化,正是因为这种观点意味着主体没有忘记对自我的承认,或者反过来说,表达恰恰呈现了主体对自我的承认。

二、对黑格尔、霍耐特现代承认理论的反思性分析

现在让我们来看看究竟什么才是霍耐特所谓的生存模式的承认。根据霍耐特在上引的那个注释中的提示,他在《不可见性:论承认的知识论》一文中探讨过这个问题。在这篇文章中,霍耐特从美国黑人作家拉尔夫 · 艾里森(Ralph Ellison)的长篇小说《看不见的人》(*The Invisible Man*)说起,进入对“承认”一词的语义分析。“看不见的人”是一个比喻的说法,意思就是不被承认的人。霍耐特指出,对一个人的承认——也就是在比喻的意义上让一个人“变得可见”——不仅包含个体性识别这种认知行为,还必须包含对这种认知行为的公开表达,由此我们就可以将“承认”(recognition)与“认知”(cognition)清晰地区别开来:

说“认知”一个人是指将她识别为一个个体,且这种识别可持续改进;说“承认”一个人则是指表达行为,即将认知与积极意义上的肯定一道表达出来的行为。相比于认知作为非公开性的认知行为,承认依赖于表达另一个人被认定其具备社会有效性的媒介。[1]

不同的承认形式对应于不同的媒介。霍耐特在分析承认所需要的

---

[1] Axel Honneth, "Invisibility: On The Epistemology Of 'Recognition'," Supplementary Volume—*Aristotelian Society*, 2001, 75(1), p.115.不难想到,将承认厘定为一种公开表达行为,与上一节提到的自我的表达主义观点是对应的。

媒介时提出的一个问题是,构成承认的表达行为仅仅是公开展示我们对某个人在特殊环境中特殊性质的认知呢,还是说也包含着对我们感知到其个体性生存(an individual's existence)的确认?[1]既然这里提到他人的"个体性生存",那么,不难想到,这个问题的后半句其实就指向他后来在《物化》中明确提出的"生存模式的承认"。也就是说,用他在《物化》中的概括方式来说,这个问题其实是在问:在各种特殊形式的承认中,是否包含着那种更为根本的承认,即生存模式的承认?霍耐特对此问题的回答当然是肯定的,而且他认为,生存模式的承认,作为深埋于各种特殊形式的承认中的那种更为根本的承认,正意味着"承认的道德内核"。

霍耐特直接引入康德的"尊重"概念来阐明这一点。康德将"尊重"刻画为一个人打破自爱而对他人价值的认可。尊重与自爱的对举意味着,此处的"价值"并非指他人的某种或某些特殊价值,而是指他人的生命本身所具有的某种"价值"。这种价值用康德的术语来说,就是他人的人格尊严,我们知道,康德将之建立在每个人都是理性的存在者这一哲学人类学基础之上。因此说,

> 无论我们认为某个人是值得爱,还是值得尊重,还是值得团结,在每一种情况中我们所体验到的"价值"都是基于人类理性的自我决定对生活的引导。如果说"价值的表象"有时更多地与个人生活相关(爱),有时则更多地与实践性承诺相关(团结),那么,尊重的情况就恰好属于人类受理性反思的引导这一事实本身。正是在这个程度上,刚才提到的三种态度中的最后一种,难以再叠加额外的层次,而其他两种承认形式则有可能呈现出更多的层次。[2]

---

〔1〕 Axel Honneth, "Invisibility: On The Epistemology Of 'Recognition'," Supplementary Volume—*Aristotelian Society*, 2001, 75(1), p.116.

〔2〕 Ibid., pp.122—123.

　　霍耐特在此揭示出的,当然就是他和黑格尔的承认理论的康德式前提。换言之,在黑格尔以辩证的方式所把握的三种承认形式中,第二种形式,即法权形式的承认,因其对应于对人的尊严的认可从而具有奠基性地位。用康德的术语来说,法权形式的承认以道德承认为根据,二者是外在自由与内在自由的关系。既然霍耐特并不接受黑格尔辩证形态的精神哲学,那么,我们由此可以断言,霍耐特通过对黑格尔的阐发而发展出来的承认理论,其实包含着一种撤退,即从黑格尔撤退到费希特、康德,尽管霍耐特更愿意标榜自己去先验化的后形而上学立场。既然霍耐特提出了生存模式的承认作为比一切特殊承认形式更为根本的承认,且他又将生存模式的承认归于康德式的人格尊重,那么,我们也可以说,相比于爱和团结作为特殊承认(particular recognition),尊重则是普遍承认(universal recognition),而法权就是尊重的外在化或客观化。[1]

　　在明确了霍耐特所谓的生存模式的承认的实际所指之后,让我们回过头来再看他在《物化》中的论述。我认为,将海德格尔的"操心"、杜威的"人与世界的原初关系"与卢卡奇的"共感参与"指认为康德意义上的人与人之间的普遍承认,这是霍耐特的一个错误理解。以海德格尔的"操心"为例,良知的呼声让此在直面自己的本真存在,这意味着操心所指向的恰恰是实际生活着的人作为一个个体的独特性——用海德格尔的术语来说就是此在对存在之天命的历史性领受,而非康德意义上的人之为人的普遍性。康德式的普遍承认对于海德格尔的"操心"、杜威的"人与世界的原初关系"与卢卡奇的"共感参与"而言,一定是太过稀薄的,即使在启蒙运动所标榜的理性主义的文化氛围中也不一定等同,更别说在或多或少都对启蒙运动的理性主义有所批评的文化氛围中了。不过,尽管有此误解,霍耐特提出生存模式的承认作为一种为一

────────────

[1]　不难想到,黑格尔在其精神哲学基础上会将团结理解为普遍承认。

切特殊承认形式奠基的更为根本的承认,仍具有重要的意义。于此,正确的追问就应当是,如果说康德式的普遍承认并不能被称作生存模式的承认,那么,什么才是那种为一切特殊承认形式奠基的更为根本的承认?

在找到回答这个问题的正确道路之前,必须首先对霍耐特何以将康德式的普遍承认作为生存模式的承认这一点做出明确的解释。而这就必然让我们再次将目光聚焦于黑格尔。与霍耐特的后形而上学立场不同,黑格尔的承认理论不仅是一种精神哲学,也是一种历史哲学。以自我意识的运动——具体来说即主奴辩证法——为基本原理,黑格尔将世界历史划分为三大时期,正如科耶夫所论述的:

> 如果历史始于一个主人得以统治一个奴隶的斗争,那么,第一个时期必然是人的生存完全由主人的生存决定的时期。在这个时期,主人通过行动实现其生存的可能性,从而揭示自己的本质。但如果历史不过是主人与奴隶的辩证法,那么,奴隶通过劳动实现自己,从而也完全地显现自己。第一个时期必须由第二个时期来补充。在第二个时期,人的生存是由奴隶的生存决定的。最后,如果历史的终结是主人与奴隶的综合和对这种综合的理解,那么,第三个时期必须在这两个时期之后出现。在第三个时期,可以说中立化的、综合的人的生存主动地实现自己的可能性,从而向自己显现。不过,这一次,这些可能性也意味着充分地和最终地,即完全地理解自己的可能性。[1]

如果说不平等的主奴关系的形成意味着世界历史的起点,那么,自由个体之间的平等承认——也就是平等的法权的确立——就是世界历史的

---

[1] 科耶夫:《黑格尔导读》,姜志辉译,译林出版社 2021 年版,第 158 页。

终点。于是我们看到,黑格尔将古代世界——无论是异教国家还是基督教国家——都放置在不平等的主奴关系这一范畴之下,而将现代理解为主奴关系的综合或扬弃,进而断言世界历史的终结。直白地说,黑格尔的看法其实是,最终处于世界历史之终点的是两个特殊的人,即拿破仑和他自己:拿破仑实现了主奴关系的综合,而黑格尔则是清晰地意识到这种综合的最后的哲人。

将古代世界一股脑儿地归为人与人之间的奴役形式,而现代则意味着人的解放,当然是不折不扣的现代性意识形态,也正是我们过去早已熟悉的一个老生常谈。[1]值得庆幸的是,如今,我们已有能力对此进行彻底反思。沃格林曾经关联于约阿希姆的历史三一论分析出"一直支配着现代政治社会的自我解释"的现代灵知主义的四个符号:分为三个时期的进步主义的世界历史观、领袖、先知以及自主个人的共同体。[2]不难看到这四个符号在黑格尔那里的表现:如果说以自由、平等的个人为鹄的的历史终结论和理性国家分别是其中的第一个和第四个符号,那么,拿破仑与黑格尔本人则分别占据了领袖与先知的位置。[3]

回到构造这一历史哲学的基本原理,即作为自我意识的运动的主奴辩证法。按照黑格尔的论述次序,主奴辩证法由以下四个要点构成:第一,自我意识就是欲望本身(desire itself);第二,自我意识的直接对象是生命;第三,自我意识只有在另一个自我意识中才能得到满足,此即承认的需求;第四,在不同主体为获得承认而进行的殊死斗争中产生了主人与奴隶。现在让我们来看第一点。从《精神现象学》中谈论自我意识的第四章与谈论意识的前三章的关联说起,通过回溯康德的统觉与实践理性概念,皮平对黑格尔何以将自我意识厘定为欲望本身以及这

---

[1] 在中国现代思想的语境中,将儒教的"三纲"错误地理解为夫对妇、父对子、君对臣的绝对主宰,其实就是全部以主奴关系来理解这三大伦。

[2] 沃格林:《新政治科学》,段保良译,商务印书馆2018年版,第118页。

[3] 作为总结性的、最后的哲人,黑格尔其实是"后知"。不过,就当时大多数人还没有意识到"现代的真正意义"这一点而言,黑格尔仍可以说是先知,或者说是最后一位先知。

里的"欲望"究竟何指做出了精彩的分析。他说，

> 我认为黑格尔的立场是，通过以任何方式将其视为观察的、推论
> 的、直接性的或任何形式的两个位置的意向关系来考虑，我们误解
> 了自我意识的所有维度，从意识本身的统觉到对自我简单、清晰的
> 反思，再到对我自己所谓的同一性的实践性自我认知。相反，我们
> 对自己的任何了解（或者是隐含在对世界的关注中的任何自我关
> 系），都不是通过观察一个对象，也不是通过概念化一种内在直观，
> 更不是通过任何直接的自我确定性或自我对自身的直接呈现。我
> 想说，从对自己完全具有确定的判断意识的最低限度的认知，到关
> 于我是谁、我自己的认同以及深厚承诺的复杂声明，黑格尔都把自
> 我意识视为某种实践成就。[1]

皮平这里的意思首先是，自我意识必须关联于意识而得到理解，也就是
说，我们无法从意识中抽离出一个自我作为对象来加以认识，因为自我
与其意识活动"须臾不可离也"。自我只能在其意识活动中被意识到，
且不可能与其意识活动分开，这正是黑格尔特别强调的自我意识与其
自身的统一性：

> 自我意识的现象与它的真理性的这种对立只是以真理性，亦即以
> 自我意识和它自身的统一为其本质的；这种统一必须成为自我意
> 识的本质。[2]

而正是在这句之后，黑格尔突然引出了他的那个著名观点：

---

〔1〕 皮平：《黑格尔论自我意识——〈精神现象学〉中的欲望和死亡》，马晨译，华夏出版社
　　　2022年版，第18—19页。译文有改动。
〔2〕 黑格尔：《精神现象学》（上），贺麟、王玖兴译，商务印书馆1979年版，第116页。

> 这就是说,自我意识就是欲望本身。[1]

我们无法脱离意识去把握一个对象化的自我,这是黑格尔精神现象学的一个洞见,表明他的确是以彻底的现象学方法来理解精神的发展过程。[2]换言之,黑格尔这里的"欲望本身"就是指一般意义上的人的意欲。因此皮平指出,黑格尔在定义自我意识时所说的"欲望"实际上是康德意义上的"实践理性"的替代物。[3]皮平还指出,黑格尔的自我意识是欲望本身的观点与海德格尔"操心"概念具有深层次的相似性:"显然,这一主张与海德格尔的观点有深层次的相似性,海德格尔坚持认为此在的独特方式是操心,并且他始终认为,这与一个主体将它的实用关怀投射到一个假定中立的、直接理解的内容无关。"[4]当然,这种深层次的相似性只是就自我意识与意识的统一性这一点而言的,至于"自我意识就是欲望本身"这一命题背后所隐含的东西,则并未在皮平就黑格尔与康德、海德格尔关于自我意识与意识的统一性的比较性分析中呈现出来。

自我意识就是一个人的意欲本身,不能离意观心,这一点意味着自我意识"必须被理解为一种实践现象",因为只有当一个人的意欲在实践中被理解、被肯认,这个人的自我才能被理解、被肯认。换言之,只有当通过意欲而表现出来的自我被另一个意欲着、行动着的自我理解并

---

[1] 黑格尔:《精神现象学》(上),贺麟、王玖兴译,商务印书馆1979年版,第116—117页。

[2] 此处试对照一下朱子对观心说的批评:"或问:'佛者有观心之说,然乎?'曰:'心者,人之所以主乎身者也,一而不二者也,为主而不为客者也,命物而不命于物者也。故以心观物,则物之理得。今复有物以反观乎心,则是此心之外复有一心而能管乎此心也。然则所谓心者,为一耶?为二耶?为主耶?为客耶?为命物者耶?为命于物者耶?此亦不待校而审其言之谬矣。'"朱熹:《观心说》,见郭齐、尹波编著:《朱熹文集编年评注》第八册,福建人民出版社2019年版,第3325—3326页。朱子在这里强调了心与其"主乎身"的统一性,强调了心为主不为客,强调了心命物而不命于物,其实正与黑格尔的洞见类似。用朱子的话语来说,黑格尔关于自我意识的这一洞见可以概括为:心不可观,由意观心。

[3] 皮平:《黑格尔论自我意识——〈精神现象学〉中的欲望和死亡》,马晨译,华夏出版社2022年版,第69页。

[4] 同上书,第44页。

肯认,这个自我才能真正得以呈现。而这也就是说,自我意识必须通过承认才能真正呈现。自我意识本身就包含着承认的渴望,这似乎已经在我们前面所指出的第一个要点与第三个要点之间建立起了一种可理解的联系。但问题是,黑格尔并不是从第一个要点直接进到第三个要点的。事实上,他在这二者之间插入了几段对生命的论述。尽管这几段晦涩难懂,但其核心看法正是我们前面按照黑格尔的论述次序所指出的第二个要点,即,自我意识的直接对象是生命。如果说在黑格尔那里,第三个要点基于第一个要点与第二个要点才能得到恰当的理解,而我们又能够在第一个要点与第三个要点之间建立起理解上的直接联系,那么,我们就会想到两个可能的推论:其一,对于一种可能的承认理论而言,第二个要点并不是必要的;其二,理解黑格尔的承认理论,尤其是要充分把握黑格尔承认理论的特质,第二个要点可能是关键的。

让我们先来聚焦于后一个推论。于是问题就是,自我意识的直接对象是生命,这一观点意味着什么?这一观点与"自我意识就是欲望本身"的观点有何关联?这一观点对于黑格尔的承认理论又意味着什么?首先不难理解的是,自我意识的直接对象之所以是生命,是因为"生命是意识的自然的肯定",而"死亡是意识的自然的否定"。[1]这意味着说,在黑格尔那里,生死问题成为自我意识的最要关切。但何以如此?实际上,在"自我意识就是欲望本身"这一观点与"自我意识的直接对象就是生命"这一观点之间,存在着某种未经明言的联系。欲望总是关联于对象,且正是对象使欲望成为欲望。对象作为欲望的发动者也意味着欲望的产生以匮乏为前提。一旦欲望的对象被欲望的主体所拥有,欲望就得到了满足,原来的企图拥有的渴望就会转变为对丧失的恐惧。这个简要的分析表明了欲望与恐惧之间的紧密关联。就自我意识被厘定为欲望本身这一点而言,关联于欲望本身的恐惧其实就是对死亡的

---

〔1〕 黑格尔:《精神现象学》(上),贺麟、王玖兴译,商务印书馆 1979 年版,第 126 页。

恐惧,因为正是死亡"不仅剥夺了我们在世上拥有的一切,而且摧毁了我们对从世界中渴望得到之物的所有可能的爱欲。"[1]

通过细致深入的文本分析,科耶夫早已指出了死亡概念在黑格尔《精神现象学》中的重要地位。值得注意的是,科耶夫是从哲学人类学的层次来把握黑格尔的死亡概念的。他认为,黑格尔继承了犹太—基督教的人类学传统,"这个传统把历史的自由个体(或者说'人')的概念传给了黑格尔"。[2]人的自由、历史性与个体性,也就是人的精神性,正是黑格尔的哲学人类学的要义所在。不过,犹太—基督教因为有来世和灵魂不朽的观念,所以,"在他们看来,'精神性'只有在来世才能完全实现和显现,本义上的精神,真正'现实'的精神,是上帝:一个无限的和永恒的存在。"[3]更直接地说,在基督教那里,只有"耶稣基督是本义上唯一的历史的自由个体,普通人的自由、历史性和个体性只不过是神的'恩典',即超人间的上帝的超人行动的单纯结果。"[4]而黑格尔则彻底放弃了来世和灵魂不朽的观念,因此,他所谓的"精神"是彻头彻尾现世的。也就是说,在黑格尔那里,"人只有自己是且认识到自己是终有一死的、有限的,即自己存在于且认识到自己存在于一个没有来世或没有上帝的世界中,才能肯定和使人承认他的自由、他的历史性和他的个体性。"[5]因此结论就是,

　　一般而言,黑格尔的人类学是一种世俗化的基督教神学。黑格尔完

---

〔1〕　这里的分析来自阿伦特对奥古斯丁的看法的论述,引文见阿伦特:《爱与圣奥古斯丁》,斯考特、斯塔克编,王寅丽、池伟添译,漓江出版社 2019 年版,第135—136 页。另外,如果用黑格尔的术语,我们同样可以说,奥古斯丁也指出了自我意识与意识的统一性:"因为你就是你所爱。"引文来自奥古斯丁的《约翰一书评注》,转引自阿伦特:《爱与圣奥古斯丁》,第57 页。

〔2〕　科耶夫:《黑格尔导读》,姜志辉译,译林出版社 2021 年版,第 558 页。

〔3〕　同上书,第 559—560 页。

〔4〕　同上书,第 561 页。

〔5〕　同上书,第 575 页。

全意识到这一点。他多次重申,基督教神学所说的一切东西绝对是真实的,只要不应用于一个想象的超越的上帝,而是应用于实在的、生活在世界上的人。神学家研究人类学,但却没有意识到这一点。黑格尔真正地意识到所谓的神学知识,他解释说,他的实际对象不是上帝,而是历史的人,或正如他所喜欢说的:"民族精神"。[1]

科耶夫的上述分析表明,黑格尔从一开始就将平等的自由个体作为建构其历史哲学的基本原理:平等的自由个体不仅从一开始就被设定为世界历史的最终目的,而且也成为刻画包括历史开端在内的历史进程的核心概念。而在这一历史哲学建构的背后,则是一个没有来世、没有上帝且人必须"充分认识到"自己的死亡的世界图景。基于这一点再来看"自我意识的直接对象是生命"这一主张,我们就能看到,一个人在其自我意识的形成过程中无论表现出怕死还是不怕死,无论在与他人的承认的斗争中成为主人还是成为奴隶,其实都呈现出他对自己的死亡的清晰意识。既然死亡意识是黑格尔承认理论的基础,而与死亡相关的是虚无,那么,我们就可顺此断言,黑格尔的承认理论有一种虚无主义的底色。反过来说,如果说与死亡相对的是生存,与虚无相对的是实有,那么,基于人的生存和实有主义的承认理论是否可能呢?[2]

---

〔1〕　科耶夫:《黑格尔导读》,姜志辉译,译林出版社 2021 年版,第 599 页。另,科耶夫认为,笛卡尔、康德和费希特是在黑格尔之前试图将犹太—基督教传统的人类学与科学相调和的三位哲人,而他们都失败了,原因正在于他们"不敢抛弃人或灵魂不朽的传统观念"。见该书第 558 页。

〔2〕　正如前面分析过的"生存模式的承认"一样,此处我们所说的"生存"(existence),不是指"单纯地维持生命",而是指"去存在",即人以自身的能力让包括自己在内的万物是其所是,以成全万物,如《中庸》所说的成己成物,而《易传》则将人的生存的这种意义描述为"赞天地之化育"。在人成全万物的意义上,人的活动从根本上来说还是表现出人对自然的肯定,而非对自然的否定,因而人的这种活动也不能被理解为创造,甚至不能被理解为杜维明等人所说的"共同创造",因为一方面,并不是人创造了万物,而是上帝创造了万物;另一方面,人也不是将自然仅仅作为质料凭着自己的想象创造了一个新世界,人只是助力于万物本性的实现过程。科耶夫在分析黑格尔的"实体即主体"的思想时谈到了在黑格尔那里人作为创造者其自我创造的活动恰恰表现为对自然的否定:"人的这种自我创造是通过对自然的或人的给定物的否定完成的。人的现实,或自我,因而不(转下页)

　　在回答这个问题之前,我们仍需进一步揭示黑格尔历史哲学的秘密。我们已经指出,正是以平等的自由个体这一目的论观念为基础,黑格尔才能以主奴关系来论断历史的开端。概而言之,在主奴关系形成之前,没有历史;当主奴关系被彻底打破时,历史终结;处于历史的开端和终端之间的,则是主奴关系的变化过程。于是,整个古代世界就被统统放在主奴关系这一范畴之下了。我们说,这种典型的基于对历史目的的设定来论断历史从而建构历史的方式,只是以表面上极度自信甚至极度自恋的方式表达了现代性的自我确证,不可能带来对古代世界的恰当认知。[1]打出自由、平等的个体这张现代性之牌,强行地对质古代世界,从而得出古代世界不过是主奴关系的种种变化形式,这是黑格尔历史哲学的部分真相。

　　至于试图通过指出黑格尔的主奴关系并非一般意义上的主人与奴隶的关系,而是类似于"家庭内部以及手工作坊中的那种主仆或师徒关系"[2]从而缓和黑格尔对古代世界的强暴性论断的做法,也是没有说服力的。非常明显的是,既然主奴关系的形成肇始于人与人之间的殊死斗争,那么,作为承认的第一种历史形式的主奴关系,就不可能是某种温和的,乃至友善的主仆或师徒关系。反过来说,如果认为主仆或师

（接上页）是一种自然的或'直接的'现实,而是一种辩证的或'间接的'现实。把绝对设想为主体——在黑格尔看来,这是关键所在——就是把绝对设想为包含否定性。不仅仅作为自然,而且也作为自我和人,即作为创造的或历史的发展过程的实现。"见科耶夫:《黑格尔导读》,第555页。可以想见,肯定自然与否定自然,对于人的意义的这两种不同的态度也涉及对于语言的意义与功能的不同理解,其间的差异大概而言也就是实在论与唯名论的差异。

[1]　沃格林恰恰从现代性这种表面上的极度自信与极度自恋中诊断出了一种时代性的焦虑,指出其焦虑的症候表现在过于拔高当下,以至于将当下构想为人类历史的目标。沃格林将之概括为"一种香肠式的历史观",并指出这种历史观的特点是"将'当下'视为一部机器,生产出不断延长的'过去'。"见沃格林:《天下时代》,叶颖译,译林出版社2018年版,第443页。

[2]　庄振华指出这种看法来自伽达默尔和珀格勒,参见庄振华:《〈精神现象学〉义解》(上),中国人民大学出版社2019年版,第284页。

徒关系中的温和性乃至友善性是这种关系的本真意义的某种呈现,那么,以主奴关系来论断这种关系就可能是根本上错误的。[1]很多人已经指出,黑格尔将历史的开端刻画为人与人之间为了承认而进行的殊死斗争其实与霍布斯的自然状态说高度类似。

黑格尔基于平等的自由个体来论断历史、建构历史的做法,在他对主奴关系的具体分析中清晰可见。这一点尤其表现在他论述主奴之间的单方面的、不平等的承认时所提出的"真正的承认"的概念:

> 主人是自为存在着的意识,但已不复是自为存在的概念,而是自为存在着的意识,这个意识通过另一个意识而自己与自己相结合,亦即通过这样一个意识,其本质即在于隶属于一个独立的存在,或者说,它的本质即属于一般的物。主人与这两个环节都有关联,一方面与一个物相关联,这物是欲望的对象,另一方面又与意识相关联,而这个意识的本质却是物或物性。……在这两个环节里,主人是通过另一意识才被承认为主人的,因为在他们里面,后者是被肯定为非主要的,一方面由于他对物的加工改造,另一方面由于他依赖一个特定的存在,在两种情况下,他都不能成为他的命运的主人,达到绝对的否定性。于是在这里关于承认就出现了这样的一面:那另一意识(奴隶)扬弃了他自己的自为存在或独立性,而他本身所做的正是主人对他所要做的事。同样又出现了另一面:奴隶的行动也正是主人自己的行动,因为奴隶所做的事,真正讲来,就是主人所做的事。对于主人只有自为存在才是他的本质,他是纯粹的否定力量,对于这个力量,物是无物。因此在这种关系中,他是纯粹的主要的行动,而奴隶就不是这样,他只是一个非主要的行动。但是为了达到真正的承认还缺乏这样一面:即凡是主人对奴

---

[1] 正如以主奴关系来论断古代儒教经典中的"三纲"根本上是错误的一样。

隶所做的,他也应该对自己那样做,而凡是奴隶对自己所做的,他也应该对主人那样做。由此看来,这里就发生了一种单方面的和不平等的承认。[1]

这里所谓"真正的承认",相对于主奴之间的单方面的、不平等的承认,当然就是指黑格尔所认为的作为现代性之历史性成就的人与人之间的平等承认,也就是我们前面讨论过的法权承认。由此自然也可以想到,霍耐特所说的"生存模式的承认",其实就是黑格尔这里所说的"真正的承认"。可以看到,无论是将古代世界判定为主奴关系的不同形态,还是对主奴关系中的承认的缺陷——即其单方面性与不平等性——的批判性分析,都是以"真正的承认"为标准做出的。对于古代世界,黑格尔在《精神现象学》中曾聚焦于广义的宗教——他分为自然宗教、艺术宗教与启示宗教——就其精神发展的状况展开现象学的分析。之所以能够如此,是因为,

> 无疑地,宗教也曾经作为对绝对本质一般的意识出现过,不过,那是从以绝对本质为认识对象的那种意识的观点出发而言;自在自为的绝对本质本身、精神的自我意识,却没有出现在那些形式里。[2]

也就是说,在精神发展的历程中,宗教对应于绝对本质仅仅作为认识对象的阶段,也就是精神尚未获得其自我意识的阶段,或许也可以说是实体还没有真正成为主体的阶段。很显然,不仅宗教所对应的世界历史阶段涵盖整个古代世界,而且宗教也被黑格尔认为是精神在古代世界

---

[1] 黑格尔:《精神现象学》(上),贺麟、王玖兴译,商务印书馆1979年版,第128—129页。个别文字有改动。

[2] 黑格尔:《精神现象学》(下),贺麟、王玖兴译,商务印书馆1979年版,第179页。

中的典型形态。我们知道,正是基于主奴辩证法这一对自我意识的运动的分析框架,黑格尔将以基督教为代表的启示宗教厘定为宗教演化的最高阶段。自然宗教和艺术宗教当然也是主奴辩证法中的发展阶段,但这二者都属于乐天意识(happy consciousness),相比于作为苦命意识(unhappy consciousness)的启示宗教,从精神发展史的视野来看更为原始,从而也更为低级。[1]

伊波利特明确地将苦命意识关联于《黑格尔早期神学著作》加以解读,指出人与上帝的关系其实是主奴关系的原型,苦命意识的原始形态就是犹太教,而基督教并未克服苦命意识,因为耶稣作为道成肉身意味着神变成了人,而不是人变成了神。[2]具体来说,从黑格尔论苦命意识的三个发展环节我们可以有更清晰的理解。

第一个环节是"可变的意识",即以"单纯的不变的那一方面为本质",而"把自己放在可变的意识那一方面,而自认自己是非本质的"。在黑格尔看来,由于那单纯的不变的本质本来就是自己的本质——只不过与自己相分离了,因此,这个环节中的自我意识作为可变的意识,就面临着一个"把它自己从非本质的一面,亦即从它自己本身中解救出来"的任务。[3]这当然也正解释了此一意识何以作为处于矛盾之中的二元分裂的意识。在早年的《基督教的精神及其命运》一文中论及犹太教的精神时,黑格尔从亚伯拉罕说起,说他离开自己的祖国,成为大地上的陌生人而"与整个世界对立",其子孙也是如此。[4]在黑格尔看来,

---

[1] 贺麟、王玖兴将"unhappy consciousness"译为"苦恼意识",是考虑到这种意识包含着一种内在的分裂,但忽略了这种意识的主要内容是人对自我处于苦弱境地的深刻体验。也有人将之译为"不幸意识",相对而言比"苦恼意识"更直接。我建议将之译为"苦命意识",而将"happy consciousness"译为"乐天意识",以苦与乐、命与天的双重对举来突显其意义。

[2] Jean Hyppolite, *Genesis and Structure of Hegel's Phenomenology of Spirit*, trans. Samuel Cherniak and John Heckman, Northwestern University Press, 1974c, p.191.

[3] 黑格尔:《精神现象学》(上),贺麟、王玖兴译,商务印书馆1979年版,第140页。

[4] 黑格尔:《黑格尔早期神学著作》,贺麟译,上海人民出版社2012年版,第272页以下。

像亚伯拉罕那样彻底斩断有限与无限之间的纽带意味着人与上帝的彻底分离，因而是苦命意识的典型表达。在《精神现象学》中，黑格尔将犹太民族刻画为"从来最遭天谴的民族"，并说，

> 犹太民族并未意识到他们的现实的本质正是他们作为自在自为的存在，反而将之推到了他们自身的彼岸。通过这种自弃，他们使一个更高的存在者成为可能，对他们而言，仅当他们能够将其对象重新收回于自身，而非停留于存在的直接性，他们才能达致那个更高的存在者。[1]

伊波利特在引用了这段话之后分析说："上帝被设想为遥不可及的主人，而人被设想为奴隶。主奴关系的历史性范畴转换为宗教性范畴。人将自身贬低为非本质，然后朝向超越的本质寻求不确定的上升。"[2]由此可见，可变的意识实际上是一种自弃的意识，尽管对于自弃，我们不一定像黑格尔所认为的那样，是相对于人作为自在自为的存在而言的自弃。既然在黑格尔那里，奴隶才是历史的真正主人，那么，作为奴隶之标志的自弃意识就被赋予了世界历史意义，尽管在严格的意义上我们还不能说自弃意识标志着世界历史的真正开端。

　　第二个环节是"不变者的具象"，即"意识就正好体验到个别性出现在不变者之中和不变者出现在个别性之中"。[3]这一环节在历史上的代表就是作为道成肉身的耶稣。耶稣所提倡的是朝向和解的爱的精神，他正是以此扬弃了犹太人的律法精神。在《基督教的精神及其命运》一文论及耶稣的爱的精神时，黑格尔以对比性的口吻说：

〔1〕　黑格尔《精神现象学》（上），贺麟、王玖兴译，商务印书馆1979年版，第227页。译文有改动，同时参考了伊波利特（上引书第198页）和平卡德的英译本：Hegel, *The Phenomenology of Spirit*, ed. & trans. by Terry Pinkard, Cambridge University Press, 2018, p.199.
〔2〕　Jean Hyppolite, *Genesis and Structure of Hegel's Phenomenology of Spirit*, p.198.
〔3〕　黑格尔：《精神现象学》（上），贺麟、王玖兴译，商务印书馆1979年版，第141页。

> 不同于犹太人回到服从外力的态度,在爱中的和解乃是一种解放,
> 不同于犹太人重新承认奴役统治,在爱中的和解扬弃了奴役统治,
> 恢复了生命的纽带、爱的精神、相互信任的精神,这精神从统治的
> 观点来看,应该说是最高的自由。[1]

耶稣既是神的儿子,也是人的儿子,这双重身份意味着无限与有限的结合,在黑格尔看来这是一种"圣洁的神秘"。[2]所谓"个别性出现在不变者之中和不变者出现在个别性之中",其实就是体现在耶稣这个具体形象中的本质与个别的和解和统一。从而,耶稣所提倡的爱的精神也意味着人在神的观念上的重要改变:"与犹太人关于神的观念认神为他们的主和命令者相反对,耶稣提出神与人的关系为父亲和子女的关系。"[3]

　　不过,虽然说黑格尔在对耶稣的爱的精神的描述中出现了"扬弃了奴役统治"这种明确的表达,但这并不意味着他认为基督教彻底克服了苦命意识。在他看来,由耶稣的爱的精神所带来的神与人之间的和解和统一并非真实的和解和统一,因为它不仅没有彻底消除对立,还导致了新的对立形式。用精神现象学的术语来说,"事实上由于不变的意识表现为具体形象,彼岸这一环节不惟仍然保持着,却毋宁反而还更固定了。"[4]说到底,正如伊波利特所分析的,作为道成肉身的耶稣是神成了人,而不是人成了神,因此,结论就是,在与基督的关系中,基督教意识发现自己仍然是苦命意识。换言之,相比于犹太教作为苦命意识的典型,基督教朝向克服苦命意识迈出了至关重要的一步,但并未彻底克服苦命意识。[5]

---

〔1〕 黑格尔:《黑格尔早期神学著作》,贺麟译,上海人民出版社 2012 年版,第 326 页。

〔2〕 同上书,第 345 页。

〔3〕 同上书,第 337 页。

〔4〕 黑格尔:《精神现象学》(上),贺麟、王玖兴译,商务印书馆 1979 年版,第 142—143 页。

〔5〕 上帝与人的关系既是主奴关系也是爱的关系,从神学的角度看或许也是可能的。

在黑格尔看来,只有当不变的本质与可变的意识之间的对立在根本上被消除,或者说,只有当彼岸被彻底扬弃,才能说苦命意识被彻底克服。经由这一阶段,自我意识就过渡到了理性阶段。让我们来看看这一过渡究竟意味着什么?

> 自我意识既然就是理性,那么它一向对于他物的否定态度就转化而为一种肯定态度。在过去,自我意识一向所关涉的仅是它的独立与自由,为了拯救和保持其自身,曾不惜牺牲世界或它自己的实在性为代价,将这两者都当作它自己的本质的否定物。但是,现在作为理性,本身既有了保证,它就感觉到自己与它们之间有了和平,能够容忍它们,因为它现在确知它自己即是实在,或者说,它确知一切实在不是别的,正就是它自己;它的思维自身直接就是实在;因而它对待实在的态度就是唯心主义对待实在的态度。当它采取这种态度以后,仿佛世界现在才第一次成了对于它的一个世界;在此之前,它完全不了解这个世界,它对世界,有所欲求,有所作为,然后总是退出世界,撤回自身,而为自己取消世界,并将作为意识的它自身也一并取消——将关于世界即本质的意识以及关于世界的虚无性的意识,一并予以取消,予以否定。现在,在它的真理性丧失了坟墓,在它的实在性否定了它对自己的否定,而意识的个别性成了它自身的绝对本质以后,它才第一次发现世界是它自己的现实世界,它才对世界的持续存在感兴趣,至于以前,它的兴趣只在于世界的消失。因为世界的持续存在对于它来说现在成了它自己的真理性与当下在场;它确知只在这里才体验到自己。[1]

在自弃的意识中,世界不是我的,而是上帝的,且上帝是作为一个

---

〔1〕 黑格尔:《精神现象学》(上),贺麟、王玖兴译,商务印书馆 1979 年版,第 154—155 页。

绝对的、异己的主人,在他面前我将自己认作奴隶。即使上帝伸出了和解之手,将他的儿子派遣到这个世界上来并传播救赎的讯息,世界终究还是上帝的,于我而言终究还是异己的。只有当我意识到我自己"直接就是实在",也就是笛卡尔意义上的"我思"确立之后,我才有了这个世界"真正"属于我的意识,我才有了我"真正"拥有这个世界的意识。很显然,从现代所标榜的理性看宗教,宗教产生于苦命意识且根本上来说不可能克服苦命意识。反过来说,若从古典精神看黑格尔意义上的现代理性,则现代理性有僭越的嫌疑,因为现代理性公然以弃绝上帝来确证自身的成立。更直接地说,将"我思"确立为直接的实在,确立为一切实在的根基,其实质是用人来取代上帝的位置,这正是沃格林相对于神显(theophany)而提出的自暴(egophany)。

前面我们已经论及,黑格尔正是基于人作为自在自为的存在这一点而将宗教判定为苦命意识、又将苦命意识判定为自弃意识的。如果我们从根本上不同意黑格尔的观点,也就是说,不同意科耶夫特别揭示出的黑格尔的那种作为基督教神学的世俗化翻版的哲学人类学,而是从对作为造物主的上帝的笃信出发,那么,我们仍然可能会说,黑格尔所刻画的从人与人之间的殊死斗争中出现的奴隶,的确是人的自弃意识的表达,只不过这里的自弃不是基于人作为自在自为的存在而言的自弃,而是基于上帝才是自在自为的存在而言的自弃。换言之,这种自弃所表现出的自我否定,并不是相对于一个被自己过度肯定的自我而言的自我否定,而是相对于一个意识到自己禀有天命的自我——或者说是一个感受到天地生养之大德的自我——而言的自我否定。既然自弃意识是奴隶之为奴隶的精神标志,而所谓奴隶的解放其实是走向了人的自暴意识,那么,作为世界历史发展的最关键的环节,即从自我意识到理性的过渡,也就是我们一般所说的古今之变,就意味着人类从自弃意识到自暴意识的跨越。于是,从某种意义上来说,世界历史就被黑格尔刻画为人类从自弃到自暴的过程了。而推动这一历史进程的,除

了奴隶的劳动之外当然也离不开主奴辩证法中的主人。〔1〕

　　沃格林曾指出,约阿希姆基于三位一体学说而将历史刻画为从圣父时代到圣子时代、再从圣子时代到圣灵时代的进步过程的观点,是现代灵知主义的思想根源,而他又将黑格尔判定为现代灵知主义的集大成者。从黑格尔基于承认的斗争而构想的历史哲学来看,沃格林的这一批判性解读可谓一针见血。事实上,伊波利特在分析黑格尔关于意识与本质的三种结合方式——对应于我们上面分析过的苦命意识的三个环节——的时候已经触及其历史哲学意义:

　　　黑格尔区分了意识与其本质的三种可能的关系。首先,是意识作为个别的意识而与不变者相对立。人是虚无,而上帝是主人和裁判者。黑格尔称之为圣父时代。其次,上帝采取了个别存在的形式,此即以其完满的存在样态而呈现的不变者的具象。这就是圣子时代。最后,这一存在变成了精神,它有力量在精神中发现自身,变成能使其个别存在与普遍者达致和解的自为意识。这就是圣灵时代。第一个时代对应于苦命意识的第一个形态,即意识在其自身内部的绝对分离;第二个时代对应于不变者的具象;第三个时代对应于和解,即苦命意识的克服。〔2〕

如果说从苦命意识的产生到苦命意识的克服其实是一个从自弃到自暴的过程,那么,相应地,世界对人而言的获得——对应于黑格尔称之为

---

〔1〕　从创造的恩典或者是说"天地之大德曰生"的立场来看,黑格尔主奴辩证法中的主人恰恰又是自暴意识的体现。在此对比性地提及尼采的历史哲学可能有助于我们的进一步理解:从某种意义上说,尼采也会认可黑格尔的主奴辩证法的分析框架,也会像黑格尔一样将历史刻画为承认的斗争,不过,如果说黑格尔是将贪生怕死的、本质上是以自弃为其精神特征的奴隶设定为世界历史的主体的话,那么,尼采则试图将不怕死的、本质上是以自暴为其精神特征的主人设定为世界历史的主体。

〔2〕　Jean Hyppolite, *Genesis and Structure of Hegel's Phenomenology of Spirit*, p.201.

理性的那个环节——就不再意味着世界作为上帝的受造物而被获得，而是意味着世界作为人的外在对象而被单纯地占有。从霍耐特所说的承认的遗忘来看，这显然涉及对创造者的遗忘。——其实这才是前述霍耐特所谓物化自然的思想根源。概而言之，黑格尔、霍耐特等人的现代承认理论，是以对创造者的遗忘为前提的。说到底，奴隶的自弃，是对自己为上帝之造物的遗忘，因而将上帝与人的关系理解为主奴关系，而不是黑格尔论述基督教时提到的父子关系；奴隶的自暴，则是对上帝的弃绝，在基督教的语境里不仅是对作为创造者的上帝的遗忘，也是对作为救赎者的上帝的遗忘，是对创造与救赎这双重恩典的遗忘。

三、基于创造论的承认理论与人伦的构成

黑格尔、霍耐特等人的现代承认理论以主奴关系为原初承认（original recognition），而将世界历史刻画为主人与奴隶之间为获得承认而进行的斗争过程。于是，他们所谓的"真正的承认"或"生存模式的承认"，就是指以奴隶意识为前提的人与人之间的平等承认。如果我们能够说明，原初承认并非主奴关系，或者说，主奴关系恰恰意味着对原初承认的遗忘，那么，现代承认理论的基础就坍塌了。

关键的问题就在于"自我意识就是欲望"这一命题。秉承希腊哲学传统，奥古斯丁将爱理解为欲望，如他所说，"爱不过是为了自身的缘故对某物的欲求。"[1]实际上，奥古斯丁关于"爱是欲望"的论述恰恰能够为我们提供一种对黑格尔的自我意识理论的批判性解读。既然爱是欲望，那么，说自我意识就是欲望本身，就是说自我意识就是爱本身，说自我意识的直接对象是生命，就是说爱的直接对象是生命，说自我意识只能在另一个自我意识那里得到满足，就是说只有当我的爱得到别人的

---

〔1〕 转引自阿伦特：《爱与圣奥古斯丁》，王寅丽、池伟添译，漓江出版社 2019 年版，第 44 页。

承认时自我意识才能真正确立。而且,正如前面已经论述过的,也正是奥古斯丁指出了作为欲望的爱与对死亡的恐惧之间的紧密关联。奥古斯丁对作为欲望的爱的一个关键性反思在于,欲望总是向外寻求,即使寻求的对象是上帝也无法改变其驰心骛外的特点。于是,将自我意识厘定为欲望本身其实意味着将自我同时隔绝于世界和上帝,因为在欲望的结构中,世界和上帝作为欲望的对象外在于作为欲望主体的自我。如果说欲望的这一"主客"结构或"内外"结构揭示了自爱的根本特征,那么,这种预先将自我隔绝于世界和上帝的做法本身就意味着将自我判定为虚无,或者说自我只能被意识的对象所建构。如果我们并不认为自我仅仅是由意识的对象所建构,而是说,有一个本真的自我早已存在,那么,很显然,驰心骛外的欲望并不能让我们找到我们的本真自我,反而会让我们错失我们的本真自我。

相对于黑格尔认为自我意识就是欲望本身的观点,奥古斯丁提出的观点则是,自我意识就是记忆本身:

> 我只能寻求我对其存在有某种认识的东西。对奥古斯丁来说,这种知识保存在人的记忆里,他将之等同于自我意识本身。他写道:"既然我们可以把记忆唤作记得过去之物的能力,那么我们也可以毫不荒谬地把当下心灵向自身呈现出来的东西、心灵凭借自己的思想而理解到的东西唤作记忆。"[1]

其实在《忏悔录》中,奥古斯丁说得也很直接:

> ……心灵就是记忆本身。因此,当我们希望某人记住某事时,我们

---

[1]　阿伦特:《爱与圣奥古斯丁》,王寅丽、池伟添译,漓江出版社 2019 年版,第 94 页。所引奥古斯丁的原文在其《论三位一体》中。"memory"可以翻译成"记忆",也可以翻译成"回忆",前者更侧重能力,后者更侧重行为。本文主要使用"记忆"的译法,而根据具体的语境中有时也使用"回忆"的译法。

会对他说，"请你将此事保留在你的心里"；而当我们忘掉某事时，我们会说，"它不在我的心里了"，或者说，"它从我的心里溜走了"——这全都是因为我们将心灵叫做记忆本身。[1]

所谓记忆本身，或许我们可以这么来理解：记忆的对象和内容是多样的、变动的，而记忆本身就是指使记忆的行为得以可能的那个稳定的结构；就记忆的结构与记忆的行为具有统一性这一点而言，也可以说记忆本身就是心灵对自身的回忆。既然心灵对人而言远远比肉身更重要，而心灵又被揭示为记忆本身，那么，我们就能够理解，奥古斯丁何以在人的本性或生命的高度上理解记忆的意义：

> 我的天主，记忆的力量真伟大，它的深邃，它的千变万化，真使人望而生畏；但这就是我的心灵，就是我自己！我的天主，我究竟是什么？我的本性究竟是怎样的？真是一个变化多端、形形色色、浩无涯际的生命！[2]

在人的本性或生命的高度上理解记忆的意义，也就是在说明记忆与生命的关联。这一点用类似于黑格尔的方式来说就是：记忆的直接对象是生命。不过，与黑格尔不同的是，当黑格尔基于"自我意识就是欲望"而说"欲望的直接对象是生命"时，他所指向的恰恰是人的必死性（mortality）——正如我们前面已经分析过的，而当我们基于"自我意识就是记忆本身"而说"记忆的直接对象是生命"时，我们所指向的则是人的降生性（natality）。对此，阿伦特分辨得非常清晰：

---

〔1〕 奥古斯丁：《忏悔录》，周士良译，商务印书馆 1963 年版，第 197—198 页。译文有改动，参考了 Augustine, *Confessions*, translated by Vernon J. Bourke. Washington, D. C.: The Catholic University of America Press, 1953c, p.281. 主要的句子是："Mind is memory itself。"

〔2〕 奥古斯丁：《忏悔录》，第 201 页。

决定了人作为一个有意识的、有记忆的存在者的关键事实,是出生或降生性,即我们以出生进入世界。决定了人是一个欲望存在者的关键事实是死亡或必死性,即我们在死亡中离开世界。死亡的恐惧和生命的不完全是欲望的来源,相反,记忆则源于对生命被给予的一切的感恩,因为即使在悲惨中我们也珍惜生命:"既然你身处不幸也不想死,唯一的理由只能是你还想活着。"最终让死的恐惧平息下来的不是希冀或欲望,而是记忆和感恩:"为你情愿活着而感恩吧,以便你可以从你不情愿的生存状况中脱离出来。因为你愿意活着,只是不愿意悲惨地活着。"这种在任何情况下都想生存的意志,是人依恋自身存在之超越源头的标志。不同于对最高善的渴望,这种依恋严格来说不依赖于意愿,而是人类处境本身的特征。[1]

顾名思义,生命就是生作为天命降临于我,从而构成了我。这就是人的降生性。对生命的回忆指向人的降生性,也就是指向人与上帝的原初关系,用基督教的话语来说就是指向创造的恩典。因此说,对生命的回忆意味着心灵的回转,而这种回转既指向自己也指向上帝。或者说,对生命的回忆只有归回到上帝时才意味着归回到自己:"'归回自己'作为一种记忆行为,等于归回到造物主。"[2]奥古斯丁特别指出,人的骄傲会阻碍心灵的回转,其结果正是人既远离自己又远离上帝。或者反过来说,人远离上帝就意味着远离自己。在论及这一点时,阿伦特仍不忘将这种基于记忆的结构来理解自我意识的思路与那种基于欲望的结构

----

〔1〕　阿伦特:《爱与圣奥古斯丁》,王寅丽、池伟添译,漓江出版社 2019 年版,第 101 页。中译本将"natality"译为"诞生性",信而达,不过我建议译为"降生性",以突显人作为受造的生命与上帝作为造物主之间的关联。另外,由此也可以清晰地看到,黑格尔"自我意识就是欲望本身"的观点其来有自,或者更直接地说,黑格尔的这一观点其实是对奥古斯丁所说的贪爱——与圣爱相对——的某种改写。贪爱关联于自我,就是"以离弃上帝开始的自爱"。

〔2〕　同上书,第 99 页。

来理解自我意识的思路相对比:"在欲求依赖于想要幸福的普遍渴望背后,隐含着一种更深刻更根本的人类依赖性形式,这是欲望依据它自身的现象学意义永远也探测不到的。"[1]欲望也会让人产生依赖性,即依赖于他所欲求的对象。但这里所说的欲望的现象学所探测不到的人的依赖性,"不是一个由意志和自由决定的事情,而是体现在内在于被造事实中的依赖性","不是建立在对某物的期待或追求上"的依赖性,"而是单单依靠回忆,并回转地指向过去"能够发现的终极依赖。[2]毋庸赘言,这种对比性论述能够对黑格尔的自我意识理论构成直接、有效的批评。

聚焦于人的降生性,在带着感恩的记忆中归回到创造了整个世界的上帝,意味着对上帝创造世界的某种领会。作为所有被造之物的神性根基,上帝以其神圣的爱创造了这个世界。也就是说,上帝基于其永恒理性而实施的创造行为是上帝之爱的显著表现:

> 只有从可朽的存在回转到其不朽的起源,人才找到了他存在的根本。因为在造他的造物主那里,造这个人的理由必定先于创造行为,并且在创造行为完成之后仍然存在。每个特殊的爱的行为都在回转到原初开端的行为中找到了它的意义、它的存在理由,因为这个源头、这个永恒理性之所,包含了所有昙花一现的事物的终极的、不可消逝的理由。[3]

奥古斯丁特别指出,人的记忆能力表现了人的能动性,但另一方面,也是更重要的,人对自己生命的回忆一直受到上帝的牵引。也就是说,对生命的回忆正是在上帝之爱的牵引下才走向正确的道路,即回转到上

---

[1] 阿伦特:《爱与圣奥古斯丁》,王寅丽、池伟添译,漓江出版社 2019 年版,第 97—98 页。
[2] 同上书,第 101 页。
[3] 同上书,第 98—99 页。

帝。因此,人在归回到上帝从而归回到自己时所感受到的对上帝的爱,就是人对上帝之爱的感应:

> 我爱你已经太晚了,你是万古长新的美善,我爱你已经太晚了! 看啊,你在我身内,我却驰心骛外。我在身外寻找你,丑陋的我,奔向你所创造的美善之物。你和我在一起,我却不曾和你相偕。这些事物如不在你里面便不能存在,但它们抓住我使我远离你。你呼叫,你召唤,打破我的聋聩;你闪烁,你照耀,驱除我的盲目。你散发着芬芳,我闻到了,我向你呼吸,我品尝你的滋味,而今既饥且渴。你抚摸我,我怀着炽热的神火想望你的和平。[1]

揭示出这一点就意味着说,人的自我意识只有在作为创造者的上帝的自我意识中才能被真正唤起。由此,原初承认的概念就呼之欲出了:人在对上帝之爱的感应中体会到自己对上帝的爱,就是人通过克服遗忘而对自己与上帝的原初关系的再次感知与重申。所谓再次感知与重申,就是承认,因而人对自己与上帝的原初关系的再次感知与重申,就是我们所谓的原初承认。依照奥古斯丁所描绘的人通过回忆寻求上帝的心灵过程,原初承认的逻辑可以简单地概括为:我忆则上帝在,上帝在则我在,或者更简单地概括为:我忆故我在。就此而言,记忆之所以在承认问题上具有重要意义,正是因为对原初承认的遗忘是导致承认缺失的根本原因——不难想到,也正是导致霍耐特所谓的物化的根本原因。

　　由此可见,原初承认根本不是黑格尔意义上的主奴关系,而是作为造物主的上帝与作为受造物的人之间的那种彼此感应着的爱的关系。当黑格尔指出"耶稣提出神与人的关系是父亲和子女的关系"时,他显

---

[1] 奥古斯丁:《忏悔录》,周士良译,商务印书馆1963年版,第209页。译文有改动。

然触及了这一通过基督教神学而表达出来的真理。不过,基于他的历史哲学信念,他仍然将基督教及其前身犹太教中的神人关系一概放置在主奴辩证法中加以理解。这当然是站在黑格尔的立场对犹太教精神和基督教精神的一种评判性理解,因而不可能被站在犹太教或基督教信仰立场上的人所认可。由此我们也可以推论黑格尔在对宗教的看法上存在的问题。黑格尔之所以将犹太教与基督教的精神都归于以主奴关系为前提的苦命意识,是因为他认为宗教"是从以绝对本质为认识对象的那种意识的观点出发的",这也就是说,宗教作为精神的一种形态还没有达到"自在自为的绝对本质本身"或"精神的自我意识"。[1]这一点从精神发展的角度来说就是,宗教中的彼岸意识必将被哲学中的统一意识所扬弃。我们知道,正是黑格尔的这种内在超越论使得沃格林将之判定为现代灵知主义的集大成者。

不过,抛开沃格林的这一有理、有力的批评,黑格尔以苦命意识的范畴来厘定基督教以及作为基督教前身的犹太教,在基督教神学的思想架构中仍有一个客观的依据,此即原罪以及与原罪相关的人类的堕落。质言之,苦命意识中的自弃意识,只能是人类因原罪而堕落之后的自我意识。问题在于,无论对于犹太教信仰还是基督教信仰而言,不能因为人的堕落而遮蔽了创造的恩典。或者用阿伦特的表达来说,当人通过回忆转向自身的降生性从而转向作为造物主的上帝时,也就是,当人通过回忆意识到自己与上帝的原初关系从而能够真正领受创造的恩典时,"绝对未来表明自身就是终极过去"。[2]这一点正可充分说明,无论是犹太教精神还是基督教精神,从根本上来说并不是苦命意识,它们和希腊人、中国人的精神一样都是乐天意识。或者退一步说,即使我们想要承认犹太教和基督教中的苦命意识,也应当基于作为其精神实质

---

[1] 黑格尔:《精神现象学》(下),贺麟、王玖兴译,商务印书馆1979年版,第179页。

[2] 阿伦特:《爱与圣奥古斯丁》,王寅丽、池伟添译,漓江出版社2019年版,第97页。当然也不应因救赎的恩典而忽略创造的恩典。

的乐天意识。[1]将苦命意识理解为乐天意识之下的苦命意识,也意味着黑格尔的主奴辩证法将从根本上被颠覆。

创造的恩典作为基督教神学的符号化表达,对应于人对作为造物主的上帝的感恩体验。这一体验在儒教经典中被表达为"天地之大德曰生"。[2]也就是说,基于沃格林所提出的等价物理论,我们可以合理地认为基督教所谓"创造的恩典"与儒教所谓"创生的恩德"是具有等价性的符号化表达,二者都对应于人对作为造物主的上帝的感恩体验。[3]对于创生的恩德的超越体验,在孟子那里就是通过"反身而诚"的说法表达出来的:

万物皆备于我,反身而诚,乐莫大焉。(《孟子·尽心上》)

"万物皆备于我",意即自我通过对万物的意识而呈现自己,用黑格尔的现象学术语来说就是指意识到自我意识的过渡。如果要问如何才能"反身",那么答案一定是:通过回忆。通过回忆,人转回到自己的本真来源,也就是创造了天地万物的上帝,从而也就是转回到本真的自我。因此"反身而诚"的诚,即《中庸》所说的"诚之"或孟子所说的"思诚",所对应的就是人通过回忆转回到上帝的那种真实无妄的体验,而由"反身而诚"而来的快乐就是"乐天知命"意义上的快乐。实际上,不难想到,只有"乐天知命"意义上的快乐,才能够说"乐莫大焉"。当然,在此我们也完全有理由强调,在这种因直面天命而感受到的莫大的快乐中,包含着人因领悟到自己作为与天地并列为三才之一的人能够"赞天地之化

---

[1]　依照沃格林的看法,当救赎的恩典压倒了、甚至废黜了创造的恩典,其结果就是灵知主义。

[2]　此处忽略天与上帝的区别,其理由可基于程颐的话:"以形体言之谓之天,以主宰言之谓之帝"。关于儒教经典中"天地之心"的表达中所具有的主宰意涵,可参见唐文明:《朱子论天地以生物为心》,载《清华大学学报》2019年第1期。

[3]　参见沃格林:《历史中的符号和体验的等价物理论》,唐文明译,载《超越维度与淑世情怀》(《公共儒学》第二辑),上海人民出版社2021年版。

育"时所感受到的那种快乐,以及更进一步,人因领悟到自己是作为独一无二的个体而被造时所感受到的那种快乐。这当然意味着人对自己生命的高贵性的终极肯定,但绝不是尼采意义上的那种对生命的自暴式肯定。

由此,孟子所谓"本心",就是指人经过"反身而诚"的回转所达到的那种指向终极实在、伴随着快乐情绪的自我意识。相应地,孟子所谓"失其本心""陷溺其心""放其心而不知求",就是指人因对原初承认的遗忘而处于背离自我、背离上帝的状态。因此孟子才说,"学问之道无他,求其放心而已矣。"(《孟子·告子上》)至于如何"求其放心",孟子正是诉诸"思":

> 仁义礼智,非由外铄我也,我固有之也,弗思耳矣。故曰:"求则得之,舍则失之。"(《孟子·告子上》)

毋庸赘言,这里的"思"就是指回忆。回忆使得本心从遗忘中被唤起、被持存,这就是所谓"求则得之,舍则失之"的道理,也就是"操则存,舍则亡"的道理。所谓本心,就是人对自身所禀有的天命之性的回顾性领受。至于阻碍本心呈露的各种因素,也是孟子屡屡讨论到的:

> 人有鸡犬放则知求之,有放心而不知求。

> 富岁,子弟多赖;凶岁,子弟多暴,非天之降才尔殊也,其所以陷溺其心者然也。

> 虽存乎人者,岂无仁义之心哉?其所以放其良心者,亦犹斧斤之于木也,旦旦而伐之,可以为美乎?(《孟子·告子上》)

通过记忆之思(anamnestic consciousness)而回转到本心,也意味着回转到上帝,这一点隐含地表达在孟子如下的表述中:

> 存其心,养其性,所以事天也。殀寿不贰,修身以俟之,所以立命也。(《孟子·尽心上》)

如果说"存其心,养其性"的说法突显的正是本心之思所直面的人的降生性,那么,"殀寿不贰,修身以俟之"的说法就充分表明本心之思并不被人的必死性所左右,甚至可以说本心之思将思的方向朝向人的降生性这一点本身就意味着对死亡的恐惧的克服——在此自然不能忘记对死亡的恐惧与欲望之间的密切关系。不难想到,《周易·系辞传》中所说的"乐天知命",表达的正是同样的意思:

> 乐天知命,故不忧;安土敦乎仁,故能爱。

上帝创造天地万物之心就是仁。人体会到了这一点并被感动,才能够"安土敦乎仁"。因此说,这里的"能爱"正是人感应于上帝之仁心的表现。至于记忆之思必然受到上帝的牵引这一点,我们或许可以从《中庸》和《孟子》关于诚有天、人两个层次的论述中窥见:

> 诚者,天之道也;思诚者,人之道也。(《孟子·离娄上》)

天道之诚是人道之诚的基础,这意味着没有天道之诚,就不可能有人道之诚,或者进一步推论说,作为思诚者的人效法作为诚者的上帝,必受到上帝之诚的牵引。

存心养性以事天的体验,也关联于人对自身的高贵性的领悟。让我们来看孟子的这段话:

> 欲贵者,人之同心也。人人有贵于己者,弗思耳。人之所贵者,非
> 良贵也。赵孟之所贵,赵孟能贱之。(《孟子·告子上》)

"人人有贵于己者,弗思耳",正是说人自身本有其高贵性,但因为不能
去思从而不能将自身本有的高贵性展现出来。那么,人自身本有的高
贵性,也就是这段话中的"良贵",是什么呢?朱子在注此章时直接将
"贵于己者"解释为"天爵",是将此章与上章联系在一起解读:

> 孟子曰:"有天爵者,有人爵者。仁义忠信,乐善不倦,此天爵也;公
> 卿大夫,此人爵也。古之人修其天爵,而人爵从之。今之人修其天
> 爵,以要人爵,既得人爵,而弃其天爵,则惑之甚者也,终亦必亡而
> 已矣。"

按照朱子的这一解释,"仁义忠信,乐善不倦"的天爵,就是人自身本有
的高贵性所在,也就是上一段引文中的"良贵"——而朱子正是以"本然
之善"解释"良贵"之"良"。人对自身本有的高贵性的领悟,正是来自人
对上帝创生天地万物的恩德的领悟,因此才能以"天爵"名之。在"天
爵"与"良贵"的符号化表达背后是人人皆为天生的体验,蕴含着一种普
遍承认的理念。这种意义上的普遍承认,是人因其作为上帝的受造物
所具有的本然的美善而获得的平等承认,显然不同于黑格尔意义上的、
通过漫长的历史斗争而获得的那种本质上是奴隶式的平等承认。[1]

至此,我们已经依据基于创造论的承认理论对儒教经典中的相关
文献进行了一个简要的重构性分析,但这一分析决不能止步于此。就
承认理论作为一种关于人伦构成的哲学理论而言,我们对原初承认的
分析意味着揭示了人与上帝的关系的建立,也就是天人之伦的构成。

---

〔1〕 此一主题涉及对人的尊严的古典理解,在此无法展开论述。

尽管在符号化表达层面并不显明,天人之伦在儒教经典中至关重要,决不应当被忽视。简而言之,天人之伦明确地呈现于儒教传统的祭祀实践之中。那些声称儒教没有天人之伦的学者显然完全忽略了记载于儒教经典中的祭祀礼仪以及广泛存在于儒教历史上的祭祀实践。而在此我要指出的一个更进一步的看法是,虽然儒教高度重视人伦基本上是一个常识,但是很少有人真正意识到在儒教思想中天人之伦之于人伦构成的重要意义。

理解这一点的关键是要理解父子之伦与天人之伦的关系,而这也就是要理解父子之伦的构成。过去人们常常注意到儒教经典对于孝的重视程度远远超过其他几个同样也发生了精神突破的普世文明,但对于儒教文明中的孝以及相应的父子之伦究竟该如何理解,并没有一个直接的、清晰的理解。在《仁感与孝应》一文中,我基于儒教经典中的天人感应思想理解仁与孝的关系,提出仁感孝应论:

> 天地以生物之仁感人,人在此感念中思及己身,明父母生我之慈即天地生我之仁,故对天地生物之心有所回应而对父母生爱敬之孝心。人被天地生我之仁爱所感通才有孝,故孝以爱为主;对于天地生我之大恩大德,人怀着感恩之心领受之,故孝以敬为要。……孝就是人对天地之心的切身感应。理解这一回答的要点首先在于,天地之心乃是孝的终极根源。天地之心流向人心,即人心体会到天地生生之仁;感而遂通,天地之心再从人心流回父母,此即孝。人心之所以具有感应天地之心的能力,根本上来说是因为人之性禀于天地。人心对天地之心的感应之所以是孝,关键在于这种感应是切身的。概言之,孝并非一般人所认为的自然情感或仅仅基于血缘的情感,而是人直接对越天地而产生的一种超越的觉情。[1]

---

〔1〕　唐文明:《仁感与孝应》,《哲学动态》2020年第3期,第27—28页。

既然仁德直接对应于天人之伦,而孝德直接对应于父子之伦,那么,指出应当从天人感应的层次来理解仁与孝的关系就意味着通过澄清父子之伦与天人之伦的关系而解释了父子之伦的构成。或许有人会说,在实际生活中,我们恰恰可能是从对父子之伦的体验中去类比地构想天人之伦,而不是相反,即从对天人之伦的体验中基于理一分殊的原理去推及父子之伦。对此我的反驳是,这不可能是对"反身而诚"的正确理解,因为"万物皆备于我"说的正是整个世界。也就是说,"反身而诚"表达了对这个世界的关切,而非仅对个体自身生命的关切。如果人在"反身"的过程中只想到自己的生命为父母所给予,从而仅就自己生命的获得而感恩父母,这仍然是基于前述欲望的逻辑,正如有人完全出于个人利益的考量而感谢父母,并将之误认为孝。因此可以看到,在孟子那里和在奥古斯丁那里一样,都是首先确立天人之伦。只有充分意识到这一点,才能真正理解孟子所谓"先立乎其大"的确义。

既然父子之伦因天人之伦而建构,而我们已经提出原初承认的概念来解释天人之伦,那么,就需要一个父子之伦在承认理论中的解释性术语。在此我建议的术语是"根本承认"(fundamental recognition)。原初承认指向人与上帝的原初关系,指向人的终极来源,根本承认则指向人的实际的来源,即指向人与父母的本真关系,从而可以说构成了人之为人的根本。在我们实际的伦理体验中,我们会认为不孝的人不配为人,正可以说这样的人丧失了做人的根本——用承认理论的术语就可以说,这样的人表现出对根本承认的遗忘。从原初承认到根本承认,也就是从天人之伦到父子之伦,意味着超越与内在的贯通,或者说天人之间的贯通;以道而言,就可以说是道的贯通,意味着"大道之源出于天"与"道在日用人伦中"的统一。

在《仁感与孝应》一文中,我已经指出了《中庸》与《孟子》中有关人伦构成的那两段从未被清晰地理解过的类似文献,此处再引如下:

获乎上有道,不信乎朋友,不获乎上矣;信乎朋友有道,不顺乎亲,
不信乎朋友矣;顺乎亲有道,反诸身不诚,不顺乎亲矣;诚身有道,
不明乎善,不诚乎身矣。诚者,天之道也;诚之者,人之道也。

孟子曰:"居下位而不获于上,民不可得而治也。获于上有道,不信
于友,弗获于上矣。信于友有道,事亲弗悦,弗信于友矣。悦亲有
道,反身不诚,不悦于亲矣。诚身有道,不明乎善,不诚其身矣。是
故,诚者,天之道也;思诚者,人之道也。至诚而不动者,未之有也;
不诚,未有能动者也。"

上述引文从君臣之伦回溯到朋友之伦,又从朋友之伦回溯到父子之
伦,最后从父子之伦回溯到天人之伦,非常清晰地表达出儒教人伦
构成从天人之伦到父子之伦、再从父子之伦到朋友之伦(很显然,这
中间省略了兄弟之伦)、再从朋友之伦到君臣之伦的递推逻辑。人
伦构成当然离不开相应的美德,正如我在分析这两段类似文献时所
概括的:

必须清晰地认识到诚与孝之间的密切关联,才能真正理解《中庸》
与《孟子》中所说的诚身之道。《中庸》与《孟子》的这两段话,从美
德的角度看,是在说忠基于信,信基于孝,孝基于诚,也就是说,既
然孝来自诚的引发,那么,诚就是孝、信、忠的基础;从伦理的角度
看,是在说父子、朋友、君臣之伦与天人之伦的关系,也就是说,既
然成就父子之伦的美德基于天人之伦而来,那么,天人之伦就是成
就父子、朋友、君臣之伦的基础。[1]

有天人之伦则有父子之伦,有父子之伦则有朋友之伦,有朋友之伦则有

---

[1] 唐文明:《仁感与孝应》,《哲学动态》2020 年第 3 期,第 29 页。

君臣之伦。儒教人伦构成的这一递推逻辑只有从基于创造论的承认理论出发才能得到明确的解释。[1]

---

[1] 实际上从摩西十诫的叙述结构中，我们也能分析出一个既包括垂直方向也包括水平方向的类似的人伦秩序体验，即，天人之伦是一切人伦的基础，而父子之伦上接天人之伦，下启其他人伦。具体来说，摩西十诫中的前四诫规范人与神的关系，即指向天人之伦，第五诫规范父母与子女的关系，即指向父子之伦，第六诫至第十诫规范人与"邻人"之间的关系，即指向父子之外的其他人伦。在这个叙述结构中，规范父子之伦的第五诫作为前四诫与后五诫的中介只能以天人之伦为基础而成立。此处对摩西十诫的叙述结构的理解受到了沃格林的启发。沃格林是将前三诫作为一组、第四、五诫作为一组，第六至第十诫作为一组。他对于第二组诫命的中介性作用的理解是，第一组诫命和第三组诫命"巧妙地通过中间一组积极的诫命连接起来。一个民族的秩序不仅存在于此时此地人与神以及同胞之间的正当关系之中，而且存在于该民族在时间中的生存的节律之中。对于时间中的秩序的清晰表达——既通过圣日这种神的节律，也通过代际相传这种人的节律——必须得到尊重。要求记住神的节律的诫命总结了与人神关系相关的那些诫命；而要求尊重人的节律的诫命则开启了与人和同胞间的关系相关的那些诫命。"见沃格林：《以色列与启示》，霍伟岸、叶颖译，译林出版社 2010 年版，第 578 页。既然第四诫是对前三诫的总结，那么，将第四诫和前三诫归为一组就是更为恰当的。由此也可想到，沃格林以"该民族在时间中的生存"为由而将第四诫和第五诫归为一组，其实是凸显了社会秩序与宇宙秩序之间的关联（其理由自然是，社会正是在宇宙中建立起来的），从而未能凸显社会秩序与超越秩序之间的关联。

重思王夫之与天主教的接触及其思想冲突[*]

谷继明[**]

明末清初的天主教传入中国,是宗教学和东西交流史领域非常受关注的一个话题。不管是来华传教士,还是中国的天主教徒,以及激烈的批判者,都为学界所关注。但王夫之(以下简称船山)这位明清之际的大儒,他对于天主教的看法,学界的研究尚少。许苏民曾专门有文章讨论过此问题,他认为:"王夫之是明清之际受西方哲学影响最深、并以'六经责我开生面'的理论创造来会通中西哲学、将中国哲学提升到新水平的活跃人物。"[1]我们认为,宗教对话,不仅仅有吸取借鉴的模式,更有冲突与碰撞。船山对于天主教,主要不是袭取天主教的教义,而是藉由批判来凸显儒、耶之间的差异。因此,重新审视一下船山与天主教的关涉是有必要的。

一、现实的交涉

明末知识界已习闻天主教传教士之论。但对于船山而言,他还与

  * 本文原刊《船山学刊》2021 年第 6 期。
 ** 谷继明,同济大学人文学院副教授。
〔1〕 许苏民:《王夫之与儒耶哲学对话》,《武汉大学学报》(人文科学版)2012 年第 1 期。

天主教的传教事件有直接关联。这缘于他在南明永历朝的仕宦经历。永历二年(1648)十月,船山在衡山举兵抗清,失败后至肇庆投靠永历政权。当时的堵胤锡举荐船山为翰林院庶吉士,船山辞却。明年春,船山离开肇庆,往桂林。[1]永历四年(1650),永历帝走梧州,三月,船山往梧州,拜行人司行人。随即船山因疏劾王化澄而被构陷。经过高必正调护,是年七月,船山离开梧州。[2]由此可见,船山是亲自参与过南明政权事务的。朱维铮据此说道:

> 曾经充当南明桂王政府外交官的他,当然不会不知道这个政府从上到下都皈依天主教,当然不会不知道掌握实权的皇太后以教名"玛利亚"著称,也当然不会不知道由玛利亚皇太后主持的御前会议,曾决议派庞太监赴梵蒂冈请求支援桂王政府。然而这一切,在"实录"中毫无踪影。他"最清"吗?[3]

朱维铮的说法欠妥。首先,船山隐去南明朝廷与天主教关系的事,与船山的"清"没有关系。所谓"清",指的是出处进退之德。其次,我们今天看到的《永历实录》,明确有永历政权与天主教交涉的相关记载。《永历实录·宦者传》载:

> 上弃肇庆,走梧州,失东粤,遂蒙尘不返,亦天寿致之也。天寿事天主教,拜西洋人瞿纱微为师,勇卫军旗帜皆用西番书为符识,类儿戏。又荐纱微掌钦天监事,改用西历。给事中尹三聘劾罢之。天寿随上走南、太入滇,不知所终。或曰为孙可望所杀。[4]

---

〔1〕 王之春:《船山公年谱》,见《船山全书》第16册,岳麓书社2011年版,第313页。

〔2〕 同上书,第318页。

〔3〕 朱维铮:《走出中世纪》,复旦大学出版社2007年版,第54页。

〔4〕 王夫之:《永历实录》,载《船山全书》第11册,岳麓书社2011年版,第551页。

行人司,据《明会典》载,有行人、左右行人等,其职能:"凡差文武大臣往各王府持节行册封礼,本司官例充副使。凡开读诏赦、奉使四夷、谕劳、赏赐、赈济、征聘贤才、整点大军及军务祭祀等事例,该本衙门官差遣,不许别衙门侵夺。"[1]船山对天主教的了解,不仅因为他行人司的职掌。盖庞天寿率"勇卫军"御敌,当时大臣皆能目睹。船山记载"用西番书为符识",这符号恐怕是十字架符号,就如十字军东征时的旗帜符号那样。据记载,庞天寿去澳门的时候,"船上有两面大旗,一面黄绸大旗上有一个漂亮的红十字,另一面红绸大旗上有一白十字"。[2]黄一农曾征引卜弥格记载永历时"因皇室之领洗,遂致十字架旗之胜利",并指出可能受到日本教会的启发。[3]

　　船山对于十字符号是熟悉的,并且表达了不以为然的态度。他在分析儒家"中"道时说:"斯道之体与学者致道之功,总不可捉煞一定盘星,但就差忒处说有过不及两种之病,不可说是伸着不及,缩着太过。两头一般长,四围一般齐,一个枢纽如此理会,所谬非小。……近日天主教夷人画一十字,其邪正堕于此。"[4]此段文字的意思不易理解,我们需要考察一下当时的传教士在中国对于十字架所作的宣传和解释。艾儒略曾指出,十字架是耶稣受难时的刑具,但是后来超越了刑具的意义,而有"上下四方之义":"上者,以至高无上之主,为我等悬于斯架。下者,以至善无瑕之躬,为我钉于斯架。左右者,凡人左手恒弱、右手恒刚。法左之善忍,法右之刚强。"[5]至于尊奉十字架,又有行世之杖、忧苦之慰、罪人之赦、开天之匙诸种利益。由此可见,来华传教士已对十字架的意义做了一定程度的引申。船山也是从引申义上来批评这种符

〔1〕　申时行:《明会典》,载《续修四库全书》第 791 册,上海古籍出版社 2002 年版,第 612 页。

〔2〕　董少新:《明末奉教太监庞天寿考》,《复旦大学学报》2010 年第 1 期。

〔3〕　黄一农:《两头蛇》,上海古籍出版社 2015 年版,第 356 页。

〔4〕　王夫之:《读四书大全说》,《船山全书》第 6 册,岳麓书社 2011 年版,第 759 页。

〔5〕　艾儒略:《口铎日抄》,载周振鹤:《明清之际西方传教士汉籍丛刊(第一辑)》第 3 册,凤凰出版社 2013 年版,第 56 页。

号。其大意谓天主教的十字架只是一种几何意义上的"中",这种机械呆板的中,根本不符合"中庸"之义,而类似于"执中无权,犹执一也"。因此十字架及其所代表的教义,乃是一种偏执,只有孔孟之道才是大中至正之道。

船山除了知晓庞天寿的皈依,当然知道永历皇室的皈依。庞天寿之师瞿纱微(Andreas Xavier Koffler,1603—1651),一名瞿安德,德国人,正是永历朝两宫太后、皇后、皇子的施洗者。费赖之(Louis Pfister)曾为之立传[1],黄一农对此亦有详细的研究。[2]但是船山只言及庞天寿信奉天主教的事,而不言皇室之受洗,这显然是一种隐微的笔法。船山精于《春秋》学,并认为《春秋》有大义,有微言[3];他自己的历史书写亦守此义例。盖永历朝廷与天主教一段事实,不得抹杀;而皇室皈依天主教,在船山看来是"夏变于夷"。船山向来严华夷之辨,故托庞天寿之列传以微传其事。庞天寿兼阉宦与佞人,船山系天主教之事于其下,用意可知矣。其实当时诸大臣将领如瞿式耜、焦琏亦皆已奉教,而船山为他们所作列传则只字不提。尤其是瞿式耜,对船山可以说有知遇之恩,他怎可能不知其情。船山不提及此事,显然是为名臣硕儒和朝廷的体面讳。

其实《永历实录》在记载永历的《大行皇帝纪》中也透露过一点信息。永历三年(1649)正月,"西洋人瞿纱微进新历,诏颁行之"。[4]十二月,"给事中尹三聘奏瞿纱微擅用夷历,熸乱祖宪,乞仍同大统旧历。从之"。[5]所谓大统旧历,乃是由刘基依据《授时历》制定,明朝大部分时间奉行的传统历法。[6]瞿纱微所进新历,或当即利玛窦、庞迪我、徐光

〔1〕　费赖之:《在华耶稣会士列传及书目》,冯承钧译,中华书局1995年版,第527页。

〔2〕　黄一农:《两头蛇》,上海古籍出版社2015年版,第348—386页。

〔3〕　谷继明:《王船山春秋解经学探微》,《同济大学学报(社会科学版)》2016年第4期。

〔4〕　王夫之:《永历实录》,见《船山全书》第11册,岳麓书社2011年版,第361页。

〔5〕　同上书,第363页。

〔6〕　陈遵妫:《中国天文学史》,上海人民出版社2006年版,第1065页。

启等撰定的《新法历书》。永历在正月改用瞿纱微所进历法,这是变乱正朔的大事,《实录》虽不言皈依,而皈依之实情可见。彼年底,有尹三聘的奏疏和反正,船山正是怀着一种庆幸的态度又加以记录。船山对于西方历法的反对,恐怕与此次事件也有关联。下一节将会具体讨论。

二、才士与墨者

船山反对天主教,但也非一概否定。他注《庄子》"才士也夫"说:"无才不可以为墨,今世为天主教者近之。"[1]船山将传教士的才能与墨者相比,可知他在一定程度上认可其技术。墨家后学多巧思奇技,这在《墨经》中有大量记载为证。船山承认传教士在技术方面也是有长材的。

明后期耶稣教士来华,为了取得中国士人的好感和敬佩,不仅自称"西儒",还传入了大量科学技术。比如利玛窦和徐光启合译《几何原本》《测量法义》等等。当然,他们传播西方科学技术,是将之作为传教的敲门砖。[2]面对传教士的学说,中国反对的士人基本可以分为两派:一是肯定其科学技术,否定其伦理学和宗教;二是全部加以否定。前者如方以智说:"万历季间,远西学入,详于质测而拙于言通几。然智士推之,彼之质测,犹未备也。"[3]质测即技术,通几即天人性命之学,而宰理则是政治学。方以智认为西人"详于质测而拙于言通几",肯定了他们的科学技术而不认同其宗教和伦理。不过方氏还指出,在中国精通技术的人来看,西人的技术也不是完美无瑕的。

船山与方以智是好友,经常讨论学术和人生问题。方以智的学术,及其对传教士思想的看法,无疑对船山有所影响。蒋国保先生考证出

[1] 王夫之:《庄子解》,载《船山全书》第11册,岳麓书社2011年版,第468页。
[2] 孙尚扬、钟鸣旦:《1840年前的中国基督教》,学苑出版社2004年版,第129页。
[3] 方以智:《物理小识》,商务印书馆1937年版,第1页。

船山阅读过方以智的《通雅》《物理小识》《药地炮庄》等著作,并且"质测"之说也得自方以智。[1]船山评价传教士为"才士",落实说来则是:"西夷之可取者,唯远近测法一术,其他则皆剿袭中国之绪余,而无通理之可守也。"[2]船山认为西人惟远近测法一术可取,则他对于其他的西方技术也是否定的。张永堂指出:"方以智是接受其科学而不接受其宗教的。可是王夫之却是科学宗教两皆反对的典型代表。"[3]这个判断大致可以成立,不过我们也须注意到,船山对于西学仍承认其质测之术的一部分,而方以智对于西方技术尚以为"未备"。因此可以说,方以智对于西方科技并非全然接受,而船山对于西方技术虽比方以智更加消极,但亦非完全反对。

具体而言,船山反对西方科学主要在天文历算方面。他反对的诸条,有可能是读了传教士和中国天主教徒的天学著作,比如阳玛诺(Emmanuel Diaz)的《天问略》,徐光启的《新法算书》(即《崇祯历书》),亦有可能兼针对方以智《物理小识》。《新法算书》可以作为明西方天文学体系的代表,它根据第谷的体系,引进明确的地球概念,严格的黄道坐标,彻底采用定朔、定气等。[4]我们可以对比如下:

(1) 对于地圆说的反对:"利玛窦谓地形之果如弹丸,因以其小慧附会之,而为地球之象。……利玛窦地形周围九万里之说,以人北行二百五十里则见极高一度为准。其所据者,人之目力耳。"[5]

方以智"光肥影瘦之论条":"利玛窦曰:地周九万里,径二万八千六百六十六里零三十六丈。"[6]"圆体"条小注:"今以简平仪测天星,每二

---

〔1〕 蒋国保:《方以智与明清哲学》,黄山书社 2009 年版,第 114 页。

〔2〕 王夫之:《思问录》,载《船山全书》第 12 册,岳麓书社 2011 年版,第 439 页。

〔3〕 张永堂:《方以智与王夫之》,《书目季刊》1972 年(冬季号)。

〔4〕 陈遵妫:《中国天文学史》,上海人民出版社 2006 年版,第 162 页。

〔5〕 王夫之:《思问录》,载《船山全书》第 12 册,岳麓书社 2011 年版,第 459 页。

〔6〕 方以智:《物理小识》,商务印书馆 1937 年版,第 24 页。

百五十里差一度。"〔1〕

《新法算书》有"地球"条。〔2〕

（2）对于左旋说的反对："盖凡行者，必有所凭；凭实则速，凭虚则迟。气渐高，则渐益清微，而凭之以行者，亦渐无力。故近下者行速，高则渐缓。月之二十七日三十一刻而一周，土星之二十九年一百五日有奇而一周，实有其理，而为右转亡疑已。西洋历家既能测知七曜远近之实，而又窃张子左旋之说，以相杂立论。"〔3〕

方以智"左右一旋说"条小注："天从东而西，政亦从东而西，日夜不停。特以政较动天稍有不及，较静天则并为左旋，安得有右转乎。"〔4〕

《新法算书》有专门"浑天仪说"一卷〔5〕，论天体运行。按船山明确反对左旋说，为此他对主张此说的张载也作了批评，尽管他晚年十分推崇张载。历史上有关左旋、右旋的争论，可以参考陈美东的分析。〔6〕

（3）对日行迟疾的反对："西洋夷乃欲以此法求日，而制二十四气之长短，则徒为繁密而无益矣。其说大略以日行距地远近不等，迟疾亦异，……日之有昼夜，犹人之有生死，世之有鼎革也。纪世者以一君为一世，一姓为一代，足矣。倘令割周之长，补秦之短，欲使均齐而无盈缩之差，岂不徒为紊乱乎？西夷以巧密夸长，大率类此，盖亦三年而为棘端之猴也。"〔7〕

《新法算书》："盖算平行十五日二十一刻有奇为一节气，乃一岁二十四平分之一耳。若用躔度之日以算，则冬夏不齐。冬一节气为十四日八十四刻有奇，夏一节气为十五日七十二刻有奇。总由夏迟

〔1〕　方以智：《物理小识》，商务印书馆1937年版，第19页。
〔2〕　徐光启：《新法算书》，文渊阁四库全书第788册，商务印书馆2008年版，第250页。
〔3〕　王夫之：《思问录》，载《船山全书》第12册，岳麓书社2011年版，第439页。
〔4〕　方以智：《物理小识》，商务印书馆1937年版，第27页。
〔5〕　徐光启：《新法算书》，文渊阁四库全书第788册，商务印书馆2008年版，第242页。
〔6〕　陈美东：《中国古代天文学思想》，中国科学技术出版社2007年版，第350页。
〔7〕　王夫之：《思问录》，载《船山全书》第12册，岳麓书社2011年版，第449页。

冬疾,故其差如此,皆非旧历之所解也。"[1]所谓"棘端之猴",出自《韩非子》卷十一《外储说左上》,讽刺那些研究不具备可能性的知识和技术,徒为浮夸之学的人。此处指利玛窦等人的天文学精巧细密而无用。

以上是船山对于传教士之天文学评价的大略。对于今天的我们来说,地球是圆的,地球直径(赤道)约四万公里,地球围绕太阳公转时有近日点与远日点的不同等等,这已经是常识。因而船山的一些看法未免给人以"落后、保守"的感觉。但我们如果除了计较这些具体知识的是非外,更应该探究船山拒斥西方天文学的问题意识。事实上,船山认为传教士介绍的天文历算是与其宗教体系联系在一起的,这一点利玛窦等人也有着清晰的自我定位。地球中心、天体运行,和谐而精确的宇宙秩序,最后都是要指向一个"不动的推动者",即上帝。船山的反对,虽然有知识上的错误,但他的问题意识是很明确的。

至于历法方面的争论,肖清和曾指出:"时间计算之不同不在于其表面度量单位的差异,而在于其背后的思想传统及思维习惯之不同,亦在于支撑该时间计算方式的意义与秩序之不同。"这个观察是正确的,有助于我们理解船山对于利玛窦天文历算的批评。不过他认为"阴历代表儒家的意义秩序,教会历则代表着西方文化"[2],则欠妥。因为中国传统历法属于阴阳合历。中西皆注重以太阳为时间节点,但太阳运行节次背后的意义不同。

船山将西方传教士与墨者相比,虽然主要是强调他们多才多艺。但也隐含着一个判断:天主教在伦理教义上,亦类于墨家。在儒家看来,墨家的问题在于二本,且其"兼爱"冲击了伦理等级。

---

[1] 陈美东:《中国古代天文学思想》,中国科学技术出版社 2007 年版,第 756 页。

[2] 肖清和:《天会与吾党:明末清初天主教徒群体研究》,中华书局 2015 年版,第 67 页。

三、亵鬼背亲

船山对于天主教教义的批评，主要集中在下面一段：

> 且夫人之生也，莫不资始于天。逮其方生而予以生，有恩勤之者而生气固焉，有君主之者而生理宁焉。则各有所本，而不敢忘其所递及而骤亲于天。然而有昧始者忘天，则亦有二本者主天矣。忘天者禽，主天者狄。……狄之自署曰"天所置单于"，黩天不疑，既已妄矣；而又有进焉者，如近世洋夷利玛窦之称天主，敢于亵鬼倍亲而不恤也，虽以技巧文之，归于狄而已矣。呜乎，郊祀之典礼至矣哉！不敢昧之以远于禽，不敢主之以远于狄。合之以理，差之以量。圣人之学《易》，于斯验矣。德业以为地，不敢亢人以混于杳冥；知礼以为茅，不敢绝天以安于卑陋。[1]

所谓"主天"，即以天为主。天主教称"天主"实为"天之主"，船山的理解有偏差；但他对于二本的分析很到位。船山以主天者为"二本"，这正是孟子对墨者夷之的指责。由是可见，船山称传教士为"才士"而类似于墨者，亦暗含有天主教与墨家同是"二本"之意。所谓二本，就是未能将父母与天地一贯地打通，而是看做两个本原。"亵鬼背亲"，指的是在面对事神和事父母的方面，天主教主张神是更高权威的观点。利玛窦直接就血缘之父与天父的问题陈述过他的意见：

> 欲定孝之说，先定父子之说。凡人在宇内有三父：一谓天主，二谓国君，三谓家君也；逆三父之旨者为不孝子矣。天下有道，三父之

---

〔1〕 谷继明：《周易外传校注》，中国社会科学出版社 2021 年版，第 346 页。

旨无相悖；盖下父者，命己子奉事上父者也，而为子者顺乎，一即兼
孝三焉。天下无道，三父之令相反，则下父不顺其上父，而私子以
奉己，弗顾其上，其为之子者，听其上命，虽犯其下者，不害其为孝
也；若从下者逆其上者，固大为不孝者也。〔1〕

　　利玛窦列举了天父、君父、生父这三个等级，而对于亲生父亲的孝，
放在最低的位置。有意思的是，船山曾批评过"三父母"："术数言《易》
者，谓复、姤为小父母，然则生我之父母又其小者。一人而父母三焉，非
禽兽之道而何哉！"〔2〕就字面的语境来看，船山是批评邵雍之学以乾坤
为大父母、复姤为小父母，再加上生身父母为三父母，这是"禽兽之道"。
但这段话用来批评邵雍的乾坤、复姤父母之说，完全批评不到点上。是
船山对邵雍的理解比较拙劣吗？若非如此，那么另一种可能就是：船山
在指桑骂槐，批评利玛窦的"宇内有三父"说。

　　在中国，"君父"与生父谁的权威更大，虽然有争论，但中国人对于
君主的关系理解为忠，而非孝，故二者不是同一个层面的伦理问题。也
正是因此，才有"移孝作忠"的争论。陈壁生已经指出，"移孝作忠"实际
是唐明皇改经的结果，郑玄时代并非如此。〔3〕至于所谓"天父"与生父，
在古代看来，更不具有比较的意义。船山认为"乾称父"仅仅是一种比
喻性的说法，无法与直接的生父相比。董仲舒亦尝谓："为生不能为人，
为人者，天也，人之人本于天，天亦人之曾祖父也，此人之所以乃上类天
也。"〔4〕人如果欲敬天，以天为父，那么首先应该好好地孝敬自己的生
身父母。谢和耐是了解儒学的，也了解船山，他说："天主自我确定了十
诫，只有由他自己创造或与他有关的善。其第一项义务就是不要爱父

---

〔1〕　利玛窦：《天主实义：第七篇》，载朱维铮主编：《利玛窦中文著译集》，复旦大学出版社
2012 年版，第 91 页。

〔2〕　王夫之：《周易内传》，见《船山全书》第 1 册，岳麓书社 2011 年版，第 631 页。

〔3〕　陈壁生：《孝经学史》，华东师范大学出版社 2015 年版，第 223 页。

〔4〕　苏舆：《春秋繁露义证》，中华书局 1992 年版，第 318 页。

母,而是爱上帝。相反,按照中国人的观念,人类只有通过遵守礼仪方可发展其自身中的善之本性。"〔1〕在二本的语境中,才会有亲亲与敬天的冲突。十诚中固然有孝敬父母的训条,但耶稣也说:"人的仇敌,就是自己家里的人。爱父母过于爱我的,不配做我的门徒。爱儿女过于爱我的,不配做我的门徒。"(《马太福音》10:36—37)天主教解决这个问题的办法是设计一个等级序列,将爱信天主放在第一位。贾未舟已指出,利玛窦正本乎此,便将大伦加于五伦之上,将大父母加于父母之上。〔2〕然在理学家看来,二者并无冲突,因为对于天的敬畏就体现在孝道之中。

船山在《周易外传》中对于乾坤父母的分辨,到了《张子正蒙注》中表达得更为清晰:

> 从其大者而言之,则乾坤为父母,人物之胥生,生于天地之德也固然矣;从其切者而言之,则别无所谓乾,父即生我之乾,别无所谓坤,母即成我之坤;惟生我者其德统天以流形,故称之曰父,惟成我者其德顺天而厚载,故称之曰母。……尽敬以事父,则可以事天者在是;尽爱以事母,则可以事地者在是。〔3〕

程颐为杨时解读此篇意思时,提出了"理一分殊"的说法,并指出了等差的非时间性。〔4〕船山进一步指出,人的仁心可以普及到天地万物,但必然是以核心展开的等差结构,其核心便是孝道。《张子正蒙注》强调其目的是"辟佛老",但结合《周易外传》我们可以明确地想到,船山也针对着天主教。

---

〔1〕 谢和耐:《中国与基督教》,耿昇译,商务印书馆2013年版,第202页。
〔2〕 贾未舟:《晚明儒家天主教徒孝观重构》,《兰州学刊》2014年第4期。
〔3〕 王夫之:《张子正蒙注》,载《船山全书》第12册,岳麓书社2011年版,第352页。
〔4〕 谷继明:《杨时易学探义》,《中国文化研究》2018年(春之卷)。

　　船山的辨析并非无的放矢。当时有不少天主教学者用张载的《西铭》来格天主教的神学和伦理学。比如李九功说："视天主为父,而期尽子职,必竭精诚,虽至于致命,亦所不辞。视世人如兄弟,深体大父之心,惟秀相爱。若己贵,则必图泽贱;己富,则必推泽贫。"[1]从形式上看,这是完全以《西铭》的语脉来说天主教的信、望、爱等德行。但在精神实质上,这与张载有根本的不同。李九功又说:

> 天教论爱人,分有三等:一曰私爱,二曰情爱,三曰仁爱。惟有仁爱,则心胸广大,为能合亲疏遐迩而均庇之,所谓视天下犹一家,中国犹一人。此乃圣贤之爱,万代所瞻仰者也。[2]

儒家的差等之爱,在李九功这里变成了第二等的情爱;基于信仰天主的普世之爱,才是仁爱。但在传统儒学那里,"孝悌为仁之本"(《论语·学而》),由孝悌推扩出来的对于天地万物的泛爱("泛爱众"),才是真正的仁爱。在船山看来,李九功所谓的这种仁爱,必定又是"二本"了。

四、太极之天与理一分殊

　　在先秦的时候,天、上帝的宗教性比较浓厚。如《诗经》说"小心翼翼,昭事上帝",但这里的上帝显非那种创造世界的、全知全善全能的唯一神。明末的钟始声已然非常准确指出,《诗》《书》中的上帝"但治世,而非生世",与天主教所说不同。[3]更为关键的是,天人之间的联系,在"绝地天通"之后已经收归为王所有,亦即天意的解释权已收归于世俗

---

[1] 李九功:《慎思录》,载钟鸣旦、杜鼎克主编:《耶稣会罗马档案馆明清天主教文献》第九册,台北利氏学社 2002 年版,第 162 页。
[2] 同上书,第 191 页。
[3] 钟始声:《天学再征》,载《天主教东传文献续编(二)》,学生书局 1986 年版,第 930 页。

之君主。夏商时代,帝王自己就是巫的首领。[1]到了周代,对于天、帝的祭祀更是被纳入一套充满人文色彩的礼学体系之中。郊礼祭天,只有天子才能举行,祭祀物品又非常薄,这意味着天子对于天主要是敬,不在于求得天意的显示。祭祀只有天子才能举行,则一般人与天的关系也就只有心理上的"敬"而已,并不产生"天意"的沟通——比如说,天通过雷电、云雨等显现其真意,或者有声音传达给一般人。正因这种差异,利玛窦到中国的时候,才对这种现象不理解:"虽然儒家承认天帝之名,但却不为其修建庙宇,也没有一个祭拜的地方。所以也就没有祭司,没有神职人员。……他们甚至只允许皇帝本人祭奉这位天帝,如果其他人想这样做则被视为篡位者而受到惩治。"[2]

　　宋明理学家保留着对于祭祀的肯定、对于敬畏的重视,以及内心神秘体验的追求。但对于外在崇高者的信仰而言,理学淡化了其色彩。二程说过"圣人本天,释氏本心"[3]的话,似乎程朱一派以天为尊;然"本天"与"主天"不同,更何况理学家之天指向天理,而非人格神。比如程子说:"以形体谓之天,以主宰谓之帝,以功用谓之鬼神,以妙用谓之神,以性情谓之乾。"[4]这是将上帝、天等同于理;而理则是洁净空旷的。朱子承认鬼神的存在,却要运用理气哲学来对此进行解释。[5]相对于先秦两汉,这是个很大的扭转。利玛窦等进入中国的时候,为了论证"上帝"的神性,必然要对理学化的天、太极加以批评。但为了应对佛道等宗教,儒家内部早已开始了反思,从而出现一股宗教化的倾向。王汎森以许三礼为例对此问题有所揭示。[6]吴震考察了一位叫文翔凤的地方士人,批评理学的内向修省工夫,扭转到直接面对外在超越的上天

---

〔1〕 张光直:《美术、神话与祭祀》,辽宁教育出版社 2002 年版,第 33 页。

〔2〕 利玛窦:《耶稣会与天主教进入中国史》,文铮译,商务印书馆 2014 年版,第 70 页。

〔3〕 程颢、程颐:《二程集》,中华书局 2004 年版,第 274 页。

〔4〕 同上书,第 695 页。

〔5〕 赵金刚:《朱子思想中的"鬼神与祭祀"》,《世界宗教研究》2017 年第 6 期。

〔6〕 王汎森:《晚明清初思想十论》,复旦大学出版社 2004 年版,第 58 页。

神灵来付诸实施。[1]

尽管明末出现了这种风气和转向，但船山并不过多强调天的人格神属性，而是将之看做生化之本源。生化之本源，可以是人格神的，也可以是非人格神的。船山反对人格化地事天："所谓配上帝者，谓以天子之礼祀之，成其配天之业也。后世增大飨，而以人道事天；又分天与帝为二，傅以谶纬之诬说，荒怪甚矣。"[2]如果将天帝看做能主宰的、有意志的位格化实体，同时又将其看做万物的来源、造物主，那么自然会产生利玛窦的推论："国主于我相为君臣，家君于我相为父子。若使比乎天主之公父乎，世人虽君臣父子，平为兄弟焉。此伦不可不明矣。"[3]

其实从实体的完满性等级来判定高下，恰恰是自古希腊以来的思维方式。上帝之所以最伟大，在于他是最完满的实体，既是理念中，也是现实中最完满。人则是一种不完满的实体。相较于人类群体中的父子关系，人类整体与上帝之间的关系，尤其是独一无二、不可替代的，不可能消融到人与人的关系之中。

但船山则恰恰要发展一种"去位格化"的思路来理解天。他在《正蒙注》中解释"乾称父"的文字，我们前面已引述。按"乾称父"来自《周易》的《说卦传》"乾，天也，故称乎父"，船山《周易内传》解释说：

> **"称"者，以此之名加彼之辞也。** ……父母者，吾之所生成者也，因之而推其体，则为天地；因此而推其德则为乾坤。……思吾气之所自生，至健之理存焉；思吾形之所自成，至顺之理在焉；气固父之所临也，形固母之所授也。故敬爱行，而健顺之实、知能之良，于此而凝承以流行于万理，则见**乾于父，见坤于母，而天地之道不违矣。**

---

[1] 吴震：《明末清初劝善运动思想研究》，上海人民出版社 2016 年版，第 375 页。

[2] 王夫之：《思问录》，载《船山全书》第 12 册，岳麓书社 2011 年版，第 446 页。

[3] 利玛窦：《天主实义·第七篇》，载朱维铮主编：《利玛窦中文著译集》，复旦大学出版社 2012 年版，第 91 页。

　　是以可名乾以父,名坤以母,而父母之尊亲始昭著而不可昧。[1]

在天主教那里,不仅上帝是最完满的、独一无二的实体,而且上帝与万物特别是人的关系,也是独一无二不可替代的关系。父与子的关系,仅仅是上帝创造万物并且爱世人的这种关系的借喻。职是之故,天主对人的爱,人对天主的敬,这样一种关系不能消解到人世的父子关系中。船山则根据《周易》的"称"字,指出天与人的关系用"父子"也只是一种借喻,但借喻的方向相反:不能把人世间的父子关系,放到天人那里;但天人的关系,可以下降、体现到父子关系那里,也就是所谓的"见乾于父,见坤于母"。

　　不需要另外发展一种宗教意义的天人关系,因为人伦的父子关系之中就是天人关系的具体体现。这种想法,与船山对天的理解是一致的:即天直接体现在伦理角色上。由此,船山将天或看做气,或看做理,也就不难理解了:

　　　　天主气,浑沦一气而无疆垺。地主形,居其壤,食其毛,其地之人,即其人之地矣。[2]

　　　　天主量,地主实;天主理,地主气;天主澄,地主和。故张子以清虚一大言天,亦明乎其非气也。[3]

船山一会儿说天主气,一会儿说天主理,似乎自相矛盾,而且出现在同一部书里。如果用严格的逻辑去分析,船山免不了被指责为思想混乱。但是我们理解中国古代的思想性著作,一定要结合语境,而不是纠结于严格的统计学概念分析。上一句的"天主气"是对"地主形"来说的;下

〔1〕 王夫之:《周易内传》,载《船山全书》第1册,岳麓书社2011年版,第631页。
〔2〕 王夫之:《思问录》,载《船山全书》第12册,岳麓书社2011年版,第445页。
〔3〕 同上书,第450页。

一句的"天主理"是对"地主气"来说的。船山对于天、地,不是本质化的理解和陈述,而是将之看成两种原则。从根本上来讲,天地都是理气合一的;但天所展现出来的乃是流通的创生原则,地展现出来的乃是凝定的形质化原则。气对于形,是清通无碍的,从这个意义来说,天当然也可以"主气",又"主理"。

天主理,也就可以视作是太极的一种体现。太极与万物的关系,恰恰是"理一分殊"的关系。那么,当船山说张载的"乾称父"一段要用"理一分殊"来理解的时候,这个"理一分殊"就具有了双重含义:一是我们上一节已经分析过的,人伦孝弟之道乃是人之存在展开的起点,人不能躐等,这是从具体伦理等差性上来反对天主教的伦理学;将太极与万物关系的"理一分殊"加入此段的理解视域中,则是从更高的存有论角度来建立天人的关系,以反对基督教对于天主的实体化位格化理解。前者是继承自程颐对理一分殊的解释,后者则承继自朱熹。船山利用理一分殊的太极学说来反对天主教,由此也不难理解利玛窦的《天主实义》为何要如此竭力地将理学家的太极学说当作大敌来批判了。

综上分析,我们可以看出,尽管船山对于天主教的理解不全面,甚至也不深入。但这有限的材料已表明,船山对天主教的批评涉及了儒家与天主教的核心差异。最近吴飞与丁耘两教授探讨关于"生生"的哲学,是哲学界的一个重要事件。吴飞老师曾专门引船山《正蒙注》"乾称父"的一段,大为赞扬,并且说:"'生生'之德最核心的含义,就是父母生子这件事,这是一切中国哲学思考的起点,也是一切人伦关系的始点。"[1]而船山的这个思考和判断,其起点又始于《周易外传》的儒耶比较中。当明清之际的许多儒者开始通过使儒家宗教化来回应天主教挑战时,船山的思路别有意味。

----

[1] 吴飞:《论生生》,载《中国文化研究》2018 年春之卷。

"王者无外"与"天下有界"

——汉代今古文经学视域下的复仇辨义 *

高瑞杰 **

在儒家经典中,《春秋》尤其是《公羊传》特别强调"大复仇",《论语·宪问篇》亦载孔子反对"以德报怨"之举,认为应当"以直报怨,以德报德",即主张以对等的态度和行动回应所面临的处境与待遇,这一定程度上也是对复仇说的一种学理支持。在很多学者看来,复仇是上古血亲复仇的残留,并演变为一种潜意识中的神圣义务。正如瞿同祖指出:"复仇的观念和习惯,在古代社会及原始社会中极为普遍。……报仇可说是一种神圣的义务。"[1]周天游亦以"复仇——上古人类神圣的权力和义务"作为其书开篇的标题[2],可见复仇这一现象具有高度的宗教性与神圣意涵。这样一种神圣义务,进入浸渍儒家传统的文明史之后,在与社会思想文化的调适过程中,产生诸多重要的讨论及其影响。

历来关于复仇问题的研究汗牛充栋,如瞿同祖、李隆献等学者强调

* 本文系国家社科基金青年项目"东汉制礼困局下的今古文经学思想互动研究"(项目编号:21CZX029)的阶段性研究成果。

** 高瑞杰,上海师范大学哲学系副教授。

〔1〕 瞿同祖:《中国法律与中国社会》,商务印书馆 2010 年版,第 72—73 页。
〔2〕 周天游:《古代复仇面面观》,陕西人民出版社 1992 年版,第 1 页。

传统儒家复仇理念对于宗法社会的重要影响,其中,瞿同祖强调复仇理念与律法之间的互动与张力;李隆献则从史学角度对复仇演变脉络作了极为详尽的叙述。落实于经典义理体系中,复仇问题历来被认为是汉代今古文经学的重大分歧之一,其蕴含极为深刻的政治伦理原则,需要我们在面对不同的政治伦理关系时明确绝对或相对的敌我关系,使政治伦理主体出现分化,其中公理与人情的张力颇有其探索空间。郑任钊从《公羊传》复仇论出发,强调《公羊》学中复仇的诸多分判及其限制。[1]陈恩林以为《春秋》所言复仇大致分为国仇与家仇,在"五经异义"中,《公羊》侧重言国仇,古《周礼》侧重言家仇,不可混为一谈。[2]事实上,诸说皆有创见,但又有值得进一步推敲的地方。总之,复仇说在今古文经学之争的漩涡中,产生了诸多争论,通过梳理这一问题,对我们深入理解及廓清今古文经学及复仇说背后的义理意涵,大有裨益。

一、"王者无外"——论今文经学的复仇观

在传统经学观念中,《春秋公羊传》及《礼记》等相关经典为今文经学的核心文本。在今文经学视域中,复仇总体上是值得称颂的。如《春秋繁露·竹林篇》明言:"《春秋》恶诈击而善偏战,耻伐丧而荣复仇。"又言《春秋》大复仇,可见今文经学家对复仇举动一般持以褒扬态度。具体论述如下:

首先,从必要性角度出发,今文经学家强调君父之雠不共戴天,作为臣子必须报弑杀君父之雠。[3]如《春秋》隐公十一年,冬,十有一月,壬辰,公薨。《公羊传》曰:"《春秋》君弑贼不讨,不书葬,以为无臣子也。

---

[1] 郑任钊:《公羊传复仇论要义》,《齐鲁文化研究》第 13 辑,2013 年。
[2] 陈恩林:《论公羊传复仇思想的特点及经今、古文复仇说问题》,《社会科学战线》1998 年第 2 期。
[3] 按:雠与仇二字相通,本文随文作解,并无区别,全文不统一改。

子沈子曰：'君弑，臣不讨贼，非臣也。子不复雠，非子也。葬，生者之事也。《春秋》君弑贼不讨，不书葬，以为不系乎臣子也。'"鲁隐公为桓公及公子翚所弑，臣子若未能为其君父讨贼复仇，《春秋》便不能记录君父葬礼，即认为该国没有臣子，君父与其臣子已断绝关系。《白虎通·诛伐篇》亦云："子得为父报仇者，臣子之于君父，其义一也。"在这里，君、父之雠皆不共戴天，具有一致性。

其次，从动机角度出发，臣子复仇要有诚心，不可假公济私，即特别强调"原心定罪"。《春秋繁露·精华篇》即载："《春秋》之听狱也，必本其事而原其志。志邪者不待成，首恶者罪特重，本直者其论轻。"董仲舒强调判断一件事功过与否当取决于行动者的初心，即行动者的动机决定了对此事的奖惩、褒抑态度，而事件本身的结果并不重要，这亦是"正其谊不谋其利，明其道不计其功"的题中之义。[1]如《春秋》庄公九年，八月，庚申，及齐师战于乾时，我师败绩。《公羊传》载："内不言败，此其言败何？伐败也。曷为伐败？复仇也。此复仇乎大国，曷为使微者？公也。公则曷为不言公？不与公复仇也。曷为不与公复仇？**复仇者，在下也。**"《春秋》王鲁，以鲁为内，故鲁与他国交战，若战败则讳而不言，但此处却言鲁"败绩"，是因为鲁桓公为齐襄公所弑杀，故齐于鲁有杀父之仇怨，鲁桓公之子鲁庄公此时与齐国交战，说明其不忘复仇，因此鲁国虽然战败，亦当褒扬。但此处《春秋》未书"公"，暗示庄公此战并非真正为了复仇，而是有其他利益考量在内；且复仇并非庄公之议，而是出于臣子的建议。何休解诂即云："时实为不能纳子纠伐齐，诸大夫以为不如以复雠伐之，于是以复雠伐之，非诚心至意，故不与也。"[2]据此鲁国大夫实欲藉复仇之名扶持公子纠继承齐国王位，可见君臣复仇动机并不纯粹，故《春秋》去"公"以讥之。

---

〔1〕　班固：《汉书·董仲舒传》，中华书局 1962 年版，第 2524 页。

〔2〕　何休解诂，徐彦疏：《春秋公羊传注疏》卷七，阮元校刻：《十三经注疏》清嘉庆刊本，中华书局 2009 年版，第 4844 页。

再次，从绝对性角度出发，面对君父之雠，尤其是父母无辜被杀，人子应当无条件向仇家复仇，没有任何还旋的余地。此种绝对性又可分两个层面，一方面在空间上受害者子女不可与仇家并立于天地之间。如《礼记·曲礼上》云："父之仇弗与共戴天。"郑玄注："父者子之天，杀己之天，与共戴天，非孝子也。行求杀之，乃止。"[1]《礼记·檀弓上》亦云："子夏问于孔子曰：'居父母之仇，如之何？'夫子曰：'寝苦枕干，不仕，弗与共天下也。遇诸市朝，不反兵而斗。'"在儒家孝道观念中，每个人皆由父母所生，其主体性由父母所确立且规定，父母是子女的人道根源，因此具有至上性。若父母无辜被人弑杀，则人子不可与加害人共存于一个时空场域中，必当复仇，若复仇行为未完成，即使其服丧期满，亦当以盾为枕，寝于苦草之上，时刻保持警惕，且不可出仕为官，以示不忘父仇。《公羊传》庄公四年载"仇者无时焉可与通，通则为大讥"，亦强调相雠双方并无任何交接之道，与《礼记》所载"不共戴天之雠"若合符节。

不过，臣子若一时力有不逮，不能及时复仇，也可以理解。《春秋》桓公十八年，冬，十有二月，己丑，葬我君桓公。《公羊传》载："贼未讨，何以书葬？雠在外也。雠在外，则何以书葬？君子辞也。"何休解诂："时齐强鲁弱，不可立得报，故君子量力，且假使书葬。于可复雠而不复，乃责之，讳与齐狩是也。"[2]结合传注可知，此时齐强鲁弱，若臣子立刻复仇，恐有亡国毁家之祸，故暂且为桓公举行葬礼，于时机成熟时再行复仇。此论《穀梁》义亦同。[3]对此宋儒刘敞以为"雠虽在外"亦当

---

〔1〕 郑玄注，孔颖达疏：《礼记正义》卷三，阮元校刻：《十三经注疏》清嘉庆刊本，中华书局2009年版，第2706页。

〔2〕 何休解诂，徐彦疏：《春秋公羊传注疏》卷五，中华书局2009年版，第4825页。

〔3〕 《穀梁传》曰："弑，贼不讨，不书葬，此其言葬，何也？不责逾国而讨于是也。"范宁注："礼：君父之仇，不与共戴天。而曰'不责逾国而讨于是'者，时齐强大，非己所讨，君子即而恕之，以申臣子之恩。"范宁注，杨士勋疏：《春秋穀梁传注疏》卷四，阮元校刻：《十三经注疏》清嘉庆刊本，第5162页。

讨之,而不可"量力不讨"。[1]事实上,《公》《穀》所谓"雠在外"只是托辞,这里主要强调的是"力不能讨",且鲁国上下并未忘记复仇,而只是伺机而动。[2]但如果是能复仇而不复仇,或者仍与仇家往来交欢时,《春秋》必会大加讥贬。[3]

另一方面,从时限长短上看,第一种复仇并无时效限制,典型者为国仇,受害者主要指诸侯国君,其臣、子以完成复仇为目的,即使历经百世亦可向加害者子孙复仇;而另一种复仇为家仇,即卿大夫士之雠,其子孙只能向加害者本人复仇,而不可迁怒于其子孙,故当以加害者一身为断限。

《春秋》言国仇主要有二事:一为齐纪之雠,一为齐鲁之雠。先言齐纪之雠,《春秋》庄公四年,夏,纪侯大去其国。《公羊传》曰:

> 大去者何? 灭也。孰灭之? 齐灭之。**曷为不言齐灭之?　为襄公讳也**。《春秋》为贤者讳,何贤乎襄公? 复雠也。何雠尔? 远祖也。哀公亨乎周,纪侯谮之,以襄公之为于此焉者,事祖祢之心尽矣。尽者何? 襄公将复雠乎纪,卜之曰:"师丧分焉。""寡人死之,不为不吉也"。远祖者几世乎? 九世矣。九世犹可以复雠乎? 虽百世可也。家亦可乎? 曰:不可。国何以可? 国君一体也:先君之耻,犹今君之耻也;今君之耻,犹先君之耻也。国君何以为一体? 国君以国为体,诸侯世,故国君为一体也。今纪无罪,此非怒与? 曰:非也。古者有明天子,则纪侯必诛,必无纪者。纪侯之不诛,至今有纪者,犹无明天子也。古者诸侯必有会聚之事,相朝聘之道,号辞必称先君以相

---

[1] 刘敞《春秋权衡》载:"父之雠不与共戴天,岂限国哉? 若以齐强鲁弱,量力不讨,故君子不责,是复雠者常行于柔弱,而困于强御也,不亦妄乎?"氏撰:《春秋权衡》卷一四,景印文渊阁《四库全书》第147册,台北商务印书馆1983年版,第327页。

[2] 按:上文云庄公八年鲁国"及齐师战于乾时,我师败绩",即鲁国伺机复仇之一例,可见其并未忘记或放弃复仇。

[3] 如《公羊传》庄公四年,冬,公及齐人狩于郜。此处鲁庄公竟然与雠国狩猎,《公羊》便对此大加讥贬。

接。然则齐、纪无说焉。不可以并立乎天下。故将去纪侯者,不得不去纪也。有明天子,则襄公得为若行乎? 曰:不得也。不得,则襄公曷为为之? 上无天子,下无方伯,缘恩疾者可也。

何休解诂:疾,痛也。贤襄公为讳者,以复雠之义,除灭人之恶。言大去者,为襄公明义,但当迁徙去之,不当取而有,明乱义也。〔1〕

齐国先君齐哀公曾因纪国先君谮谱而死〔2〕,所以此处齐襄公为复齐国九世之雠而灭纪,《公羊传》对此表示肯定,并认为国仇虽历经百世亦可复仇,并无时效限制。在《公羊》家看来,诸侯国君以国为体,公共性为君主最重要的特质,其荣辱不局限于世袭家族内部,更应该归属于一国。倘若君主被人弑杀,此仇并非仅由其子孙所承担,也是举国上下臣子的责任与义务,因此除非国破家亡,此国对于仇家具有永远追诉的权利。如果仇家为他国国君,依照国君一体的原则,若向此仇家复仇,势必当以其国为复仇目标,故齐侯先灭纪国而后迁纪侯〔3〕,亦符合国仇报复之原则。可见,国仇的绝对性是通过国与君之间的政教连接及历时性延续而呈现的,其根本建立在家族神圣性及世袭制度的基础上。

　　需要指出,此处言诸侯虽历经百世亦可复仇,需以**时无圣明天子为前提**,即私情无法通过公义伸张时,《春秋》考量臣子恩痛君父之情,才

---

〔1〕 何休解诂,徐彦疏:《春秋公羊传注疏》卷六,中华书局 2009 年版,第 4834 页。

〔2〕 按:据《史记·齐世家》载:"(齐)哀公时,纪侯谮之周,周烹哀公而立其弟静,是为胡公。"郑玄《齐诗谱》亦云:"后五世,哀公政衰,荒淫怠慢,纪侯谮之于周,懿王使烹焉,齐人变风始作。"等等,皆记载有此事。后世虽有争议,但《公羊》只是藉此明"复九世之仇"之义,故实情如何,本不措意。

〔3〕 如《春秋》庄公四年,六月,乙丑,齐侯葬纪伯姬。《公羊传》云:"此复雠也,曷为葬? 灭其可灭,葬其可葬。此其为可葬奈何? 复雠者,非将杀之,逐之也。以为虽遇纪侯之雠,亦将葬之也。"前此齐襄公虽然为复仇而灭纪国,但此处又帮助安葬纪国夫人,即恩雠不相妨之表现;且传文指出复仇并非以杀雠者子孙为目标,驱逐之亦可,与庄公四年经文"夏,纪侯大去其国"亦可参照。

允许复仇。易言之,在礼崩乐坏的时局中,原有的王道秩序无法应对诸多乱象,使一些基本的伦常秩序无法得以安顿时,才允许私力复仇来救偏补弊,伸张正义。这一定程度上说明,在今文家看来,复仇是对公义的补充和例外状态,并非常态。

另外,《春秋》推崇"兴灭国、继绝世"之义举,书灭者为"亡国之善辞",明不当灭,而此处齐灭纪而不书"灭",即贤齐襄公复仇之义,故除其灭人之恶。[1]而书"纪侯大去",一方面是为隐讳齐襄公灭国之举,另一方面又暗示齐襄公复仇仅需迁徙其国、驱逐其君而已,"纪侯大去"便可达成此目的,并不需要将纪国土地民人皆占为己有。陈立即云:

> 盖灭纪之后,当上之天子,诸侯不得盗有土地也。周天子择纪贤者立之,以奉其后,不得取谮者之子孙,庶近于义矣。[2]

何休强调齐襄公不能将纪国占为己有,否则将使此复仇之举失去道义正当性。陈立进一步指出,虽然《公羊》默许襄公自行复仇,毕竟实王犹在,故其复仇之后,仍当请示周天子处置纪国土地民人。此说更关注于复仇之后的秩序重建,亦是后世对复仇这一"变例"不断校正与规训,而使之最终重返王道秩序的体现。

后儒多据"史实"而言齐襄公无道,其所谓因复仇而灭纪,乃欲侵占纪国土地民人之托辞;且认为《公羊》所言"复九世之雠"为"俗说"。[3]

---

〔1〕 参见王光辉:《论〈公羊〉学的功过相除计》,《同济大学学报》(社会科学版)2016年第1期。

〔2〕 陈立:《公羊义疏》卷一八,中华书局2017年版,第691页。

〔3〕 如厉鹗《齐襄公复九世雠议》即云:"齐之政始衰于哀公,《齐风·鸡鸣》序刺哀公之荒淫,还序刺哀公之好猎,外禽内色,未或不亡。当时于王室必有失朝觐贡献之职者,而后纪侯之谮得入之。周德虽衰,哀公非不受诛。彼雠及九世云者,衡以推刃之说,其自相刺谬亦甚矣。纪、齐,同姓国也,又尝同盟于黄。前此,齐师迁纪郱、鄑、郚三邑,纪季以酅入于齐,齐侯之利其地也久矣。……灭同姓,无亲也;灭同盟,无信也。襄公兽行,而贤其复九世之雠,此《公羊》之俗说。"载土昶辑《湖海文传》卷一四,《续修四库全书》第1668册,上海古籍出版社2003年版,第525页。

但正如皮锡瑞称"《春秋》一经,多有文发于此而义见于彼者,其褒齐襄公之复雠,止以讥鲁庄公之不复雠"[1],《春秋》为张义之书,非记事之书,其书齐襄公灭纪之事,只是为阐明"百世复仇"之义,并借机讥贬鲁庄公不能复仇,故齐襄公自身德行如何,本不措意。《春秋》庄公元年,夏,单伯逆王姬。此言周天子之女下嫁于齐国,鲁国使大夫单伯往迎至于鲁,并为二者主婚。何休解诂:"主者,恶天子也。礼,齐衰不接弁冕,仇雠不交婚姻。"[2]此既批评周天子非但不主持公义,反使鲁国主婚,交接于仇雠;又责备鲁不敢拒绝天子之命,反而主持仇家的嫁娶之礼[3],非礼之甚。

　　再说家仇,家仇一方面亦具有不共戴天的绝对性,此种绝对性主要体现为父子伦理具有优先性与排他性,此于后文详述;除此之外,其所复雠对象具有明确指向性,受害者子孙只能针对加害者一人复仇,而不能祸及子孙。如《公羊传》定公四年载"复仇不除害",何休解诂:"取雠身而已,不得兼雠子,复将恐害己而杀之。"[4]若复仇者对加害者子孙实施报复,此为"怒其先祖,迁之于子孙"[5],即复仇者有迁怒于旁人之倾向;而且,复仇者若向仇者子孙复仇,恐有害怕仇家继续复仇而斩草除根之嫌,如此则复仇之心并不纯粹,应当受到谴责。

　　事实上,今文经学强调复仇,虽然出于人情的宣泄与对正义的捍卫,但难免有破坏秩序、规则的危险,《公羊》家强调"原心定罪",体现出

---

[1] 皮锡瑞:《驳五经异义疏证》卷四,中华书局2014年版,第343—344页。其说或本自包慎言,包氏即云:"《春秋》之大齐襄,刺鲁庄公也。齐襄不忘远祖之雠,而鲁庄忘其父之雠,而为之主婚,与之会狩焉……文见于此而义起于彼,上不畏天子之诛,下不畏方伯之讨,而靦颜事雠,责庄公不以先君之耻为耻,自绝于国也。"转自陈立:《公羊义疏》卷一八,第690页。

[2] 何休解诂,徐彦疏:《春秋公羊传注疏》卷六,中华书局2009年版,第4830页。

[3] 《公羊传》庄公元年何休解诂:"不以将嫁于雠国除讥者,鲁本自得以雠为解,无为受命,而外之,故曰非礼。"何休注,徐彦疏:《春秋公羊传注疏》卷六,第4831页。事实上,鲁应拒天子此命,更不该又筑馆于外,故非礼之甚。

[4] 何休解诂,徐彦疏:《春秋公羊传注疏》卷二五,第5078页。

[5] 《公羊传》庄公四年何休解诂,氏撰:《春秋公羊传注疏》卷六,第4834页。

对固有程序与规则的警惕,以及对实体正义的偏赖,在固有纲纪与人情相冲突时,亦对后者予以充分的谅解,如此倾向,自然对复仇举动颇为青睐。不过,在今文家看来,复仇必须在公义缺位的前提下才能行使,且要建立在受害者清白无辜的基础上,如此复仇行为方具有正当性,可见即使是今文经学,亦对复仇行使权有所框限。如《公羊传》定公四年载:"父不受诛,子复仇可矣。父受诛,子复仇,推刃之道也。"《白虎通·诛伐篇》亦载:"父母以义见杀,子不复仇者,为往来不止也。"父亲如果死有余辜,人子还为其复仇,则其不仅不会在道义上获得支持;而且不免于受害者子女再度向其复仇,一往一来,使此仇恨永远绵延下去,亦不利于文明秩序的建立与巩固。

综上,今文经学赞许复仇,强调君父之雠不共戴天,具有必要性、真实性、绝对性等特质,同时,又可将其分为国仇与家仇,虽然家仇只能向加害者本人复仇,而不可迁怒其子孙,不及百世可复之国仇,但父子伦理又具有绝对优先性,君臣之义亦当让位于父子之情,如此仍然彰显了复仇的正当性。其复仇理论虽然旨在张扬孝道、维护正义,但又难免有破坏秩序之嫌,因此诸多学者将其说视为上古血亲复仇的延续,有着强烈的非理性色彩。但事实上,汉代今文经学视域下的复仇观,亦**强调在私恩不能通过公权力得以伸张、公义无法实现的前提下,**才允许复仇,如此体现出其兼顾人情与秩序的双向维度。

二、有限的"天下"——论古文经学的复仇观

古文经学以《周礼》《左传》等经典为核心文本,其对复仇整体上呈保守态度,并试图将复仇行为尽可能地纳入现实的文明秩序中,使之规则化、程序化,其中注重对复仇伦理秩序的划分与界定是其显著特征。

在儒家伦理秩序中,复仇者根据与受害者的亲疏远近关系,其复仇

程度亦有深浅之别。事实上,这一点今古文经学皆有关注,而古文经学特为详备,试列表如下:

经传	父母	兄弟	宗族、朋友等
《礼记·曲礼上》	父之仇,弗与共戴天。	兄弟之仇,不反兵。	交游之仇,不同国。
《礼记·檀弓上》	父母之仇,寝苫枕干,不仕,弗与共天下也。遇诸市朝,不反兵而斗。	昆弟之仇,仕弗与共国,衔君命而使,虽遇之,不斗。	从父昆弟之仇,如之何?曰:不为魁。主人能,则执兵而陪其后。
《大戴礼·曾子制言》	父母之雠,不与同生。	兄弟之雠,不与聚国。	朋友之雠,不与聚乡。族人之雠,不与聚邻。
《公羊传》定公四年	父不受诛,子当复仇。		朋友相卫,而不相迿。
《公羊传》庄公四年何休注	父母之雠不同戴天。	兄弟之雠不同国。	九族之雠不同乡党。朋友之雠不同市朝。
《白虎通》	父之仇不与共天下。	兄弟之仇不与共国。	族人之仇不共邻。朋友之仇不与同朝。
《周礼·调人》	父之雠辟诸海外。	兄弟之雠辟诸千里之外。	从父兄弟之雠不同国。
	君之雠视父。	师长之雠视兄弟。	主友之雠视从父兄弟。

　　从上表可以看出,诸经传大都强调伦理关系远近决定了复仇者的复仇力度及与仇家的相处模式,而与今文经学泛言亲疏隆杀相比,古文经学细致分疏五服内外复仇之秩序规则,[1]更具系统性与实践操作性。需指出,对于复仇者的复仇强弱程度,今古文经学大致皆以地理空间、边界远近来体现的。比如以《白虎通》为例,除父母之雠不共戴天,

〔1〕 贾公彦疏:"此经略言,其不言者,皆以服约之:伯叔父母、姑姊妹、女子子在室及兄弟子、众子,一与兄弟同;其祖父母、曾祖父母、高祖父母,其孙承后,皆斩衰,皆与父同。其不承后者,祖与伯叔同,曾祖、高祖齐衰三月,皆与从父兄弟同,以其同绳屦故也。自外不见者,据服为断也。其兄弟及从父兄弟、师长、主友皆为无子,复无亲于己者,故据己亲疏为远近;若有子及亲于己,则自从亲为断。"氏撰:《周礼注疏》卷一四,上海古籍出版社2010年版,第1578页。如此,五服之内所涉复仇等差秩序,靡不毕尽。

仍具有普遍性外;其余如兄弟之雠,只需要不同国,便不必复仇;族人之雠只需要不共邻;朋友之雠只需要不居于同一市朝即可,其复仇程度随着伦理关系的逐渐疏远而递减,可以说是一种伦理差序格局的外在显现。逐渐体系化的复仇规范,使得其在政治秩序与社会实践中更具有操作性,从而使复仇行为在文明秩序中更为可控,其与文明秩序的某种张力亦渐趋消弭。

其实仔细对比今古文经学,二者差异仍较为明显。以父母之雠为例,今文经学主张"父之雠不共戴天",强调复仇的绝对性;而古文经学认为父之雠可"辟诸海外",则子女是否需要复仇亦有转圜余地。对此分歧,历代礼家亦有调和,如《礼记·曲礼上》载"父之仇弗与共戴天"孔颖达疏:

> 《调人》云,父之仇辟诸海外,则得与共戴天。此不共戴天者,谓孝子之心,不许共仇人戴天,必杀之乃止。《调人》谓逢遇赦宥王法,辟诸海外,孝子虽欲往杀,力所不能,故郑答赵商云"仇若在九夷之东,八蛮之南,六戎之西,五狄之北,虽有至孝之心,能往讨之乎"是也。[1]

这里所言调人为《周礼·地官》中一职,负责调解百姓之间的仇怨。在被害者子孙复仇之前,调人尽量协调双方达成和解;若和解不成,又设有移乡避雠之法,以避免复仇者穷追不止。上文指出,今文家强调君父之雠不共戴天,岂能和解?且"避之海外"与"弗与共天下"又有扞格,故赵商即有犹疑。[2]孔颖达则以为,《礼记》所言"父之雠不共戴天"为常

---

[1] 郑玄注,孔颖达疏:《礼记正义》卷三,中华书局 2009 年版,第 2706—2707 页。

[2] 《郑志》载赵商问:"《调人职》称父之雠诸海外,君亦然。注'使辟于此,不得就而雠之。'商以《春秋》之义,子不复雠非子,臣不讨贼非臣。楚胜之徒,犹言'郑人在此,雠不远矣',不可以见雠而不讨,于是伐之。臣感君恩,孝子思其亲,不得不报,岂宜和之而已?子夏曰:'居父母之仇如之何?'孔子曰:'寝苫枕干,不仕,不与共天下,遇诸市朝不反兵。'天下尚不反兵,海内何为?和之岂宜,不达二礼所趣。"引自贾公彦:《周礼注疏》卷一四,上海古籍出版社 2010 年版,第 1578 页。

例,而《调人》所论父仇可"辟诸海外"之法,是指罪人遇到王法赦宥等特殊情形,调人可使其避居远地,孝子虽恒有复仇之心,亦"使无往之缘"。[1]此说从维护秩序与制度常态化出发,将今古文经学复仇争议以正例与变例作一调和。不过这种前提设置,明显失于牵强:一方面,王法若参与赦宥,依据今古文经学共识,则不必再有私力复仇;另一方面,仇家即使辟于海外,仍与其并立于天下,孝子为何"力所不能"往讨,亦语焉不详。此调停之见,实难服众。

另一种思路是将《调人》上下句视为一个整体,则"辟雠"原因另当别论。《周礼·调人》载:

> 调人掌司万民之难而谐和之。凡过而杀伤人者,以民成之,鸟兽亦如之。凡和难,父之雠辟诸海外,兄弟之雠辟诸千里之外,从父兄弟之雠不同国,君之雠视父,师长之雠视兄弟,主友之雠视从父兄弟。

> 郑玄注:和之使辟于此,不得就而仇之。

> 江永:若是杀人而义者,不当报,报之则死;如杀人而不义者,正法当讨,不当教之辟也。此辟雠者,皆是过失杀人,干法不当死,调人为之和难,而仇家必不肯解者,乃使之辟也。

> 阮元:此(《周礼·调人》)专言过杀,非本意杀,故调人得以使之远避平成之。[2]

江永、阮元诸儒认为,若加害者杀人出于公义(即受害者有罪伏法),则受害者子女不得复仇[3];若加害者故意伤害他人,则自有王法诛讨,不

---

[1] 贾公彦:《周礼注疏》卷一四,第 1578 页。

[2] 转引自孙诒让:《周礼正义》卷二六,第 1238 页。

[3] 事实上,这种说法亦有纰漏。《周礼·调人》载:"凡杀人而义者,不同国,令勿雠,雠之则死。"江永认为"不同国"为衍文(引自孙诒让:《周礼正义》卷二六,第 1242 页),但实际上,据经文所论,即使是杀人而义的情形,官方也不能禁止受害者家属复仇,而需要使加害者避居异国,这种情形下方使受害者家属不必复仇。

待私力复仇。故"移乡避雠"之法只适用于"过而杀伤人"这种情形，"过"郑玄释为"无本意"，也就是说伤害者若是过失杀伤人，主观上并非故意，罪不至死，这种情形调人可以出面进行调停；如果调停失败，需要让加害者避居到其他地方，以躲避受害者家属的追难复仇。这种意见避免了"会赦"之说的局限性，有一定道理。但若如此说，只有过失伤人，才能涉及复仇；且若加害者避雠，则复仇行为就要被迫中止或结束。这实际是几近取消了复仇行为的可能性；且加害者只要移居避雠，复仇者便不得追讨，实际上就是对复仇绝对性与正当性的一种消解，复仇受限于规则，受到加害者主观意愿及活动场域的制约。

需要指出，《公羊》《礼记》等今文经典强调父仇不共戴天，或者"不与共天下"，此天下即《春秋》所言"王者无外"之天下，是在现实空间与义理场域中普遍的王道教化的展开，与孝道的普遍性达成某种统一，而复父母之雠所体现出的普遍性与绝对性意涵，亦昭然若揭。而《周礼·调人》称父之雠可"辟诸海外"（君之雠与之同），由是仇家于空间上有避雠之所，臣子于义理上便有不必复仇之理由，天下缩小为有限的空间，复仇自然亦不再拥有普遍正当性，"海外"作为他者成为"天下"的例外与边界，承担着一些"天下"亦无法触及的价值与目标，从而使"天下"秩序更加封闭而有效。由此引发的是，作为"王者无外"意义上的"天下"逐渐消解，今文经学中复仇所体现的普遍性与绝对性意涵，亦隐匿不彰了。

今古文经学的这种义理张力，表面上看是对"天下"是否有边界有所分歧，而实质上当归诸于二者对文明秩序理解的差异。在今文家看来，天下兼容华夏与夷狄，虽然二者有空间地域及文化品性之别，但又皆共融于天下之中，共享着普遍而基础的伦理道德，如《仪礼·丧服传》载："禽兽知母而不知父；野人曰：父母何算焉？都邑之士，则知尊祢矣；大夫及学士，则知尊祖矣。"《礼记·王制》又载："中国戎夷，五方之民，皆有性也，不可推移。……中国、夷、蛮、戎、狄，皆有安居、和味、宜服、利用、备器……"以华夷文明程度视之,华夏与四夷确有文明程度的高下之判;以天下秩序视之,则华夏与四夷皆当纳入天下文明秩序体系中,共享"王者无外"的基本法则与伦理规范。古文经学家保留"海外"空间的存在,将其视作"天下"的例外,由是将华夏与天下等同起来,天下的特质局限于特定地域与德性的华夏层面,从而承认了"天下"作为文明共同体的封闭性与有限性,这虽然降低了复仇行为的正当性与普遍性,但又增强了文明秩序在实践层面的有效性与系统性。

因此,古文经学对于复仇行为中的双方都做限制,使二者皆纳入到文明秩序中,受到规则秩序的教化与约束。如《周礼·调人》言:

> 凡杀人而义者,不同国,令勿雠,雠之则死。

> 郑玄注:义,宜也。谓父母、兄弟、师长尝辱焉而杀之者,如是为得其宜。虽所杀者人之父兄,不得雠也,使之不同国而已。[1]

此条对利害关系双方皆作规范,如果加害者的伤害行为是正当的,则加害者只需要避居异国即可;受害者子女亦不可以赴其国复仇,如果仍要复仇,便会受到律法的制裁。《周礼·调人》又载,如果加害者不认真履行"移乡避雠"之法,亦需要接受惩治,其言:

> 弗辟,则与之瑞节而以执之。

> 郑玄注:瑞节,玉节之玉圭也。和之而不肯辟者,是不从王命也。王以剡圭使调人执之,治其罪。[2]

---

〔1〕〔2〕 郑玄注,贾公彦疏:《周礼注疏》卷一五,上海古籍出版社 2010 年版。

若加害者不愿避居而返回到原先的居住地中,调人便可持瑞节将加害者拘捕到案,以示惩戒。此亦可与《周礼·夏官·朝士》相对读,其云:"凡报仇雠者,书于士,杀之无罪。"郑玄注:"谓同国不相辟者,将报之必先言之于士。"其以为,如果加害者不肯避雠,除了使官方出面持瑞节将其拘捕到案外,受害者家属亦可以通过先报案后自往诛讨的方式完成复仇行为。可以发现,在古文经学这里,复仇行为被严格纳入到文明秩序与规范之中,任何一项复仇行为都需要在官方的监督、许可下才能得以实施,复仇成为构成文明秩序的一个环节,与公权力一道捍卫与巩固着天下秩序的稳定。

综上,古文经学更为强调复仇行为与伦理秩序相互匹配,强调"海外"的存在,使天下褪去普遍性与超越性的神圣光环,更具有现实操作性与实践性,从而使天下秩序更为封闭而有效;但对伦理秩序的强调与维护并不会缓解其内部矛盾,对于不同伦理关系应作何抉择,亦构成今古文经学的一大争议。

三、今古文经学之争下的复仇观

上文虽然就今古文经学各自对复仇行为的态度及相关特质作一论述,亦呈现诸多理论张力,但二者的根本冲突,还应当体现在其面对不同伦理处境而表现出的复仇抉择上。

首先,从注重伦理秩序的时效而言,今古文经学立场确实存在明显差异。以国仇为例,《五经异义》载:

《公羊》说:复百世之雠。古《周礼》说:复雠可尽五世之内,五世之外,施之于己则无义,施之于彼则无罪。所复者惟谓杀者之身,及在被杀者子孙可尽五世,得复之。

谨案："鲁桓公为齐襄公所杀,其子庄公与齐桓公会,《春秋》不讥。
又定公是鲁桓公九世孙,孔子相定公与齐会于夹谷,是不复百世之
雠也。从《周礼》说。"

正义曰:"郑康成不驳,即与许慎同。"[1]

上文亦已经提到,在《公羊》家看来,国君以国为体,若被人弑杀,则举国
上下有百世复仇之义务。而古《周礼》家则以为,复仇行为当在五世子
孙范围内实行,若超过五世,则恩情已绝,受害者子孙不当再复仇。对
于《公羊》家"百世复仇"之说,许慎认为,齐鲁会盟,《春秋》不讥;夹谷之
会,孔子亦参与,可见并无百世复仇之礼,以此驳斥《公羊》说。但事实
上,齐鲁盟会,《春秋》亦有讥刺,《春秋》庄公四年,冬,公及齐人狩于郜。
《公羊传》称:"公曷为与微者狩? 齐侯也。齐侯则其称人何? 讳与雠狩
也。"此处书鲁公与齐国微者相狩,实际上此微者正是齐侯,鲁公与杀父
仇人往来交接,此为内大恶,故需有所避讳,亦隐含讥刺其忘雠之意。
再结合传文"雠者无时焉可与通,通则为大讥,不可胜讥,故将壹讥而
已,其余从同同"可知,鲁国与仇家有不共戴天之雠,并无任何交接相通
之可能,但齐鲁一直并存,若事事皆讥,则过于繁琐,因此只选择最重的
一件事进行批判,其他事件参考此一事件即可,夹谷之会显然亦可从此
例,不书讥或为省文,并非不讥。故许慎所驳,确实与《公羊》所论不合。
可见在复仇时效性上,今古文经学确实有巨大不同。

其次,若君与父之间发生冲突,臣子该如何抉择,今古文经学亦有
分歧。正常情形下,成人皆处于社会关系体之中,其在家庭中与父亲构
成父子关系;在社会政治领域与君主构成君臣关系。臣、子若遇到君、
父被人弑杀,因君、父之雠不共戴天,故皆当报仇,具有绝对性与普遍

---

[1] 皮锡瑞:《驳五经异义疏证》卷四,中华书局 2014 年版,第 342 页。

性;但若君、父相弑杀,此人既为人臣,又为人子,该如何抉择? 此亦载于《五经异义》:

> 《异义》:凡君非理杀臣,《公羊》说:子可复雠,故子胥伐楚,《春秋》贤之。《左氏》说:君命,天也。是不可复雠。

> 驳曰:"子思云:'今之君子,退人若将坠诸渊。无为戎首,不亦善乎?'子胥父兄之诛,坠渊不足喻。伐楚,使吴首兵,合于子思之言也。"[1]

《公羊》说强调若人子之父无辜被其君所戮,孝子可以向其君复仇,即君臣之义需让位于父子人伦;而《左氏》说所论则与之相反,孝子不得向其君复仇。此处双方争议焦点为伍子胥伐楚复仇之事,据史传载,伍子胥父兄被楚平王所冤杀,伍子胥去楚就吴,与吴君臣谋划伺机伐楚。《春秋》定公四年,楚国囊瓦兴师伐蔡,蔡求救于吴,伍子胥以为时机成熟,遂鼓动吴国趁机伐楚以救蔡。其年冬,十有一月,庚午,蔡侯以吴子及楚人战于伯莒,楚师败绩,起事者即为伍子胥,《公羊传》云:

> 事君犹事父也,此其为可以复仇奈何? 曰:父不受诛,子复仇可也;父受诛,子复仇,推刃之道也。复仇不除害,朋友相卫,而不相迿,古之道也。

> 何休解诂:《孝经》曰:"资于事父以事君而敬同。"本取事父之敬以事君,而父以无罪为君所杀。诸侯之君与王者异,于义得去,君臣已绝,故可也。《孝经》云:"资于事父以事母。"庄公不得报雠文姜

---

[1]　皮锡瑞:《驳五经异义疏证》卷六,中华书局2014年版,第439页。

者,母所生,虽轻于父,重于君也。《易》曰:"天地之大德曰生。"故
得绝,不得杀。

此处《公羊传》提出一个非常棘手的难题:据礼,事君当如事父,但若父
为君所杀,其子可向其君复仇否?结合《公羊》说及《传》文可知,《公羊》
以为父若有罪被杀,则当认罪伏法,若其子孙复仇将陷入斗杀循环,无
异于"推刃之道"[1],故不得复仇;但其父若无罪被杀,即使仇人是国
君,孝子亦可向国君复仇。何休举出两点理由:

一方面,据《孝经·士章》所言,父子之情出于天生,其中兼包爱、
敬,何休训"资"为"取",即在伦理德目中,取事父之敬而推衍为君臣之
义,君臣之义由事父之孝而出,则事父之孝道显然更为根本。对比之
下,郑玄注《孝经》训"资"为"人之行也",是强调父母爱同、君父敬同,而
母、君又各偏于一端,不及父兼爱、敬之至德,与何论侧重虽别,而实不
异。其《驳五经异义》亦言"《孝经》'资于事父以事君',言能为人子,乃
能为人臣也。"[2]与此同义。由此可知,在伦理秩序中,父相对于君有
优先性,君无理杀父,人子自当雠之。[3]

另一方面,王者列土分疆,溥博天下;而诸侯各尽其守,有分土而无
分民,若民不聊生,即可适彼乐土。诸侯之国,君臣以义合,义不合则
去,君臣之分即绝,故君若杀其父,君臣义绝,臣自然可向君复仇。不过
需注意,这里只限于人臣对诸侯国君复仇,对天子则不可复仇。何休言
"诸侯之君与王者异",盖诸侯臣子可以去国,君臣义绝;但王者富有天
下,作为普遍性意义上的天下,个体的人无法逃离其中,自然亦无法不
与王者共天下,而且天下具有绝对正当性和合理性,所谓的无罪杀臣,

---

〔1〕 何休解诂:"子复仇非,当复讨其子,一往一来曰推刃。"
〔2〕 皮锡瑞:《驳五经异义疏证》卷八,中华书局 2014 年版,第 536 页。
〔3〕 据此推断,对于臣子而言,其父较君具有优先性,因此若反过来,其父弑君,其子亦不得向
     其父复仇。

从理论上并不会发生。

而《左氏》说抹消了天子与诸侯的这种差异,其强调"君命,天也"[1],将诸侯国君与天相匹敌,则人臣虽死于君之手,亦相当于死于天命,天命具有至上性,故人子不得复仇。古文家虽然确立了天下的边界,消解了王法的普遍性,但并未由此削弱王者的权威,而是将诸侯抬高到王者,甚至是天的高度,强调诸侯作为君天的至上性,从而将君臣之义凌越于父子人伦之上。然而,《白虎通·爵篇》称:"诸侯爵不连言王侯何? 即言王、侯,以王者同称,为衰弱僭差生篡弑,犹不能为天子也。"[2]在今文家看来,天子与诸侯"名分阔绝"[3],以诸侯比于王者,则易生篡弑之祸,且为衰乱之表征,此为今古文经学主张一大不同。

需指出,此处伍子胥复仇,本质上仍属于家仇范围。《公羊传》云:"复雠不除害。"何休解诂云:"取雠身而已,不得兼雠子,复将恐害己而杀之。时子胥因吴众,堕平王之墓,烧其宗庙而已。昭王虽可得杀,不除云。"结合上文所言"复百世之雠"可知,伍子胥复仇之事仍属大夫复仇事,其与国仇不同,需要有两个限制:

其一,家仇仅当及于加害者自身,不得兼仇子。复仇者若兼及仇子而杀,则有"斩草除根"之嫌,故此处伍子胥未得杀楚昭王,亦是"不及雠子"之意,古《周礼》说"所复者惟谓杀者之身",亦与此同。

其二,大夫三庙,五世而迁,亲尽迭毁,故其复仇亦当于五世之内,而不可"百世复雠",此又因亲疏远近而有服制隆杀,以致对复仇强弱亦有影响。《公羊传》庄公四年何休注:"礼,父母之雠不同戴天,兄弟之雠不同国,九族之雠不同乡党,朋友之雠不同市朝。"其或本于《礼记·曲

[1] 按:此亦见于《左传》定公四年,吴人入郢,楚昭王逃出国都,至附属地郧国。先前郧公之父为楚平王所杀,因此其弟建议郧公弑杀楚昭王,为其父报仇。郧公称:"君讨臣,谁敢仇之? 君命,天也,若死天命,将谁仇?"对此举《左传》表示赞同,可见其强调父子人伦当让位于君臣之义。
[2] 陈立:《白虎通疏证》卷一,第20页。
[3] 陈立:《白虎通疏证》附录八,第789页。

礼上》《檀弓》《大戴礼·曾子制言》诸传记,由此而言,今文家亦并非不关注伦常秩序,从"不共戴天"到"不同市朝",随着伦理关系的逐渐疏远,其复仇程度亦随之衰减,亦礼之隆杀之意。

不过,伍子胥行复仇之举,虽是私仇;但此复仇事又是通过吴国入郢的方式间接达成,因此在楚国君臣看来,加害者并非伍子胥,而应是其所凭恃的吴国军队,[1]故又可视为国仇。据纪侯不当谮齐哀公之例可知,若楚平王暴虐,自当由明王贤伯征讨,吴国擅自征讨,以至于灭国毁家,有挟私报复之嫌,因此亦当贬斥。《春秋》定公四年,十有一月,庚辰,吴入楚。《公羊传》称:"吴何以不称子?反夷狄也。其反夷狄奈何?君舍于君室,大夫舍于大夫室,盖妻楚王之母也。"吴王若单纯为主持公义而伐楚,或可比于齐桓公、楚庄王"实与而文不与"之辞称许之,[2]但其入楚以后折辱楚国君臣,非道义所为,自然又要受到贬绝。而且,吴国对楚国有如此夷狄之行,按照国仇原则,吴楚日后自然亦成为世仇[3],虽百世,亦不可并立于天下。

君、父问题解决之后,还有一个问题需要处理,即父、母、君若有冲突,又当如何抉择?事实上,何休据《周易》"天地之大德曰生"指出,子为母所生,出于自然,母为至亲,故"母子"与"君臣"关系相较,母仍重于君,母子之恩先于君臣之义;但至亲之爱亦出于父[4],因而母恩又降于父恩,故夫人文姜弑鲁庄公父桓公,虽因庄公与文姜之间母子恩情而不

---

〔1〕 正如《左传》所载,申包胥与伍子胥相友,申氏虽明知伍子胥挟吴师伐楚,但向秦国乞师仍然主要针对吴国作为夷狄的身份进行攻击,对伍子胥却只字未提。可见大家深知楚国的仇雠为吴国,并非个人。

〔2〕 如《春秋》宣公十一年,冬,十月,楚人杀陈夏征舒。《公羊传》:"此楚子也,其称人何?贬。曷为贬?不与外讨也。不与外讨者,因其讨乎外而不与也,虽内讨亦不与也。曷为不与?实与而文不与。文曷为不与?诸侯之义,不得专讨也。诸侯之义不得专讨,则其曰实与之何?上无天子,下无方伯,天下诸侯有为无道者,臣弑君,子弑父,力能讨之,则讨之可也。"

〔3〕 按:虽然实质上并未弑君,但称有不共戴天之仇,未为不当。

〔4〕《孝经·士章》即载:"资于事父以事母,而爱同……母取其爱,而君取其敬,兼之者父也。"

得杀,亦当贬绝之。《春秋》庄公元年,三月,夫人孙于齐。《公羊传》:"夫人何以不称姜氏?贬。曷为贬?与弑公也。"此夫人指鲁桓公夫人文姜,其与异母兄齐襄公私通,并合谋弑鲁桓公,恶甚,故《春秋》去"姜氏"以贬绝之。不过《公羊》又称"孙,犹孙也。内讳奔,谓之孙。夫人固在齐矣,其言孙于齐何?念母也"。文姜实际上一直在齐国,但《春秋》以孙(即"逊")为讳,使文姜犹如至此方出奔至齐,是庄公思念母亲,为其避讳之意。不过《公羊》明确指出"不与念母",对庄公此举表示批评,何休解诂:

> 念母则忘父背本之道也,故绝文姜不为不孝,……盖重本尊统,使尊行于卑,上行于下。贬者,见王法所当诛。至此乃贬者,并不与念母也。又欲以孙为内见义,明但当推逐去之,亦不可加诛,诛不加上之义,非实孙。[1]

虽然母子为至亲,但至亲恶意弑杀至尊,王法亦当诛讨,不得同情。不过孝子不忍直杀以复仇,故以孙为辞,表明其当"推逐远"其母,即与其母恩义断绝。

另需补充,若父(母)子与夫妇关系相较,父(母)子为上下关系,夫妇为敌体关系,故以臣子而言,妇杀夫之罪当重于母杀子之罪。《春秋》僖公元年,十有二月,丁巳,夫人氏之丧至自齐。《公羊传》:"夫人何以不称姜氏?贬。曷为贬?与弑公也。"此言庄公夫人哀姜丧枢自齐而归,其"淫泆二叔,杀二嗣子",罪轻,故存"氏"去姓以贬之;上文文姜弑夫,罪重,故姓氏皆去以贬之。何休解诂:"贬置氏者,杀子差轻于杀夫,别逆顺也。"可见《公羊》褒贬辞例,当在相互关系网中推比其差降义理,不能孤立视之。

---

〔1〕 陈立:《公羊义疏》卷一七,中华书局 2017 年版,第 633 页。

总之,面对不同的伦理关系,今古文经学立场确实存在明显差异。以《公羊》《周礼》来看,《公羊》区分国仇与家仇,而《周礼》有混同国仇、家仇之嫌,表现出家国同构的理论倾向。在面对伦理关系冲突时,尤其以君、父关系为例,《公羊》强调父子关系优先于君臣关系,父亲无罪被君戮杀,人子可向其君复仇,但此仍属于家仇,因此有一定限制。另外,在父、母、君三者中,母子关系轻于父子关系,而又重于君臣关系,亦可推导而知。易言之,今文经学特别强调"家"作为独立单元在社会关系中的优先性,在面对公权力的挑战时,显然更具有独立性。

四、小 结

复仇出于孝子孝心的彰显及对正义的持守,是一种兼顾私德与公义的自发行为;但却是以破坏秩序的方式实现公义的,体现的是对实体性正义的绝对尊崇,及对秩序、规则的蔑视与破坏。其间秩序与人情的张力,极大地拓宽了经学的义理内涵。

今文经学主张复仇,强调父之雠不共戴天,此实是亲亲之情的极端彰显,将其置于"王者无外"的天下秩序中,体现出孝道的普遍性与绝对性特质,随着后世文明秩序的建立,逐渐产生诸多对复仇行为的规范,使其在宣泄孝道人情的普遍性同时,又兼顾到秩序的遵从,呈现出质道主导下的复仇观;而古文经学更主张在维护秩序的背景下有限度地实行复仇,无论是五世之内复仇,抑或是"父之雠避诸海外",都是强调复仇当在伦理关系中有秩序地行使,使复仇并不仅是人情宣泄的体现,更是理性规范达致的效果。其设定了天下的边界,不仅为逃避复仇提供制度性保障;而且使作为天下普遍性伦理的至亲孝道,降为华夏所特有的伦常规范,"海外"作为天下的例外,是王化不必企及的场域,如此保证了天下秩序的封闭性与伦理社会的有效性,呈现出文家主导下的复仇观,且更可能是在宗法文明走向郡县国家之后不断衍生的理论成果。

由此推衍,在今古文经学冲突中,君父问题便会尤为凸显出来,强调父子关系的优先性,恰恰是亲亲质道的核心诉求,这种对于血缘伦理的绝对尊崇,自然构成了对尊卑秩序的天然警惕与挑战。诚然,随着文明国家与伦理秩序的日渐完善,尊尊压倒亲亲,秩序高于人情的理念深入人心,但源于"天地之大德曰生"的自然伦理与人情,不断地在个体的人心中产生强大的信念支撑,使得此一传统的今古文经学之争,持续地释放着理论与实践的张力,推动着文明史的演进。

门第与文学

——韩愈复兴师道的历史因缘 *

王亚中 **

在中唐时期兴起的师道复兴运动中,除韩愈之外,柳宗元、吕温也是重要的代表人物。二人在检讨师道的演变历史时,都指出师道衰替始于魏晋之际。柳宗元言:"由魏晋氏以下,人益不事师"[1],吕温又言:

> 两汉多名臣,诤谏之风同乎三代,盖由乎身受师保之教诲、朋友之箴诫。既知己之损益,不忍观人之成败也。魏晋之后,其风大坏,学者皆以不师为天纵……,以讽诵章句为精,以穿凿文字为奥,至于圣贤之微旨,教化之大本,人伦之纪律,王道之根源则荡然莫知所措矣![2]

二人的这一历史判断提示我们在理解韩愈复兴师道的历史因缘时,不

---

* 本文是讨论韩愈《师说》历史因缘的上篇,此外还有与佛教、道教之师的交涉问题,此留待下篇讨论。

** 王亚中,西南民族大学哲学学院讲师。

〔1〕 柳宗元:《答韦中立论师道书》,《柳宗元集》,中华书局1997年版,第871页。

〔2〕 吕温:《与族兄皋请学春秋书》,《吕衡州集》卷三,上海古籍出版社1993年版,第19页。

能仅限于分析中唐以来的官学败坏、士子不从师问学等现状。[1]因为初唐时期的官学之盛被史书称作"古昔未有",但柳宗元、吕温并没有认为那是一个师道复兴的时期,而认为初唐时的教育只是处在魏晋以来的历史流变中。因此,结合柳、吕的判断来理解韩愈复兴师道的缘由,至少是要变革魏晋以来几百年之间所形成的教育思想。[2]那么,魏晋以来的教育思想有怎样的特点,并且是如何形成的? 韩愈又是如何对其进行变革的,本文即就此做相关探讨。

一

陈寅恪言:"盖自汉代学校制度废弛,博士传授之风气止息以后,学术中心移于家族,而家族复限于地域,故魏、晋、南北朝之学术、宗教皆与家族、地域两点不可分离。"[3]这一说法亦即是指汉魏之际发生的教育转型。关联于柳宗元和吕温对师道演变史的论述,可知汉代因为有师儒博士官的教授之风,故而被视作是师道复兴时期,而魏晋以后的师道不彰,博士官地位下降,却不是说这一时期教育完全荒废,而是如陈寅恪所说的学术中心发生了转移。这一时期家族教育的兴起自然是与当时的门阀士族相关,魏晋以后随着门阀士族的强盛,门第观念深刻地影响了教育。因此,韩愈等人倡导师道复兴即是要对门阀士族下的教育模式做出变革。

---

[1] 韩愈写《师说》大约是在贞元十八年,其时韩愈担任国子学四门博士,而当时官学荒废如李观在《请修太学书》中所言"国子、太学、四门、书、律、算等,今存者三,亡者三。……至于博士助教,锄犁其中,播五稼于三时,视辟雍如农郊。堂宇颓废,磊砢属联,终朝之雨,流潦下淳。"既然如此,韩愈自然希望改变现状,但这并非韩愈复兴师道的主要原因。

[2] 我们认为韩愈和柳宗元、吕温在师道复兴这一问题上除了有相通的一面外也有区别,这主要体现在对"何谓师道"的理解上。柳、吕能够想象到的师道典范是汉儒的师教,而韩愈虽对汉儒有所肯定,但其理解师道根本上是以《论语》孔门之教为准的。然就本文涉及的历史流变问题而言,他们三人之间是存在共识的。

[3] 陈寅恪:《隋唐制度渊源略论稿》,三联书店 2001 年版,第 110 页。

门阀士族对教育的影响,首先体现在官学教育上。自东汉中期以来,世代累居高位的世家大族子弟皆可依靠门第而受业于太学。至于曹魏时期,这一趋势愈演愈烈。刘馥上疏曰:

> 黄初以来,崇立太学,二十余年而成者盖寡。由博士选轻,诸生避役,高门子弟,耻非其伦,故无学者。虽有其名,而无其实,虽设其教,而无其功。宜高选博士,取行为人表,经任人师者,掌教国子。依遵古法,使二千石以上子孙,年从十五,皆入太学。[1]

曹魏时期的太学教育仍然延续了汉代的模式,即除高门大族子弟外,寒门庶族子弟也可入学。但如奏疏中言"高门子弟,耻非其伦",可见此时门第观念已经深入学校,故而在太学中产生了士庶之别的意识,士族弟子不再愿意同庶族子弟共学。

晋朝之后,随着门阀士族的正式形成和士庶等级的确立,士庶混杂的教育制度已经不再适应时代特征,故于咸宁二年创立国子学以"殊其士庶,异其贵贱"。[2]到了东晋末,桓玄置学官教授门地二品子弟,这时国子学进一步受到门第势力的影响,从根据父兄家族成员的官阶品级为入学资格发展到根据其门第品级而定入学资格。国子学的建立正是门阀士族势力强盛的体现,此如张旭华所言"国子学的创立乃有其深刻的社会基础和历史渊源,它既是东汉以来的世家大族基于政治、经济上特权地位的确立,以及文化上对儒家经学的垄断,进而谋求控制和垄断学校教育事业的产物。"[3]

然而,国子学的建立虽然是因为门阀士族的影响,但在士族势力强

---

〔1〕《宋书》卷十四,《礼志一》,吉林人民出版社1998年版,第212页。

〔2〕《南齐书·礼志上》,中华书局1972年版,第144页。

〔3〕张旭华:《试论国子学的创立与西晋门阀士族的形成》,《郑州大学学报》(哲学社会科学版)1988年第4期。

盛的东晋、南朝时期,官学教育也只是时兴时废,《南史·儒林传序》中记录其时学校情况:

> 逮江左草创,日不暇给,以迄宋、齐。国学时或开置,而劝课未博,建之不能十年,盖取文具而已。是时乡里莫或开馆,公卿罕通经术,朝廷大儒独学而弗肯养众,后生孤陋,拥经而无所讲习,大道之郁也久矣乎……[1]

既然这一时期的官学教育已经引入品级观念以适应门阀士族的需求,那么为什么学校教育仍然不兴盛呢?这当中自然有一些客观原因存在,如政治动荡,战乱连绵导致学校时常荒废、教学管理混乱、遴选博士官多粗疏不精等原因。但要理解陈寅恪所说的教育中心的转移,还需要结合门阀自身的特点来考虑。

魏晋之际的门阀士族的特点主要体现在政治和文化两个方面。就政治而言,最主要的特征就是按门第高下选拔和任用官吏。这个政治特权与九品中正制的推行有紧密关联。九品中正制规定由现任朝廷的大官担任中正官以品第人才,朝廷根据品第结果加以任用,乡品与官品之间大致形成对应关系。九品中正制的创立与人士流移的问题与浮华朋党的风气相关,其目的是曹魏政权为了将乡里清议纳入朝廷选举的轨道,使东汉时由地方大姓控制的乡论转由朝廷控制,从而使原来与政府不无矛盾的大姓名士与政府取得协调。但随着君弱臣强政治局势的发展,九品中正制逐渐成了士族门阀谋求自身政治地位的工具。概括而言,九品中正制的品级标准从德、才发展成以父兄官爵为依据,进而又演变成了以门第品级为依据,即"举世人才升降盖寡,徒以凭藉世资,

---

[1]《南史·儒林列传》,吉林人民出版社1995年版,第991页。

用相陵驾。"[1]由此形成了门阀特权。这样,在东晋与南朝前期,高级士族子弟不管才干如何,都可凭门第直接起家。[2]

与依靠门第入仕相对立的是学校入仕。首先是博士官的升迁,《晋书》中记载孝武帝重徐邈,令授太子经。帝谓邈曰:"虽未敕以师礼相待,然不以博士相遇也。"史臣论曰:

> 古之帝王受经必敬,自魏晋以来多使微人教授,号为博士,不复尊以为师,故帝有云。[3]

由材料可见,魏晋之际师道和博士相分离,博士不再是师道的担当者。其中原因,如材料所言"多使微人教授",表明是身份地位低微造成。博士一职在汉代时是"秩卑而职尊",博士官秩虽只有六百石,但其职能除了教授之外,还能参与奉使、议政等政治事务,并且凭借其资历能够获得高官厚爵,因此不会被称为"微人"。魏晋以后,其职能则仅限于教授和一些不重要的政治事务,并且如马端临言:"魏时博士之遴选既不精而博士之迁升亦复有限矣"[4],亦即博士资历让位于门第资历不再成为升迁至高官的凭证。

就官学学生入仕而言,汉代时的常规入仕途径是官学——征辟、察举,故其时官学之盛与征辟、察举制作为选举人才的主体制度相关,此

---

[1] 沈约:《恩幸传论》,《昭明文选》,华夏出版社 2000 年版,第 1991 页。

[2] 关于门阀制度的形成发展历程,参见祝总斌:《试论魏晋南北朝的门阀制度》,见《材不材斋史学丛稿》,中华书局 2009 年版。

[3] 《晋书》卷九十一,吉林出版社 1995 年版,第 1423 页。

[4] 马端临:《文献通考》卷四十一。又,与徐邈同时期的车胤曾上书言:"二汉旧事,博士之职,唯举明经之士,迁转各以本资,初无定班。魏及中朝,多以侍中、常侍儒学最优者领之,职虽不同汉氏,尽于儒士取用,其揆一也。今博士八人,愚谓宜依魏氏故事,择朝臣一人经学最优者,不系位之高下,常以领之。每举,太常共研厥中,其余七人,自依常铨选。"此材料亦可见,汉代博士各以本资即能迁升至于高官,而魏晋之际博士升迁受限,为了提升官学地位,只能反过来从侍中、常侍中选才堪任者来"领"博士头衔。但真正负责教授的其余七人博士则只是依常铨选,仍然官品不高。

如沈约言："学校棋布,传经授业,学优而仕,始自乡邑,本于小吏干佐,方至文学功曹,积以岁月,乃得察举人才秀异,始为公府所辟,迁为牧守,入作台司,汉之得人于斯为盛。"[1]曹魏时期,通过学校途径入仕变得困难,"虽有精者,而台阁举格太高,加不念统其大义,而问字指墨法点注之间,百人同试,度者未十"[2],《通典》曰:

> 魏文帝黄初五年,立太学于洛阳。时慕学者始诣太学为门人,满二岁试通一经者称弟子,不通一经,罢遣;弟子满二岁试通二经者,补文学掌故;不通经者听须后辈试,试通二经,亦得补掌故;掌故满二岁试通三经者,擢高第为太子舍人;不第者随后辈复试,试通,亦为太子舍人;舍人满二岁试通四经者,擢其高第为郎中;不通者随后辈复试,试通,亦为郎中;郎中满二岁能通五经者擢高第,随才叙用,不通者随后辈复试,试通,亦叙用。[3]

材料中提到的文学掌故、太子舍人、郎中都是散官,而至于能"随才叙用"也至少十年,可见士子由学校途径升迁速度也非常缓慢。晋朝时期,《晋令》"诸生有法度者及白衣,试在高第,拜郎中"[4],通过学校途径入仕只能是八品的郎中,大体也是延续了曹魏以来的做法。[5]此外,国子学制度在具体的执行过程中,仍然还是存在士庶混杂的情况,东晋末期时,国子祭酒殷茂上书言"臣闻旧制,国学生皆取冠族华胄,比列皇储,而中混杂兰艾,遂令人情耻之"然诏虽褒纳,竟不施行。[6]因此,其

---

〔1〕　杜佑:《通典·选举四》,中华书局1984年版。
〔2〕　陈寿:《三国志》卷十三,团结出版社1996年版,第414页。
〔3〕〔6〕　杜佑:《通典·大学》卷五十三,中华书局1984年版。
〔4〕　欧阳询:《艺文类聚·职官部二》,转引自阎步克《察举制度变迁史稿》,中国人民大学出版社2009年版,第129页。
〔5〕　阎步克:《察举制度变迁史稿》,第97、126页。

时的士族子弟不再愿意到学校学习而是直接依靠其门第而入仕为官。[1]

　　虽然,士族子弟不需要依靠自身才干、学识即可入仕为官,但门阀士族并非由此而不重视文化、教育。恰恰相反,东汉时期的地方大族能够逐渐转变为门阀,对文化和学术领域的掌控是一重要原因。如钱穆先生所言"门第起源与儒家传统有深密不可分之关联,非属因有九品中正制而才有此下之门第。门第即来自士族,血缘本于儒家,苟儒家精神一旦消失,则门第亦将不复存在。"[2]可见从门第形成而言,即与儒家文化有深厚的渊源。当门第形成之后,优越深厚的文化传统是门第自矜其社会地位的基础。而且,为了维系自身的家族秩序,门第特别重视礼学,故在礼学研究方面这一时期多有创辟之处。另外,门第家族重视文化,最为重要的原因还在于,门阀士族能够维系其自身的地位,归根到底需要不断有学识才能出众的子弟出现,否则门阀难逃衰落的命运。为了家有贤孝子孙,门第家族尤为看重家学传承和家风培养。[3]

　　然而,门阀士族重视文化往往表现为遵儒者之教、履道家之言。田余庆先生指出:"按照晋代时尚,旧时儒学大族如果不转习玄风,一般是难于继续为世所重的。庾氏家族如果要使门户光大,必须完成由儒入玄的转变过程。"[4]当门阀家族习染玄学风气后,即存在"祖述虚玄,摈阙里之典经,习正始之余论,指礼法为流俗,目纵诞以清高,遂使宪章弛废,名

---

[1] 关于学校和门第之间的对立,阎步克还提到了魏晋时期官学教育的崇立与抑制士族"浮华不务道本"的风气相关。官学教育实质上与门第交游结党,品题人物的风气之间构成了对立。因此,这也是导致士族子弟不愿意入读于国子学的原因。参见阎步克:《察举制度变迁史稿》第六章,中国人民大学出版社2009年版。

[2] 参见钱穆:《略论魏晋南北朝学术文化与当时门第之关系》,见《中国学术思想史论丛》(三),《钱宾四先生全集》第19册,联经出版社1998年版,第327页。

[3] 关于门第与文化关联的讨论,参见钱穆《略论魏晋南北朝学术文化与当时门第之关系》一文。

[4] 田余庆:《东晋门阀政治》,北京大学出版社2012年版,第101页。

教颓毁"[1]的情况。因而当士大夫崇尚老庄之时,儒术终不振。[2]

正是因为门阀士族具有了政治上的特权和文化上对玄学的需求,再加上如免役权、收藏了大量经籍文献和能够在战乱之际拥众自保等有利条件,故而教育中心从中央官学转移到了地方家族教育。进一步而言,魏晋时期教育中心从中央官学转移到家族教育,根本上则是因为皇权与士族权力之间的势力对比而造成。官学重视经学教育以及通过考试的方式择优选拔人才体现的是皇权政治对选贤任能的需要。家族教育的兴起反映的则是士族的强盛,因为士族有了入仕的特权和为门户私计的考量,以及在政治动荡之际,维系自身文化传统的力量,这才能使家族教育成为这一时期的主导。因此,在魏晋之际以及南朝前期,官学整体呈现为低迷状态而教育中心向家族内部转移。

从南朝后期开始,随着皇权的振兴,士族势力削弱,在入仕方面,君主希望突破门第的限制而广泛选拔人才,通过选贤任能的入仕准则重塑官僚体系,从而改变在贵族政治下,士族依靠门第即能把控朝政的局面。从这一时期开始,士族子弟一定程度上不得不转向官学教育,通过考试选拔才能入仕为官,因此,这一时期国子学教育开始复兴,教育中心又开始向官学回归。只不过这一时期,士族势力仍然强盛,家族教育还是占据了相当大的一部分,这一趋势一直延续发展到了隋唐之际。

隋唐政权在制度上继承了魏晋南北朝以来的官学政策,继续施行等级化的教育。[3]另一方面,这一时期,中央皇权空前强大,门阀士族

---

[1] 《晋书·儒林传》,吉林出版社 1995 年版,第 1416 页。

[2] 《文献通考》:"成帝咸康三年,国子祭酒袁怀、太常冯怀以江左漫安,请修学校。帝从之,乃立太学,征生徒。而士大夫习尚老、庄,儒术终不振。"此外,葛洪在《抱朴子·疾谬篇》中对京洛名士的放荡不遵礼教之行予以了严厉批判,可参看。

[3] 傅璇琮先生指出"唐代中央一级的学校,隶属国子监的有六学,这就是国子学、太学、四门学、律学、书学、算学。国子学等六学的差别不在于学业程度的深浅,而在于学生入学资格的高低,这所谓入学资格,指的是其家庭官阶和门荫地位。"傅璇琮:《唐代科举与文学》,陕西人民出版社 2007 年版,第 467 页。

所具有的政治经济特权在南北朝末期以来已经逐渐消失,此时门阀士族只有通过依附于皇权,才能够保持其自身地位。因此,从魏晋时期官学系统开始推行的等级化教育以来,虽然最开始时处于低迷状态,但随着皇权的伸张,在南朝后期以后开始复兴。到了初唐时期,皇权势力空前强大,其时官学之盛,正是中古以来贵族等级教育的最高峰。

唐长孺先生指出:"在隋初和唐初,南北朝以来各地的旧门阀业已丧失过去由制度所保证的政治经济特权,但他们在社会上传统的崇高地位仍程度不同地得以保持。"[1]而他们维系自身地位的方法已经和过去依靠门阀世资不同,而是主要依靠其门第内的深厚的家学渊源和文化修养,使他们能够致身通显。这一晋升途径发展到武则天时期又和科举制结合起来,此亦如唐长孺先生所说,科举制实际上就是这样一条进身道路的制度化。[2]虽然科举制始于隋朝,但是,直到武则天时期为了打击唐朝建国时传统士族势力,予以格外推崇,从而科举制成为了全国重要的入仕渠道。科举制选拔人才考察的是文化修养,而非门第,本来是有利于更多的庶族子弟藉此机会入仕的,但这一时期门阀士族虽然已经没有了政治特权,依然保持了文化上的优势,因此科举制开始被重视以后,依靠科举制产生的新兴统治阶级主要是文化传统悠长的门第家族。[3]与此同时,因为此时官学教育施行贵族化的教育,庶族子弟很难有机会进入学校学习,缺少了通过科举入仕的竞争实力。

到了韩愈之时,学校内部的贵族化风气的现象仍然非常严重,而且庶族子弟大多都因为身份低微而不得进入官学学习。韩愈文章有许多

---

〔1〕唐长孺:《魏晋南北朝隋唐史三论——中国封建社会的形成和前期的变化》,武汉大学出版社1992年版,第370页。

〔2〕同上书,第373页。

〔3〕唐长孺指出"山东高门,其实关中、江左士族也是一样,除了传统的社会地位以外,还具有悠远的文化传统,他们凭借这种优势,在科举制时代,仍然能猎取世所企美的进士科,并藉以维持其门户,重新获得业已丧失的政治经济特权。"参见唐长孺:《魏晋南北朝隋唐史三论》,第401页。

对当时教育贵族化特点的抨击与讽刺,其中,《师说》中写"无贵无贱,无长无少,道之所存,师之所存也"正是针对"位卑则足羞,官盛则近谀"的情况,韩愈要求在教育领域不再以贵贱为上下级之关系,而是完全依据于道理本身,惟其能成为有道者即可以尊之为师。这样的做法其目的就是要将教育权、文化特权从门阀士族手中争取过来,使得教育权下移,让庶族子弟皆能够接受官学教育而入仕。[1]如果说科举制的兴起从晋升渠道上,改变了门阀家族依靠门第品级入仕的格局,让庶族子弟也有了晋升的机会,从而成为导致门阀士族在历史上消失的重要制度。那么,韩愈复兴师道对贵族式教育的反对则是要从根本上把门阀士族赖以依托的文化优势也彻底打破,这样,就为庶族阶层的全面崛起,士庶之别的消失提供了最重要的基础。

二

钱穆先生在《杂论古文运动》一文中,颇有意味的将韩愈盛倡师道一事作为文章结尾,这似乎是在暗示二者之间存在某种联系。陈寅恪先生《论韩愈》一文言:"退之在当时古文运动诸健者中,特具承先启后作一大运动领袖之气魄与人格,为其他文士所不能及",又曰:"退之发起光大唐代古文运动,卒开后来赵宋新儒学新古文之文化运动",而"之所以得致此者,盖亦由其平生奖掖后进,开启来学"。[2]此则直截了当地指出了师道重建与古文运动之间的关联。在最近的研究者中,咸晓婷也特别重视二者之间的联系,故亦认为"师道运动是儒学革新和古文运动展开的平台"。[3]根据已有的研究成果,本节从师道重建的角度出

〔1〕 本节内容受吕正惠《韩愈〈师说〉在文化史上的意义》一文很大的启发,是在其基本观点的基础上做进一步的讨论。可参见该文,载《文学与文学》2011年第1期。

〔2〕 陈寅恪:《论韩愈》,《历史研究》1954年第2期。

〔3〕 咸晓婷:《中唐儒学变革与古文运动嬗递研究》,浙江大学出版社2016年版,第3页。

发来看待其与古文运动之间的关系，由此即能看到韩愈师道重建亦是针对魏晋以来儒学教育中文学化倾向的一场变革。

　　讨论这一问题首先需要对《师说》的文本进行分析：文章开篇言"古之学者必有师"，其意是希望今之学者（即当时的士人）能够学习古人之学。而且，韩愈指出学习古人之学必须要向师问学，这就是在士人学习古人之学和向师求教之间建立起了必要性。在《师说》的第二段，韩愈通过圣人与众人，子女和士人自身，巫医乐师百工之人和士大夫之族三组对比，旨在说明当时士大夫之族"耻学于师"的情形，由此而引导士人树立起师道意识。因此，《师说》的写作目的即是希望在士人群体中倡言师道，士人阶层由师的引导而能够学习古学。其次，韩愈还需要当时的师儒群体也能树立起师道意识，否则，士人纵然有求师之愿亦无可求教之师。因此，韩愈对师建立了新的规范："师者，所以传道、受业、解惑也。"与这一句形成对比的是"嗟乎！师道之不传也久矣"，即指出当时虽然也有师，却不能传道，故不复有师道。由此，士人亦就不能"师其道"。[1]韩愈写《师说》即希望具有师的身份的人心目中树立起师道意识，能够成为这样的师儒。值得一提的是，他在这一段中提到了"童子之师"是"授之书而习其句读者"，这一类师并非其所谓"传其道解其惑"者。由此，我们可能会认为韩愈是想把童子之师与他心目中的传道之师作出区分，但其实韩愈这里讲童子之师是在说明当时的士大夫尚且知道童子须有师，而于自身却无求师问学之意。这一点的辨析意在说明，韩愈力倡师道欲求改变的不是童子之师（章句之师），而是当时在儒

---

[1]　《师说》中对于"师道"这一概念的使用有四种用法，（一）"吾师道也"，此是把师看作动词，弟子所师对象是道，即吾师其人之道，而不论其人之年龄、地位等；（二）"道之所存，师之所存也"，此把师与道稍作分离，指出师与道的关系，"道之所存"之"所"表示指向的意思，意为道之所存，存于师也，故学者求道则求于师。"师之所存"之"所存"是名词性结构，意为师之内蕴是道，即师是有道之师也。（三）"师道之不传也久矣"，此或即是说，师不传道者久矣，意即无传道之师。（四）"师道之不复，可知矣"，此是把师道合起来作一名词，其意更为宽泛，大致是指以道为本的师弟子关系的建立，以及尊师重道的社会风气等等。此意能包括前三种意思。本文使用师道重建、复兴师道的说法即属于这一义之中。

学教育内部占主体地位的师儒。在文章的最后提到了李蟠,言其"好古文,六艺经传皆通习之,不拘于时,学于余",由此可见古文正是师生授受相传的主要内容。

通过对文本的分析,我们可以提出两个问题:首先,韩愈指出当时虽有师而不复有师道,那么,当时占主导的师儒和具有师道之师有何不同? 其次,对于士人而言,当时的士人群体即士大夫之族呈现出了怎样的特征,韩愈才会希望通过古学的倡导而扭转士风? 对于第一个问题,一般根据柳宗元言"马融、郑玄者,二子独章句师耳。今世固不少章句师,仆幸非其人"[1]会认为《师说》是在针对章句之师而发,此固不可否认,但若结合当时知识界的情况来看,文学占据了当时的主流,学者趋之若鹜的也是文学,故当时方内教育的主导应该是文学之师,即文儒,而韩愈正是要求对其时的文儒做出改变[2],而这就与古文运动相关。

古文运动的兴起直接针对的是当时崇尚骈俪的文风。然此文风兴起则渊源自汉魏时期,以曹魏三祖为主导的文学新风向为重要起点,后经历西晋→东晋、南朝→北朝→隋唐的发展演变而至于中唐时期。他们大多重视文学存在的独立价值,而不再重视文学的美刺讽喻、伦理教化功能。其创作主张缘情而作,文学主题在建安文学时,尚且有描写战争疮痍、反映时代风衰俗怨的题材,艺术表现上犹有以有所为而为的创作动机写作自然平实的作品。但发展至于南朝之后逐渐转为以应酬娱情为主,主要书写日常生活中家庭、男女、朋友之间的闲情,写作追求华美辞采,文风愈趋绮靡。对此文风之流变,李谔批判尤为激烈,其曰:"魏之三祖,更尚文词,忽君人之大道,好雕虫之小艺。下之从上,有同

〔1〕　柳宗元:《答严厚舆秀才论为师道书》,《柳宗元集》,中华书局 1997 年版,第 878 页。
〔2〕　实际上,反文学之师与反章句之师之间应该是一种包含关系。古文运动"文以载道"思想的发展过程中,即包括了儒学由专习章句转为精求义理的这一变化。参见葛晓音:《汉唐文学的嬗变》,北京大学出版社 1990 年版,第 164 页。

影响,竞骋文化,遂成风俗,江左齐梁,其弊弥甚。"〔1〕进入唐之后,虽然屡有批判的声音,但朝野崇尚骈俪的风气仍然兴盛,开元之前,除了赋颂、歌咏等纯文学作品外,大多数的应用文体如碑铭、奏议、序文、书信乃至书判、对策皆用骈文。

与文学发展紧密关联的是文士的发展。西汉时已有文人出现,之后因范晔写《后汉书》首创立《文苑传》而文士之名义得以确立。魏晋之际因为文学独立价值的觉醒,对与文学相关的问题开始深入探讨,以文为学之人开始增多,刘宋时又分出了儒学、玄学、史学、文学四科。在这一发展过程中,文人逐渐增多。并且,伴随着骈俪文学的繁荣发展的是文人地位的上升,文才被认为是才能的重要表征,知识界中的领导者大多为文学家,由于文学家自南朝以下长领知识界的风骚,他们对时代文化影响之深远,只有佛教僧侣可与比肩。〔2〕

面对此文学倾向,安史之乱前后,当时的文坛领袖有萧颖士、李华、贾至、独孤及、梁肃等人,他们欲"振中古之风,以宏文德"而掀起了"文章中兴"的新思潮,这一思潮即是古文运动的先声。他们主张以古文代替骈文,并且反对纯文学,强调文章须与六经之义旨相关联,如独孤及言李华之文学作品"风雅之指归,刑政之本根,忠孝之大伦,皆见于词"。(《检校尚书吏部员外郎赵郡李公中集序》)安史之乱以后,"文章中兴"中的文士受时事的刺激,又特别重视文章的经世致用功能,认为文章须为政教秩序重建服务,如崔元翰言"治平之主,必以文德致时雍;其承辅之臣,亦以文事助王政"。值得注意的是,在文章中兴之前,也有类似的批判,但主要来自文人集团外部的经学家和政治家的声音,至此则是文人集团内部发生了这一转变。

在"文章中兴"之后,以韩愈、柳宗元为代表的古文运动兴起。"文

---

〔1〕 罗根泽:《中国文学批评史》,商务印书馆 2017 年版,第 483 页。
〔2〕 以上对文学史内容的叙述主要参考了钱穆《读文选》、唐长孺《论南朝文学的北传》、葛晓音《汉唐文学的嬗变》、陈弱水《唐代文士与中国思想的转型》中的相关研究成果。

道关系"是理解古文运动内涵绕不过去的核心思想,下面我们分六经古文中的文道关系和古文创作中的文道关系两个方面来论述其中意蕴。

古文先驱主张"宪章六艺",即求在文体方面复兴古文。韩愈与古文先驱颇有渊源[1],因此在早期为学中亦当受其影响,故亦"非三代、两汉之书不敢观"。然而在为学过程中韩愈又有不同,《进学解》中韩愈夫子自道:"先生口不绝吟于六艺之文,手不停披于百家之编。记事者必提其要,纂言者必钩其玄。贪多务得,细大不捐",故韩愈读六艺、百家之文所重在提要钩玄,此即是"师其意而不师其辞",韩愈既而因学六经之文而识经中道理。因此,就经书而言,文与道为二。柳宗元对这一点言之甚明晰:"圣人之言期以明道,学者务求诸道而遗其辞。辞之传于世者必由于书。道假辞而明,辞假书而传,要之之道而已矣。"(《报崔黯秀才书》)。这一认识非常重要,表明了韩愈和柳宗元已经开始跳脱出文人集团延续数百年的以文学为本位来思考儒家教义的方式,开始由文入道。在韩、柳看来真正关联于政教的不是文章,而是文中之道,故柳宗元又言:"以诗礼春秋之道施于事,及于物,……能如是,然后可以为儒。儒可以说读为哉?"(《送徐从事北游序》)

韩愈从经书中分离出圣人之道之后,并没有因此忽视圣人之文。其又言:"若圣人之道不用文则已,用则必尚其能者,能者非他,能自树立,不因循者是也。有文字来谁不为文?然其存于今者,必其能者也。"(《答刘正夫书》)这一认识与后世程子的理解不同,程子言:"人见《六经》,便以为圣人亦作文,不知圣人亦抒发胸中所蕴,自成文耳。所谓'有德者必有言也'。"[2]因此,在理学家则惟以圣人之道为重,在韩愈则虽分文与道为二,并以道为重,但认为六经文辞亦不可忽视,因为道

---

[1] 参见钱基博:《韩愈志》(古文渊源篇第一),上海古籍出版社 2012 年版。
[2] 参见《二程集》,中华书局 2004 年版,第 239 页。朱子在《读唐志》中亦有类同程子的说法,其曰"大古之圣贤,其文可谓盛矣,然初岂有意学为如是之文哉?有是实于中,则必有是文于外。"

藉由文而得以显,文又因道而传信于后。文与道又是一贯,所以韩愈是文与道并重,故其自言:"愈之志在古道,又甚好其言辞"(《答陈生书》)、"思古人而不得见,学古道,则欲兼通其辞。"(《提欧阳生哀辞后》)

　　从古文创作来看,韩愈仍然是继承了"文章中兴"复古文的主张,欲自振一代文学,故力求"惟陈言之务去",摆脱四六文的陈腔滥调。但要从文辞层面做出革新,韩愈又言:"然而必出于己,不袭蹈前人一言一句,又何其难也!"面对这一困难在经历"如是者亦有年,犹不改之后"。韩愈进而提出:"夫所谓文者,必有诸其中,是故君子慎其实。实之美恶,其发也不掩。"韩愈意识到为文必有其本。由此,在创作古文中,韩愈同样实现了由文入道的转向。[1]韩愈理解君子藏于其中者即在经中的仁义之道,因此,其言:"必出入仁义,其富若生蓄,万物必具,海含地负,放纵恣横,无所统计,然而不烦于绳削而自合也。"(《南阳樊绍述墓志铭》)。因此,韩愈理解真正的复古文不在于文辞上的学习三代两汉之文,而当是存仁义之道于心,由此,虽然所为文章,其文辞与圣贤相异,然其道则相同。文中虽不言仁义、经术而自见为仁义之言、自是从经术所发。所以,为文的工夫必在于平日的志道修身,故其言:"虽然,不可以不养也,行之乎仁义之途、游之乎《诗》《书》之源。无迷其途、无绝其源,终吾身而已矣。"(《答李翊书》)惟蓄道德而后能文章。[2]

　　韩愈在创作古文中对文道关系的认识是以道为本而后发为辉章。

----

〔1〕 应该说张旭练书法的例子对韩愈是一个重要的启发,韩愈曾举张旭写书法的例子言:"往时张旭善草书,不治他伎,喜怒窘穷,忧悲愉佚,怨恨思慕,酣醉无聊不平,有动于心,必于草书焉发之。观于物,见山水崖谷,鸟兽虫鱼,草木之花实,日月列星,风雨水火,雷霆霹雳,歌舞战斗,天地事物之变,可喜可愕,一寓于书。故旭之书,变动犹鬼神,不可端倪,以此终其身而名后世。"(《送高闲上人序》)书法创造的源泉灵感来自有动于心者和观之于物,然后通过书法这一艺术表现出来。然优秀的艺术作品关键在于平时"寓其巧智"(心上工夫),"不挫于气"(养气工夫),惟有此两方面的工夫,既而能"使机应于心"和"神完而守固"。此即大本既立,而"虽外物至,不胶于心"。

〔2〕 道德与文章之间还有一个中间概念"气",韩愈自言"虽然,不可以不养。行之乎仁义之途,游之乎诗书之源。无迷其途,无绝其源,终吾身而已矣。气,水也。言,浮物也。水大,而物之浮者大小毕浮。气之与言犹是也。气盛,则言之短长与声之高下者皆宜。"

但韩愈并没有因此忽视文章之法的研讨。在韩愈看来,虽然仁义之道是为文之根本,但对于创作艺术作品而言,仁义之道的意义在于提升作者主观精神的层级,从而提高对客观事物价值、意味的发现层级。[1]它所代表的是发现与感受的能力,而当作者要将其所感作为文章,又必有文章之法需要探讨。因此,韩愈平日为学又多在文章之事上。由此来看,韩愈在创作古文中对于文与道的理解,实质上继承了学习六艺之文中对文与道的理解,即虽是以道为重、为本,然文章之事亦不可忽视。

基于这一文道关系,在古文创作上,韩愈与"文章中兴"的文士有了绝大的不同。"文章中兴"之士因为文与道并没有分离,因此复古文只是"绍三代之文章,播六学之典训",即模仿六经语言而求复兴古文,他们的努力在于"以古文反对骈文"。但是韩愈在文体方面不是以古文反对骈文,而是对古文进行创新,他们创作古文是通过"以诗为文"的方式,对东汉乃及建安以下社会流行诸文体的改造。对于韩愈、柳宗元古文运动在文学史上的贡献,钱穆先生有精彩的阐发,其言"韩、柳之倡复古文,其实则与真古文复异。韩柳并不刻意子、史著述,亦不偏重诏令、奏议,实乃承于辞赋、五七言诗盛兴之后,纯文学之发展,已达灿烂成熟之境,而二公乃站于纯文学之立场,求取融化后起诗、赋纯文学之情趣风神以纳入于短篇散文之中,而使短篇散文亦得侵入纯文学之域,而确占一席地。其次,韩柳又不仅在于纳旧体于纯文学,而且又是在短篇散文中再创新体,如赠序、如杂记、如杂书。"[2]韩、柳有此成绩与其同时有文与道两方面的修养紧密相关。

由以上论述,可以看到韩愈对文道关系的认识可以区分成不同的层次,文与道的关系是一或则是二皆能成立。文与道为二,则是以道为本,以文为末;文与道为一,则道藉由文而得以显,文又因道而传信于

〔1〕 徐复观:《中国文学精神》,上海世纪出版集团2006年版,第8页。

〔2〕 钱穆:《杂论古文运动》,见《中国学术思想史论丛》(四),《钱宾四先生全集》第19册,联经出版社1998年版,第69页。

后,文与道并重。

因为对文与道具有这样的认识,韩愈、柳宗元与"文章中兴"时期的文士不同。前面已经提到,相比较于之前对骈俪文学的批判,"文章中兴"是来自于文学集团内部的一场文学运动,这是一个很重要的信号。外部的批评如裴子野、李谔等,他们的批评并不能为文人所接受,文人内部则认为骈文仍然有发展空间。但这次是来自文人内部的反思,即表明文人对骈文发展存在的问题已经有了真切的认识,这也就意味着骈俪文学在经历了几百年的发展之后,已经到了需要作出改变的时候了。不过,也正因为"文章中兴"是文人为代表的一场运动,那么,就限定了这一场运动的主张仍然是以文学为本位来思考如何继续使文学发挥对政教的主导性作用。然而,以韩愈为代表的古文运动则不同,因为他们的认识中有分离文与道为二的一面,因此,一方面,韩愈保留了文人的特征,他对于纯文学有很多的肯定[1],并且对文学发展产生了巨大深远的影响。因此,古文运动仍然是一场文人团体内部对文学的改造运动,其在文人世界的冲击力自然比来自外部的批评要大。但韩愈又重视"道",这就使其具备了超越于文人的视野。将这一两面性,关联于师道重建的问题可以看到:

"文章中兴"中的文士,当时亦是师儒的代表。萧颖士俨然以师儒自居而广收弟子,其门生曰:"先师微言既绝千有余载,至夫子而洵美无度。"(《送萧颖士赴东府序》)即把他视为先师孔子的继承人。[2]独孤及则被称为"明哲之师长",在同属"文章中兴"阵营的重要人物崔元翰写与独孤及的信中言"后世之文,放荡于浮虚,舛驰于怪迁,其道遂隐。谓

---

〔1〕　相较于"文章中兴"对于魏晋以下文学的激烈批判,韩愈对建安文学、以及鲍谢等人皆予以了肯定。参见《荐士(荐孟郊于郑余庆也)》一诗。

〔2〕　陈弱水指出:安史之乱前后的知识界,萧颖士同时具有两个身份,一是宣扬孔教的"萧夫子",一是倡导新文学的文人领袖。并且,在注释中,陈弱水还考证了"萧夫子"称号的来历以及在当时萧夫子之声誉远播的情形。参见陈弱水:《唐代文士与中国思想的转型》,广西师范大学出版社 2009 年版,第 33 页。

宜得明哲之师长,表正其根源,然后教化淳矣"。(《与常州独孤使君书》)因此,他们可以称为文儒,也就和魏晋以来知识界以文人为主流的格局并没有什么实质的不同。但是,韩愈《师说》言"道之所存也,师之所存也",又言师应该"闻道"而以"传道"为业,即是指"师"应该与道相关而脱离与文学的关系。因此,《师说》中强调的"师"是希望建立一种新型的以道为本的师儒而不同于过去的以文学为本位的文儒。这一类师儒的一个重要特点就是以发明六经中的圣人之道为宗旨。吕正惠在分析韩愈《师说》时,将韩愈所指的师与当时的新经学的代表啖助、赵匡、陆淳等人相关联,故可知韩愈《师说》中所指的新型之师即包括了这一类新兴的经学家。[1]但不得不说,韩愈作为一个由文入道的过渡人物,仍然重视古文的重要性,因此,《师说》中提到了学习古文是师生授受的主要内容。这一点使得韩愈在后世道学家看来,并不是一个成功的道德师的形象。[2]但韩愈凭借其雄才伟力而开启了积习已久的文儒向道德师转变的可能性,其功亦大矣!

　　最后,我们再对当时的士大夫之族呈现了怎样的特点的问题做一个探讨。陆扬在《唐代的清流文化——一个现象的概述》中指出从武后统治后期到玄宗朝这段时期里,唐代政治逐渐形成了以清流文化为主导的价值观。清流文化最主要的特点即是特别重视文学才能,认为文的才能凌驾于其他所有才能之上。对于其中缘由,陆扬指出:"中古以来,尤其是唐代社会,皇帝作为一种制度,本身体现出高度个人化的倾向,而这种个人权威的展现,以及社会对此种权威的接受,从武后、玄宗时代开始,越来越依赖既程式化又能通过用典来表达细微个人立场的文辞上。随着这

---

[1]　吕正惠:《韩愈〈师说〉在文化史上的意义》,《文学与文化》2011年第1期。

[2]　朱子曰:"师生之间,传受之际,盖未免裂道与文以为两物,而于其轻重缓急、本末宾主之分,又未免于倒悬而逆置之也。"(《读唐志》)杨时亦言"唐之韩愈,固尝欲以师道自居矣,其视李翱、张籍辈,皆谓'从吾游',今翱、籍之文具在考其言,未尝以弟子自列,则师果可好为之乎?苟其道未足以达材成德,则虽欲为之而人不与也。愈且如是,况其下者乎?"(《答陈莹中》)

种文辞地位的日益上升,它具有了一种近乎抽象意义上的礼的维系作用,被认为具有调燮阴阳、衡定天下的功能。掌握这种能力的人也以成功传递高度个人化的君主意旨为最高文学目的。……中晚唐政治文化精英对日常往来于上下级和相互之间的文辞的强调与文艺复兴时期对修辞学的作用的强调非常相似。"〔1〕因此,文学才能在政治治理中的重要性主要即是体现在能够代朝廷立言,并以体现君主的权威和其个人魅力为最高目的,其实质是建立在一种君主为核心的政治文化观之中。在清流文化之中,士人依靠进士词科的成功和任官履历符合"文"的清显特征的要求,即产生了"清流"这一新型的政治文化精英,其成员构成广泛包括了旧门阀和新兴贵族。从 9 世纪初到 10 世纪末,这一政治文化及其所产生的代表性群体从根本上支配了文化和政治的话语权。

根据这一论述可知,在韩愈当时的士大夫群体中愈加兴盛的价值追求,即是从事词赋等文学的学习,进而凭借文学的修养通过进士科而跻身清流。但是,依靠文学而治理天下实质上是建立在对社会的想象之中的,士大夫凭借文学才能,而不知治理天下之道,并不能真正治理好国家。因此,此时的清流文化也被清流以外之人称为是浮薄之风,"群尚轻薄之风,莅官行法,何尝及治? 由是大纲不维,小漏忘补,失民有素,上下相蒙"〔2〕以此清流文化作为背景,我们可以知道,韩愈《师说》中提到的士大夫之族很可能就是属于这一士风之中。安史之乱后,国家动乱,依靠清流难以恢复政教秩序。因此,必须要对士大夫群体进行改造。这一点在"文章中兴"时期的主张也有类似的看法,贾至认为"忠信之陵颓,耻尚之失所,末学之驰骋,儒道之不举,四者皆由取士之失也";〔3〕柳冕言欲求君子之儒则须改变"进士以诗赋取士,不先理道。

〔1〕　陆扬:《清流文化与唐帝国》,北京大学出版社 2016 年版,第 224 页。

〔2〕　《金华子杂篇》卷下,见陶敏主编:《全唐五代笔记》第 4 册,三秦出版社 2012 年版,第 3146 页。

〔3〕　贾至:《议杨绾条奏贡举疏》,《全唐文新编》第 2 部第 3 册,吉林文史出版社 2000 年版,第 4254 页。

明经以墨义考试,不本儒意"[1]的科举考试制度。到了韩愈之时,他认为根本上在于士大夫阶层能够由文学的学习转向学习古代圣人之道,而这就必须要向师问学求教,因此在士大夫阶层树立师道意识成为了重要而迫切之事。

本文通过对门第和文学发展历史的梳理,探讨二者与师道重建的关联,可以看到师道衰落不只是一个孤零零的教育内部的问题,而是涉及了广阔的历史背景,韩愈著《师说》,昌言师道,其用心包涵着深远的历史意义。不过,从现实的社会效应来看,韩愈师道重建的呼声在中唐时期并没有得到广泛的响应,仍然只是一种边缘化的声音。随着韩愈的去世,很快被历史所淹没,直到北宋才迎来新的转机。[2]

---

[1] 柳冕:《与权侍郎书》,《全唐文新编》第 3 部第 1 册,吉林文史出版社 2000 年版,第 6136 页。

[2] 陆敏珍分析韩愈师道重建没有获得广泛的效验的原因是由于没有获得国家权力的支持,没能进入国家政策的关注与思考中心。此说值得参考。参见陆敏珍:《宋学初兴与唐宋时期的师道运动》,《文史》2009 年第 4 辑。

异域新知

问道儒家

——对《关于自我、自主与共同体的比较研究》的反思[*]

阿拉斯戴尔·麦金太尔　著　郭　潇　译[**]

这些文章恰逢其时。它们出自兼通中国和美国哲学的哲学家,致力于就儒家传统的诸多核心议题进行学术探究。这些文章推进了这样一种共识:美国哲学唯有在与多样的互竞立场的对话中才能繁荣,一系列中国的声音在其中具有重要的地位。一些身在不同研究领域的早期学者,诸如陈荣捷、葛瑞汉(Angus Graham)、倪德卫(David Nivison)等,已经使这种共识成为了可能。但是,他们作出如此贡献之时,绝大部分的美国哲学家还是理所当然地认为中国哲学的研究与自己的关切迥异,而只是该领域专家的兴趣而已。值得高兴的是,我们正在远离这种文化狭隘,眼前的这些文章是又一个进步的标志。

　* 本文译自 Alasdair MacIntyre, "Questions for Confucians Reflections on the Essays in Comparative Study of Self, Autonomy, and Community," ed. Kwong-loi Shun and David B. Wong, *Confucian Ethics: A Comparative Study of Self*, Autonomy, and Community, Cambridge University Press, 2004, pp.203—218。
　** 阿拉斯戴尔·麦金太尔(Alasdair MacIntyre),当代著名哲学家、伦理学家;郭潇,清华大学哲学系在读博士生。

　　然而在这个特别的时刻，还有另一个理由来欢迎这些文章。在我们现在的世界中，缺乏比较视野的伦理探究显然具有缺陷。陈汉生（Chad Hansen）极为清晰地列举了比较伦理的一些要点，认为当我们意识到不同的道德观点，并满足以下三个条件时，我们可能会怀疑迄今为止视为理所当然的信念：第一，我们遭遇的竞争性道德传统与我们自身的传统在观念上或理论上迥异；第二，这是一个"智性丰沛的、反思性的、层次分明的规范体系"；第三，它"提供了一些与我们目前的道德观点相比令人印象深刻的道德洞见"。（参见第四章，第79页）而且，陈汉生进一步认为，遭遇某种形态的中国伦理学的西方人会发现，与其他非西方形态的道德思想和实践相比，中国伦理学更加满足这三个条件。

　　然而对于西方人来说，与其他境遇相比，他们极有可能在某些类型的境遇中更加认真地对待中国道德思想与实践，并且这对于那些遭遇某些版本的西方道德思想和实践的中国人来说也同样如此。如今，这些境遇的发生比以往任何历史时段都更加频繁与难以避免，其类型主要有二：其一，与以往相比，在当代的西方社会，尤其是美国社会，有越来越多的中国人与中国家庭已经使自身融入其中。于是，他们不得不与现在共同生活在一起的人磨合出一套新的文化与社会关系。同样，美国人与其他西方人在与中国人打交道时也面临相同的问题。其二是一些亚洲的境遇，美国政府与企业以"全球化"之名不断地施加强大的政治与经济压力，这不过是美帝国主义的新面具。这些压力经常表现为，他们要求管理劳务关系和市场交换的规范应该是一种特殊的规范。在这两种类型的境遇中，以"比较伦理学"为题的讨论是不可避免的，并且这内在于日常社会与政治生活之中，而不是哲学反思的结果。因此，这些文章提出的一个问题是：哲学探究可以为那些在实践层面面临比较伦理问题的人提供何种资源？

　　这些文章重点关注儒家而非中国伦理学，这总体说来是一个优势。部分原因在于，儒学比其他任何亚洲立场更能有效地挑战现代西方道德的关键预设,同时提供可行的替代方案;另外原因还在于,对许多经济上处于发展中的环太平洋地区的社会来说,儒家是最具影响力的非西方的价值来源。既然要对比当代儒家与西方的思想与实践模式,编者也许无法避免将"权利"(right)的主题作为中心,而直接与权利相关的四篇文章极为成功地辨别与澄清了这些议题。尽管如此,在编者以权利问题开篇这一点上,我仍想商榷一二。儒家与西方各种权利观念的主要持守者之间关于权利的争论,到目前为止通常是没有结果的,因为争论的每一方都依赖于背景预设,这些预设决定了他们在这些争论中的态度。也许只有从这些背景预设入手,我们才有可能找到不那么令人沮丧的方法来寻求有关权利问题的答案。

陈汉生写道:"古代中国的规范性思想不使用任何与人类'理性'相对应的概念。"(第四章,第 75 页)相应地,它也没有任何类似于以理性践行者(rational agent)为本性的人的概念,而后者却弥漫在西方道德历史的众多理论与实践探究之中。这当然不是意味着古代或者后世的中国规范性思想无法这样来理解人:他们拥有并给出自己所行所信的理由,并且给与这些理由以善恶好坏的尺度。因此,一个入手点是去探究无论对孔子还是孟子或是其他儒家思想家来说,何者可被算作一个行动的好的理由,以及自我如何衡量这些被考虑的理由。而且在此重要的是,对早期文本切莫预设太多的一致性,将可能只有后来才出现的系统性特点归于它们。信广来关于早期儒家自我观念的文章在这个方面堪称模范。

信氏的讨论清楚地表明,早期儒家表达"自我"的用法并不系统,与早期希腊对语言的使用如出一辙。因此信氏谈到,"身"有时表示身体,有时表示作为整体的个人;(第八章,第 187 页)而"心"同时用来表示心灵(heart)和思维(mind),(第八章,第 187 页)但这里没有任何身心二元的迹象。然而,根据"身"与"心"所表达的内容,人被呈现为拥有并行使着各种具身性的力量(embodied powers),其中包括自省(self-reflection)，因此"心"能够确定人所持之"志"，正如将帅指挥着军队，尽管"三军可夺帅也"，匹夫却不可夺志也。（第八章，第188页）

正如在这些文本中没有系统性的身心分别一样，相应地也没有内与外的系统性区分，即区分思想之域与对思想、情感和决定的身体表达。我们的确能够通过反思自己的思想来引导行动合度，但同时"心"也已经在仪容举止中得到了表达。（第八章，第189—190页）一个人的举止就是其反思自己的思想与决定之后所产生的指引的结果。个体可能因此朝不同的道路发展，这取决于他们选择哪一条。

早期儒家的这种前理论状态遗留下了许多不确定因素。而且，尽管将其与其他文化中诸如此类的前理论状态进行比较是有益的，但如果要在早期儒家对人的看法，与像亚里士多德、康德等充分发展并且全面理论化的观点之间寻找类比将是一个错误。像其他的前理论状态一样，早期儒家为后世对"自我"观念更加全面、丰富与系统化的诠释提供了基础，在儒学史的后期，我们可以找到建构这种诠释的材料。但是我们仍需区分真正能在文本中找到的，与我们通过文本所给予的材料所能建构的。这种建构当然是合法的，并且这是一个生机勃勃的传统的标志，在其中，追随者们倾向于将实际上是他们通过文本所建构的东西，呈现为在文本中发现的东西。

成中英的文章读起来感觉就是这种建构工作。成氏认为"孔孟的自我观"包含着"康德意义上的自由"，而且孔孟语脉中的"自我"是一个同时具有经验和超验（transcendent）性质的自我。（第六章，第125—126页）[顺便一提，在任何语脉中我都无法理解自我观念如何可以既是超验的又是自然本性的一部分，正如成氏在第六章中所断言的那样，他也没有提供解释（第132、136页）]这些当然不能通过仔细阅读相关文本而得到证明。人们只需考虑一下康德之自由观的复杂性，以及这种自由观如何依赖于康德对先天（a priori）的解释，考虑一下康德对因果性的理解以及他的意志（will）概念，所有这些或者与之相似的内容都无法在儒家文献中找到。成氏承认我们在这些文本中找不到"康德式的纯粹意志(the pure will)"(第六章,第133页),但是,若果真如此,我们也应同样无法找到真正"康德意义上"的自由概念。因此,成中英的文章不应被读作对文本的呈报,而应是一种来源于文本的新型儒家之建构,而这会更容易与康德或其他西方观点作对比。

这无疑是一个有趣的工作,但是我认为在一些重要的方面它还为时过早。因为,企图开展一种让互竞的各方从其对手那里有所受益的对话将会面临许多困难,如果我们要对此有充分的了解,我们首先需要考虑的便是儒学中最具特色、最不易被人们所熟悉的西方观点所同化的那部分。而信广来对早期儒家的人类践行力(human agency)概念的刻画正好提供了一个正确的起点。个体被刻画为有能力以这种而非那种方式指引自身,我们需要问:他们最初拥有何种理由使得其以这种而非那种方式指引自身,并且合于儒家理想而不是偏离?他们从何处获得这些理由?为何他们将之视为好的理由?我们能够确知一个成熟(mature)的儒者的所作所为的理由,以及他们为何将其视作好的理由。这些理由通常展现为"此乃仁礼之所当为"。要确认儒家美德就是去确认践行者这样而非那样行动的理由,以及是什么使其成为好的理由。但是,如果受到正确引导的青年人所朝向的目的是成熟的美德实践,那么他们有什么理由这样做呢?他们的理由一定不能来自那些美德,因为这些青年人还尚未拥有它们。但是他们已经是自我指引(self-directed)的了,因此确实需要理由。

考普曼(Joel J. Kupperman)和万百安(Bryan W. Van Norden)对回应此问题作出了巨大而富有意义的贡献,二者都从强调困难入手。考普曼拿亚里士多德关于道德教育的解释与《论语》的相关篇章进行对比,揭示出在这些特定的篇章中有多少未被明言,而那些明言的部分中(以法律为例),《论语》所说的与亚里士多德的观点如何大相径庭。万百安强调了孟子的德目表如何与西方的德目表不同,以及其中存在的误导,例如将"仁"翻译为"仁慈"(benevolence)。他与考普曼一起提请我们注意,虽然在儒家与一些西方对此问题的答案中可以找到一些具有指导意义的类比,但是只有对差异与相似都给予充分的权衡,它们才可能真正具有指导意义。

考普曼与万百安刻画了成熟的儒家自我的重要特点以及接近儒家理想的个体。因此,我们可以更好地理解,如果一个人要成为一个其行动的理由是由儒家美德所规定的人,其必须通往的最终境界(end-state)与自我反省所必须指明的方向究竟为何。如果我们将信广来的文章视作提供了这样一种对自我的描述,此自我从一开始就不得不走向通往最终境界的道路,那么我的问题就是,在一种恰当的儒家态度中,何种理由使得被信氏所刻画的个体不得不从一开始就走向被考普曼与万百安所刻画的最终境界。

比起考察儒家师长为了使其学生变化气质所必做之事,更多地会考察学生们如果要学习其师所授之道,他们自己必须为自己的变化气质做出何种努力。这些学生接受师教的理由为何?关于这一点,可能有人反驳:在受教的初期阶段,学生没有理由或者至少不是被理由所指导的。他们的顺从是一种前理性的、未定形的本性,而师长之所授只能是一套正确的习惯。当然,早期教育确实需要关注非理性和前理性。但是这些反驳所忽视的是,即使在相对较早的阶段,孩子发现各自的理由来养成理性思考的惯习也十分重要。没有人原本就注定成为一个理性人。那么在儒家看来,学生的这种早期理由是什么呢?

来看一下万百安关于"羞""恶""耻""辱"的讨论。不同的古典儒家作者一致认为,个体能够因自身的行动而感到羞耻,或者因为他人的行动而体会到类似的情感。而我认为,感到羞耻或者一些类似的情感,与将一些特殊的行为判定为是令人羞耻的是分不开的,是这些行为确保了由其所唤起的反应。这些情感表达了评价性的判断。因此,通过将一种行为当作是令人羞耻的,学生会认为他们有好的理由抑制此类行动。师长让学生考虑一下,是否这种行为确实能够招致这种反应,以及他们是否因此有好的理由来克制这些行动。师长这样做也就是在要求学生按照"义"的美德和有所凭据的理由来评价自我和他人。也就是说,我们认为青年人有两种能力:其一,以情感以及情感所预设的褒贬来回应自己或他人的所作所为;其二,对这些回应和褒贬的校正。正是因为具有这两种能力,个体才能自我指引(self-direction)。因此我认为,在孟子和荀子对羞耻及其与美德的关系的解释,以及对同类问题的讨论中,他们尽管以不同的方式,但都为自我指引的概念作了补充和界定。

考普曼的文章揭示了儒家如何理解一个人在人生后期应当如何作为。那就是要成为一个终生学习之人,一个通过协商来处理与他人的关系,参与共同习俗而使自我与他人变得和谐,并以此来克服自我的片面与狭隘的人。(第五章,第113—114页)他们能够做到这一点是因为他们所受到的养育,而养育又让他们认识到自己家庭和社会的过去的各个方面,而这些方面后来又转化为他们性格的各个方面,因此在一定程度上,是他们与过去的关系塑造了他们现在之所是的个体。传统被转化为性格,(第五章,第111、114—115页)转化为从良好性格而来的理性能力。而且在此,考普曼又将儒家的自我观与亚里士多德的观点作了对比,也许更宽泛地说,与西学作了对比。

即使信广来、考普曼和万百安的讨论的大部分兴趣都在于学术和哲学的细部问题,但从他们的讨论可以看出一个总体的观点。这就是,在儒家看来,人性之充分发展的条件在于被引导或自我引导至独特的儒家语脉下的美德实践,以及进入被独特的儒家规范所支配的社会关系中。人所具之本性决定了他们要成为孔子、孟子和荀子教导他们所应当成为的人。如信广来所提示的,不同的作者之间存在差异和分歧。(第八章,第187页)但是同样有大量的一致性,不仅在于他们所维护的,还在于他们或明或暗所拒斥和反对的。他们反对将社会概念理解为一个为了提升自我利益而互相争斗的舞台,反对将道德概念理解为借责任、最大多数的最大幸福或者社会契约之名对个人利益所施加的限制。特别是通过孟子的阐发之后,儒学似乎十分坚定地认为这种典型的西方道德被社会化地展现后,代表了对人性的扭曲与戕害,以及对四端之心的压制。此人性中的四种倾向乃是四种美德的端绪,在儒家看来,具备此四端便使得所有人都具有成德的潜能。(第七章,第149页)但是,儒学不仅拒斥西方的义务论和功利主义,而且正如考普曼将儒家与亚里士多德的观点进对比时所清楚表明的,儒家同样拒斥大多数西方美德伦理的基本假设。而且,正是儒家与西方观点的这种彻底性的不相容,使得儒家与西方道德理论家之间很难就权利问题展开建设性的对话。但是,正如我已经提到过的,这种对话不应是儒家的首要任务。因为还有另外一个开启这种对话的重要障碍亟需首先处理,即现代儒者未能充分讨论由于遭遇现代性而产生的儒学内部危机。

由于西方的批评——包括那些援引自然权利或人权概念的批评——针对那些等级森严的亚洲社会的压迫性和剥削性(儒学在这些社会中长期繁荣),这场辩论对儒者来说变得不可避免。正如罗思文(Henry Rosemont)所说,儒家一般不接受,而且没有很好的理由接受产生那些批评的预设。但是,儒家应当承认而且有时确实也承认,古典儒学很大程度上认为这理所当然,而且其道德学说的陈述通常都假定,那些相同的等级结构事实上通过其成员的拥护而得以正当化(justified)。同样重要的是,他们应当承认而且有时确实承认,那些等级制的社会、政治、经济结构不仅缺乏正当性,而且合法地(legitimate)接受它们也与真正的儒家关于人性的观点根本上不相容。一方面,正如艾哈拉(Craig K. Ihara)所说,正统儒家认为"人性本善",而且每个人潜在地都是儒家和谐社会的一员,(第一章,第23页)后者确实是孟子、荀子都认可的。然而传统儒家社会的等级结构在实践上否定了绝大多数人的自省式自我引导的能力,而这些人的劳动支撑着整个社会:妇女、农民以及渔民,更宽泛地说,那些从事生产性体力劳动的人,军事与社会安全都托付在他们大多数身上。在传统儒家社会中,普遍且特别的是,不承认孟子的四端之心在这些个体中的呈现,而且也不承担任何阻碍其成德的责任,更不用说为奴役和剥削他们而负责了。(同样的指控当然也可以用来反对亚里士多德的政治,而且我在其他地方也论述过,这是由于亚里士多德观点中可憎的缺陷与瑕疵。)[1]许多中国人产生了对儒家持久的憎恶一点也不令人吃惊,而这是如今的儒者几乎不讨论的,只有黄百锐(David Wong)在文章中引用的罗哲海(Heiner Roetz)《轴心时代的儒家伦理》中的段落涉及了这一点,而且文章提到罗氏参考了郝大维(David Hall)和安乐哲(Roger Ames)。

现在我想说明的是,如信广来、考普曼和万百安等人所阐发的儒家生活方式,就其对人性的预设来看,与它在其漫长历史的大部分时间里所体现的社会形式的预设存在十分深刻的紧张与鲜明的对立。因此这里的问题是:儒家思想采取什么样的社会、政治和经济形式,才能消除压迫与剥削,才能使妇女在家庭中适得其所,使劳动者在政治和经济社会中适得其所? 这是一个待由儒家回应的问题,像我这样的旁观者只能提供一些尝试性的建议。但是,关于在儒家框架下权利概念得以应用的意义和方式,任何建设性的儒家式探究都必须以对这个问题的回应为基本前提。

认为这是一条正确道路的一个理由是,这将帮助我们避免将两个重要的问题混为一谈。第一是:真正的儒家的政治和社会共同体形式必须满足何种条件? 第二是:儒家应该以何种方式,通过什么样的关系来面对现代国家的制度要求,以及当今国内和国际市场经济对生产者和消费者施加的压力? 我认为第一个问题可以而且应当由儒家来作出

---

[1]　译者注:麦金太尔对亚里士多德在这方面的批评,参见麦金太尔:《追寻美德》,宋继杰译,译林出版社 2011 年版,第 201—202 页。

令人满意的答复,而不是采用任何西方个人权利的观念。相反,儒家不能令人满意地回应第二个问题,除非他们找到使自身与一定范围的制度化实践相调适的方法,而这就使其不可避免地在其生活领域里应用西方的权利概念。

艾哈拉强烈地反对乔尔·范伯格(Joel Feinberg)提出的三个命题。第一,没有个人权利的概念,个体对其所受伤害的控诉就缺乏根基;第二,相应的,缺乏权利概念也使得个体无法对任何利益享有权利,因此,所有利益只能被理解为分外的(supererogatory)与缺乏正当理由的;第三,如果不将其自身视为权利的所有者,个体将会缺乏自我价值与尊严的感受。(第一章,第17页)

艾哈拉反对说,控诉的正当基础可以来自对规则的违反,因此一个人可以声称,因为实施的伤害违反了既定的规则,而且另外的规则规定当这种伤害被实施,对受害者也应当给予相应的赔偿,那么无论谁受到伤害都应得到赔偿,而这恰巧发生在了那个特殊的个体身上。他/她也许不能说"我的权利被侵犯了",但当然可以说"规则被违反了"。进一步,规则有时也提供对利益的分配,因此,那些获得这些利益的人就不会认为这些利益是分外的或缺乏理由的。而且,艾哈拉进一步认为,充实的自我价值感也许不需要来自将自己视为权利的所有者,而是来自将自己视为自然地参与到和谐且秩序井然的社会中的一员。(第一章,第24页)因此,儒家社会不需要使用任何个人权利的概念。

可能对此的反驳是,艾哈拉的结论表面上令人信服,仅仅是因为他暗中引入了一种权利概念。因为在他所描绘的那种社会中,那些指出错误已经发生的人大概享有如此说话的权利。没有这种权利,他们也许不能诉诸相关的规则。因此,在这样一个社会中尊重规则,实际上是以那些对遵守规则感兴趣的人享有某些权利为前提的。但这种反驳是误入歧途。在任何行动受规则约束的社会,都会有被嘱托、被禁止或者无法被归入这些分类的行动类型,有只要践行者认为对自己有益就可以自由地执行或者忽略的行动。艾哈拉所设想的社会所需的就是践行者以这种方式自由地呼吁对违反规则的关注,如果这么做看起来对他们有益的话。把这个叫做他们享有的权利就只是一种修辞(façon de parler)罢了。这并不是要赋予任何实质的权利,而只是用"权利"这个习语来掩饰它们的缺席。

然而,在艾哈拉所描述的社会类型中,有一个方面似乎很自然地使用了"权利"这个习语,而且这个习语的使用是启发性的,而非误导人的。艾哈拉在描述儒家或类似于儒家社会的活动形式时,使角色的概念与规则的概念一样重要,甚至可能比后者更重要。如果不参照某些其他角色,特殊角色(particular roles)就不能被充分地刻画,并且那些碰巧担任这个特殊角色的人,只有在那些担任其他角色的人提供适当的暗示和回应的情况下,才能按照这个角色的要求行事。在这种角色结构中,其相互依赖的情况是:每个角色承担者都应该感谢那些角色表现与其自身之所是相一致的人,因为后者提供了所需的暗示和回应。若无法提供,则恰好为其他人合理的控诉提供了基础。这不仅是违背了一条规则,而且作为那些角色扮演者的特殊践行者也因这种违背而被错误地对待了。也就是说,我们可以郑重地说,那些在儒家规范主导的社会中扮演某些角色的人,有权期望他人充分履行他们作为角色扮演者的职能。

对此,艾哈拉也许会回应说,这种被赋予的权利并非个体权利,即西方思想所理解的个体,而是只有在个人扮演某种角色时才赋予他们的权利。这种权利归属于角色,而非个体。这显然正确。但这至少表明,通过更好地理解角色和权利的关系,可以推进我们的探究。对角色的再考量在任何情况下对当代儒家来说都必须是核心关切,而且不止体现在一个方面。第一,我们已经注意到,在儒家秩序中被承认的角色之范围与特点何以必须给予(例如)妇女一个不同于传统的位置。黄百锐提到,对统治者和父亲真诚和自如地劝诫如何被荀子视作一种责任,但这是儿子的责任,而非女儿,并且我们应当补充一点,这是统治精英的儿子,而非平民百姓的儿女。(第二章,第35页)但是,不仅是角色的范围和类型需要重新考虑,对当代儒家来说同样重要的是,确认在整个人生过程中,从一个角色到另一个角色的转变的可能性。而且这个转变与终身学习有关,考普曼提请我们注意这一点,特别当他强调孔子如何时常表示自己学而不厌。

因此,具有儒家美德的统治者必须以这样的方式管理被统治者,即使被统治者可以学习如何成为一个卓越的统治者,就像好的父母必须教予孩子美德,以使他们到为人父母时也同样卓越。但是,要把这种学习作为一种社会实践加以维系,就需要在整个共同体中承担起教育青年人和迄今为止被排斥在外的人的责任,这样他们可以最大程度地实现其人性的潜能,以及在尽可能多的人那里使四端发展为四德。也就是说,有责任去唤起他们人性所赋予的天资,以此他们也可能成为儒家式的理性人,根据对美德的理解来衡量他们自己行动的理由。但我所说的这些只是在重复一个由狄百瑞(William de Bary)令人信服地提出的观点,而黄百锐也转述了它。(第二章,第41页)

要承担如此巨大的责任将涉及儒家对共同生活之理解的广泛变革。对古典文本的研究依旧重要,但是从这些文本中汲取的教益及其传播的方式将与过去不同,有些方面已经在这些文章中体现得很明显了。例如,荀子对世袭制的批评以及对尚贤使能的支持,可以被补充解释为认识到有必要大幅增加迄今为止被排除在外的人满足这些晋升标准(贤能)的机会。孟子对礼仪参与和情感能力发展之间关系的理解,将为发展新的、更具包容性的礼仪形式提供新的应用。而且,正是通过这种转变,传统才得以保存,故而激进的创新最终在其效果上是保守的。但是,我们又如何刻画那些不得不承担和参与这种转变之人的责任呢?以及如何刻画履行这种责任的失败呢?

这些责任将必须被理解为在一个和谐秩序中分配给不同角色的责

任。如果那些承担这种角色的人不能履行对此秩序的责任,那么那些自身所需没有得到满足的人可以正当地声称自己被错误地对待了,作为个体被错误地对待了。因此就他们而言,由于自己的需要和能力,他们必须有权接受教化,并且有权在和谐社会秩序中的角色里找到一个位置。而且再一次,这不仅仅只是一种修辞,而确实包含了对一种实质性权利观念的应用。进一步,这些权利并不归属于作为现成的角色承担者的个体,而是归属于作为潜在的角色承担者的个体,而且这些权利应当归儒家社会全体成员所有。

在这一点上,我似乎已经非常接近于支持将西方的权利观念引入儒家社会秩序。因为我现在所讲的这些权利确实是个体权利。然而,横亘在儒家与现代西方权利观念之间的裂隙并未就此弥合。为何呢?就我所知晓的西方观点来说,权利归属于作为个人的个体,并且最初是为了保护个人自由。他们是免于干涉的权利,其所捍卫的自由是消极自由。相反,我所讨论的儒家社会秩序所认可的权利,其享有者是这样一种个体,他们是对和谐社会秩序增进美善的潜在贡献者,而且享有这些权利的人有权得到他们的所需,以成为这种贡献者。因此,这种赋予儒家社会之个体的权利是黄百锐所谓的"基于公共性"(communally grounded)的权利。(第二章)黄百锐对比了这种赋予权利的基础与功利主义的正当性论证,后者所依据之权利的正当性乃是由"个人福祉的功用"来论证的,并依此来谋求功利。(第二章,第 39 页)他也可同样尖锐地将之与那些以个人自主(individual autonomy)概念为基础捍卫权利的人所提出的正当性论证相对比。

然而,我们需要考察的是,这种正当性论证上的差别是否需要相应的内容上的差别。黄百锐讨论了"自由言论的现代自由民主权利"(第二章,第 35 页),而美国读者至少可能会以为他说的是一种几乎不受约束的自由言论的权利,正如那些被《第一修正法案》(First Amendment)所捍卫的权利一样。但是,对于儒家来说,仪节以及得体地言谈都极为重要,以至于在儒家社会秩序中如何定义言论自由的权利这一问题,不应该简单地默认一个美式答案。而且其中当然还有更多的问题与儒者以及其他人有关。[1]

在儒家对权利可能的认可与现代西方传统之间诸差别的背后,其实有一个更加基础的对立。儒家从一种被明确定义的共同体观念出发,在其中(人与人之间)相互的关系被相关礼法所规范,而且四德也会为实践行动提供标准。如果某种权利观念被引入,它一定会符合这种共同体的目的,而且这些权利的正当性论证和内容都出自共同体的目的。但是这绝非西方权利观念诞生之处。确凿无疑的是,在西方的历史上,民族国家以及大规模市场经济的发展,与个人不可分割的权利观念的发展是平行共进的。也许,这种权利的主要功能在于保护个体免受滥用国家政治权力的侵害,同时,还有互竞的资本家的经济权力的侵害。儒家共同体中的权利是为了促进共同的目标与愿景。而现代西方的权利则是被用作阻碍、防卫与工具,以避免政府与其他官僚政治对个人事务的令人讨厌的干涉。

对这种阻碍与防卫的需要出自现代民族国家的本性。现代国家的显著特征有三:第一,它们为自己配置了一系列异质混杂的技术、社会的资源与权力,这些资源与权力是过去时代的政府所远不能及的,并且都用来确保普通公民的依赖与服从。第二,它们通过互竞的经济、社会利益中的一系列妥协来完成治理。影响各方利益作出妥协决定的,是他们讨价还价的权力以及确保自己能在关键场合发声的能力。而且决定讨价还价的权力与能力的关键就在于钱。因此,政治精英和经济精英之间的相互关系一直是政策制定的主要决定因素之一。在此,政府

---

[1] 关于这些问题,参考 Stanley Fish, There's No Such Thing as Free Speech(New York: Oxford University Press, 1994) 以及拙作 "Toleration and the Goods of Conflict" in Susan Mendus ed., The Politics of Toleration(Edinburgh: Edinburgh University Press, 1999)。

的态度和政策绝无可能传达共同体成员的共识,要达到这种共识,就需要一同探究共同体成员的共同善,在这种探究中,共同体的每一个成员都要对其他每一个人的论证质量负责,同时也要对其他人履行自己促进共同善的责任负责。现代政治社会不可能是某种共同体,无论是儒家式的还是其他类型的。

第三,在那些众多且不同的事务中,个体不得不与国家的各种部门打交道——交税,为了获得工作或者维持福利而确保信用,置办房产,被捕,受教育,过海关时要带好正确的文件——他们免不了持续地遇到行政的规则或者管制,其复杂程度使得其不得不依靠一种专门知识,而这是大多数普通公民所不能及的。因此,那些公民就不断地被迫将自己拱手交给由国家认证的专家们,这些专家只在国家允许的条件下指导以及代表公民。

正是现代国家的这些特点才使得它的民众要求合法地建立以及强制实施个人权利,并且呼吁这些权利对任何面对国家强权的理性人都是不可或缺的。这些特点同样使得国家不可能真诚地表达共同的价值,除了他们的官方修辞。然而,一些地方共同体的成员展现出对某些共同善以及旨在实现这些善的美德的共享的忠诚,但是在当下的政治经济世界中,这些共同体也免不了要在某些国家的界域内生存,因此,这些成员承担着作为公民所承担的任何义务和负担,作为回报,他们获得某些本来无法获得的资源。但是他们在自己共同体中的身份是一回事,他们政治公民的身份又是另一回事了。

因此,那些既是当代儒者又是现代国家公民的人将会被迫过一种双重生活,而且在每种生活中(作为儒家共同体的成员以及作为国家的公民),他们都将呼吁权利,不过在不同的生活中会诉诸不同的权利观念。作为现代国家的公民,他们会发现与国家部门以及其他公司机构的许多交际都令人感到难以忍受的压迫,除非他们可以接受保护性的个人权利所提供的安全防护,但这是个西方的发明。而这种情况在东亚的后殖民和后帝国国家,与在美国以及其他西方国家一样,相差无几。然而同时,鉴于他们被儒家规范所浸润的宗族关系以及其他地方关系,还有对四德的尊重,如我所料,他们将会想要以某种方式扩展自己对儒家的要求的理解,使得自己致力于一种儒家专属的权利观念。当然,现代儒者对自己以及对儒家信念的理解,将与他们的先辈(比如帝制中国或日本德川)大不相同。

即使是这一点,其所采取的观点也与罗思文的文章不仅不同,而且并不相容。因为他将马哈蒂尔·穆罕默德(Mahathir Mohamad)的马来西亚以及李光耀的新加坡作为案例,以此说明现代国家所展现的乃是荀子的价值而非洛克(John Locke)的。(第三章,第 61 页)相反,我们也许需要利用某种程度上受益于洛克的权利观念来保护我们免于这些国家的侵害。但是,我的观点确实包含着一种否定,认为任何现代国家,不论是亚洲还是西方,都不可能展现孟子或者荀子的价值。一种儒学无论是奉孟子还是荀子为木铎,或者二者兼而取之,其政治维度都只能是地方共同体,国家则断无可能。

对于像我这样不是儒家的旁观者来说,最合适的只能是暂时地提出一些建议和问题。真正要突破这些问题的只有儒家自己。然而随着讨论的深入,如果以下两点没有逐渐被证实,将会使我惊讶:一是儒学不得不发展出自己特有的权利观念,因为这会使得儒家在他们的宗族以及其他共同关系中发现许多富有成效的应用;还有一点是,尽管如此,儒家在与国家机构就合法和准合法的事务打交道时,会发现自己不可避免地诉诸以西方个人主义的方式所设想的权利观念,就像其他现代国家的公民一样。

对一些启蒙计划的再思考[*]

阿拉斯戴尔·麦金太尔 著 孙嘉婧 译^{**}

启蒙运动显然是史学家的建构。在法国、苏格兰和德国就存在着复杂而彼此异质的启蒙运动。但我们依旧可以辨识出一些主要的共享主题和计划,它们过去和现在都是作为启蒙运动的标记。首先,一种尝试是通过区分未启蒙的和启蒙的、"未启蒙的他们"和"已启蒙的我们"来定义启蒙。这种尝试的经典文本是康德写于 1784 年的文章:《回答这个问题:什么是启蒙?》。康德的文本当然也有其继承者,最近的代表是 1984 年福柯所写的文章,它的标题重复了康德的《什么是启蒙?》。[1]

康德和福柯均将启蒙运动首先定义为一个实现某种境况的任务,在这种境况中,人们为了自我而思考,而非遵从某些权威的指示。对于 1784 年的康德而言,这种道德领域的理性要求采取在他看来是普遍理性的立场,这种立场独立于具体的血缘和政治纽带,以及特定的文化和宗教。但是这一立场要如何界定?启蒙运动的第二个主要计划对此产生了广泛的争议,这一计划试图详细说明普遍理性要求之下的道德规

---

* 本文译自 Alasdair MacIntyre, *Ethics and Politics*: *Selected Essays*, Volume 2, Cambridge: Cambridge University Press, 2006, pp.172—185。

** 阿拉斯戴尔·麦金太尔(Alasdair MacIntyre),当代著名哲学家、伦理学家;孙嘉婧,清华大学哲学系在读硕士生。

[1] In *The Foucault Reader*, ed. P. Rabinow, New York: Pantheon Books, 1984.

则的性质和内容，它体现在那些最终成为启蒙运动经典的文本中，其作者有洛克、休谟、斯密、狄德罗、边沁、罗伯斯皮尔、杰佛逊以及康德自己等，每种文本所确立的观点都在某些方面与大部分乃至全部其他文本不兼容。而这些分歧已经被证明是不可解决的。第二个计划的这一结果是否摧毁了第一个计划？

　　福柯的回答是：没有很大影响。在 1984 年的论文中，他主张康德设立的任务体现了我们对于过去和现在之间关系的态度，以及对我们如何"被建构为自己行为的道德主体"（Was ist Aufklärung, p.49）进行实践探究的态度，我们现在仍然需要使自己成为行动的道德主体，但是我们现在这样做的时候，必须放弃能够"识别出所有可能的道德行为的普遍结构"（p.46）的希望。也就是说，如果我们现在要获得自由，反而要通过对自身的偶然性和个别性的探索才能够考察我们所必须超越的那些局限。福柯希望这种探索能够使我们将"自律的成熟"从权力关系的强化中脱离出来，那种关系"产生于经济生产的技术、社会规制与传播"（p.48）。他因而提出了关于启蒙运动第一个计划（即转向被启蒙）与第二个计划（即提供一套对所有理性存在者都有效的普遍道德规则）关系的尖锐问题，不仅如此，还有第一个计划与启蒙运动的第三个计划的关系，即建立并维持一系列社会、经济和技术的制度，以实现启蒙运动的道德与政治的目标。显然，启蒙运动的现代继承者们的中心信念是，这些制度已然在所谓的发达国家中建立起来，即使它们并非完美，但也实质性地体现了启蒙的志愿。因此，这些现实的制度尽管有不完美之处，但类似于由理性建立的道德原则，它们也有权要求理性个体的效忠。

　　这些制度的名单很熟悉：代议制民主，潜在的自主个体被描绘为在其中表达他们政治倾向；法律体系，它声称保卫那些被视为自主的个体所需的权利，这些权利包括表达和质询的自由；自由市场经济，个体作为顾客和投资者在其中表达自己的偏好；技术的扩张，提供了能够满足这些偏好的物质和组织性手段；公共教育体系，旨在帮助年轻人参与到这些制度中。如果事实是这些制度系统性地运行的结果完全不同于启蒙运动的期待，它们其实阻挠乃至破坏了个体的自主和选择，那么这对启蒙运动计划的最终命运会有多大影响呢？

一

　　在这种对启蒙运动的解读下，另外两个计划预设了第一个计划。所以我首先考察康德关于独立思考的主张。康德声称，启蒙（Aufklärung）是摆脱不成熟，这种不成熟如果不是由于缺乏理智，就是因其自身而导致的。这种不成熟主要指思考受到了他人的指导。摆脱这种不成熟需要独立思考的勇气，康德引用了贺拉斯：敢于认识！（Sapere aude!）他进而声称，如果我用一本书代替了自己的理智，如果我用一个灵性导师代替了自己的良心，如果我用医生对我的膳食制度的判断代替了自己的判断，那么根据康德，我就还没能展现这种勇气。独立思考就与依靠任何权威影响的思考形成了对比。虽然这并非唯一相关的对比。法定的规则（Satzungen 这一词主要被用于组织章程中）和公式尽管可能有助于我们，但是它们代替了我们自我的思考。所以未启蒙的思考被界定为不加区别且不理智地应用和依赖规则与公式。那么勇敢的个体要如何摆脱外在指导或者规则与公式的束缚呢？康德认为，对于那些官方的市政人员或者神职角色的所言所行来说，这种自由是不可能的，因为这些角色如果有效，就应当要求服从和统一。但是个体有可能达到必需的独立性，如果他或她转而让自己的理性得到了康德所谓的"公共应用"，即"学者在整个读者公众面前所运用的"。康德这一表达是什么意思？

　　福柯指出，康德此处使用的词汇"Räsionieren"是指追求内在于自身的目的的理性：例如真理、理论和实践上的适恰性（adequacy）等。那些展现出此类理性的人被邀请来评价这类理性，不是工具性地从他们自身个别的目的或兴趣的立场出发,而是仅仅作为理性存在者,遵从真正的非个人性的标准,因为他们就是理性自身的标准。根据这些标准,我认为自己对其他这样的理性存在者负有责任。我使得我的推理面对他们的反驳,正如他们将他们的推理展现给我一样。那么我们可能会问,谁能够反驳这种观点,并且仍然将这种反驳称为"合理的"?

　　这个问题的力量似乎已经变成了一个论证。假设某人要对这种启蒙运动的公共理性的理想提出反驳。那么就它推出的结论而言,为了评价这个反驳是更好的或是更糟糕的,这个评价的理由也必须被放在与公共理性的标准同样的框架下,那么它的提出者就隐然地承认了她或他本要质疑的观点。所以在任何具体的反驳被提出之前,启蒙的拥护者就已然知道,他们的这一根本性立场是免于反驳的。

　　但这一论证所忽视的是,事实上这样的公共理性总是发生于地方性的语境中,作为拥有具体历史的一系列对话中的一部分。我们的理性不仅是在他人的伴随下进行,而且是在特定的他人的伴随下,在任何给定的时间,我们和他们都共享了某些背景性的预设。你的命题或者我对那些命题的反驳之所以与我们共有的探究相关,是依赖于我们探究和辩驳的社会与理智语境的具体规范。此处康德的实践是有启发性的例子。在他关于启蒙的论文中,康德自己就是一个"在整个读者大众面前"运用理性的学者。那个读者大众是什么? 它当然是个别的、高度具体化的读者大众。

　　1784 年 11 月,康德的论文发表于《柏林月刊》这一期刊,它由比斯特(J. E. Biester)编辑,他是普鲁士皇家图书馆的一个馆员。在 1783 年12 月,柏林的牧师及教育家策勒(J. F. Zöller)就提出了康德这篇论文所回答的问题,而且康德的回答也不是第一个回答,在 1784 年 9 月,摩西·门德尔松就已经给出了回应。《柏林月刊》是众多此类期刊的一种,在欧洲各国交互流通,所以当时不仅对于期刊,也对于受到评论或者关注的书籍,产生了共同的阅读群体。在某些城市,当地的社会使得这类读者集合在一起。而个体的读者往往与距离较远的读者处于长期的智性通讯中。故而康德所面对的公众是期刊订阅者、俱乐部会员和写信者构成的网络,对他们的共同对话而言,康德是一个主要的贡献者。

这暗示了两方面:首先,在任何时间地点的读者大众都是某些特定的、高度具体化的公众,他们有其自身共享的假定、期待和关注点。什么是显然的或者被当作理所当然的、什么是有问题的、哪种考虑更具重要性或者不那么重要、哪种修辞模式可以或者不能被接受,这些在不同的读者大众之间都是不同的。甚至某些时间地点下存在着不只一类读者大众。进而当某个人面向她或他所视为的"全部读者大众"时,不存在普遍的人性,而是这个公开使用她或他的理性的学者面对着社会中具体的人。

其次,读者大众必须区别于其他公众,例如由某类具体政治社会成员构成的公众,或者由其他共享的兴趣所构成的公众。读者大众如何与这类其他的公众相关联?康德回避了这个问题,因为他认为把一个人"视为整个共同体的成员,甚至是整个世界社会的成员",等同于把他视为"通过写作面向真正的公众的学者的身份"。在论文的最后他设想了启蒙运动从科学、艺术的文化到宗教的传播,直到传播至政治领域的立法设计中。"这种自由的思想逐渐对人们的心灵造成影响,使得他们逐渐能够自由地行动。最终,政府也被这一自由的思想所影响,进而它根据人的尊严对待他,人不再被当作机器。"[1]康德的结论引起了问题:当他主张人通过与这种读者大众的关系而依靠自我思考时,他是正确的吗?独立思考(不论被怎样理解)与基于此的有效行动的关系应该如何理解?如何理解在任何特定范围内的独立思考(在其中人面对着

[1] Immanuel Kant, "An Answer to the Question: What is Enlightenment?" in *Perpetual Peace and Other Essays on Politics*, *History*, *and Morals*, trans. Ted Humphrey, Indianapolis, Ind.: Hackett, 1983, pp.41—48.

具体的读者大众)与在其他活动领域内的思考和行动之间的关系？这些是康德不曾追问的问题。或许对于康德和其读者而言,它们的答案是不成问题的。仅由于这个原因,它们就是值得被思考的。

二

康德在这一点上毫无疑问是正确的:独立思考总是需要与他人合作思考。某些思考过程的确存在于独白中。但即使内心独白也必然始于他人所提供的想法,而且其结论也必须要与竞争的结论相比较,必须向他人提出的批评性和建设性的反对意见开放,必须能够使得他人进行反思性的解读和再解读,以至于有时一个人只有从他人那里才能理解自己所表达或应当表达的含义。我们从他人那里学会更好或者更糟地思考,我们思考的大多材料都是由他人展现给我们,而且我们处于一个复杂的思想史中,其中我们所亏欠前人的只有我们的后继者能偿还。使我的思想区别于沉思性幻想的关键在于这一思想与他人思想的关系,这种关系完全不同于我的幻想与他人幻想的关系。因为在思想的例子中,我对自身和他人所说的,以及他们对自身及我所说的,都要涉及对真理、理性、逻辑的共享标准的(总是潜藏的而非公开的)认同,这些标准不是属于个人的。这种与他人的关系是思考的本质性而非偶然的特性。

进而我们总是可以对任何(不论是读者或是其他类型的)公众进行质询,关于它的实践在多大程度上体现了真正思想所要求的各类关系。所有的读者大众都有这一共性:他们依赖写作的艺术和写作的传播。在《斐德罗篇》,柏拉图向我们警告了(也许不是无条件地反对)那些将与他人的关系依赖于写作的人。当然对《斐德罗篇》有一种确立已久的解读,认为柏拉图通过埃及国王塔姆斯之口对写作进行的无条件谴责应当归于柏拉图本人的思想。这一解读很接近德里达的主张,他认为柏拉图在作品中表达出对写作的无条件谴责,体现了某种内在的矛盾性和解构性,而这是从不依靠写作教学的苏格拉底所赞成的。[1]但是或许《斐德罗篇》的论证本身体现出的谴责比塔姆斯的谴责更有力。或许《斐德罗篇》所实际谴责的是某种特殊的写作,而所有的作品只有接近那类写作的条件时才会受到谴责,故而产生了《斐德罗篇》本身是否,以及在多大程度上落入这种谴责的问题,但是没有对此有回答。被谴责的写作是那些脱离了作者的写作,作者通过这些作品来言说,结果就是作者作为作者无法与她或他的文本一同被提出疑问。然而,难道当作者去世时,所有的作品不都会落入此类?或许不会,如果其他人能够站在作者的立场上,替代著作者发声,并且回应他人的疑问。

我归于柏拉图的主张是由对话本身传达出来的,而非对话中塔姆斯或苏格拉底所说的:如果写作要免遭谴责,它必须隶属于且仅仅在对话的语境中起作用。在柏拉图看来,文本只有作为口语对话的一部分时,才在真正思想的辩证和对话式的发展中起到作用。但是如果这一观点是正确的,那被要求有思想和独立思考的读者大众的整个概念,就比表面上更加复杂一些。

让我们考虑两种关系的区别,一是柏拉图学园中的学生与柏拉图的关系,他们可以就《斐德罗篇》中的学说向柏拉图提问,二是康德的读者与康德关系,他们中很多人距离科尼斯堡很远,也就无法直接对康德提出疑问。只有当诸如康德的文本以及从中阅读得出的观点成为某一群体的辩证对话的一部分时,这类文本才能成为其读者的真正思想的材料,而这一群体中某个人或者不止一个人的想象使得他可以代表康德说话,而其他人或者有时这个人自己可以提出反对意见。所以能够提供真正思想的语境的读者大众不是由个体构成,而是由小型的面对

〔1〕 Jacques Derrida, *Dissemination*, trans. Barbara Johnson, London: The Athlone Press, 1981.

面对话的小组所构成的网络,他们系统性地进行探究并把阅读作为其中的一个环节。在 18 和 19 世纪早期当然存在一些地点和时段,其中启蒙运动的读者大众的确也多或少地接近这一条件——我此处想的诸多群体的范围包括那些在巴黎、柏林或圣彼得堡的大型学院所主办的会议,以及比如柏林的星期三协会(它与《柏林月刊》联系密切)、格拉斯哥的牡蛎俱乐部(Oyster Club)、爱丁堡的肯兰俱乐部(Rankenian Club)、阿伯丁的哲学学会等团体。[1]

　　思考的确在本质上是一个社会性活动。但是在写到公共地使用理性时,康德没有以这种方式进行描述,而是将之刻画为独立思考,并将对权威和公式的不成熟依赖与成熟的理智活动进行对比。我们要如何理解这一对比?独立思考首先是一个人能够真正有贡献于且受益于同他人的交流的条件,通过这些交流思考得以继续。权威或公式对个人自我结论的替代因此被排除了,这也正是康德所主张的。但是是否任何对权威的依赖都会被排除?让我们回到康德例子,我是否还需依赖医生关于我饮食方面的判断?她或他毕竟有相关的专业知识,而我没有。对我而言,以我未经训练的判断来取代她或他的受过训练的判断不可能是成熟的标志。(诚然,在他因写作"第一批判"而生病之后,康德对他未经医学帮助而保持了健康引以为傲。)但想必不是任何对他人优越的知识的依赖都应受谴责,而只是针对那些对权威不加理性检查和批判的依赖。

　　所有那些没有理性根据的权威代表当然要灌输这种不经批判的依赖,以试图保证其他人仅仅在他们所规定的范围内进行论争和疑问。如果他们成功了,结果的确是其他人没能独立思考,而是仅仅根据这些权威代表的规定来思考。即使不加反思地依赖于合理的权威也会有同

---

[1]　对这种公众的讨论,参见 J. Habermas, *The Structural Transformation of the Public Sphere*, Cambridge, Mass.: The MIT Press, 1989。

样的坏影响,因为这种依赖也会对思考形成同样武断的限制。需注意,在两类例子中独立思考的失败也是思考本身的失败。因为所有思考都是社会性的,所以这类失败通常不只是个别思想者的失败,对这类失败的有效补救方式总是会涉及对思想的社会条件的改变,理性探究在那些社会和制度的框架下得以持续,且借以维持。

要认识到这一点,既要承认康德《回答这个问题:什么是启蒙?》的中心论点的真理性,也要超越康德。在任何特定的时间地点的思考,更不必说独立思考,总是涉及与一些具体的他者一同思考、在具体和特定的公众语境下思考,且伴随着独特的制度结构。每一类这样的公众都有其局限,且无法认识到其局限,对它们的批判性反思很可能在依赖它们的同时摧毁对未经审查的权威的依赖。进而在任何特定时间地点的关键问题是:在哪一种、具备何种制度化结构的公众之中,我们才能够辨识出施加于我们具体探究之上的限制,以便之后追求理性之善时超越这些局限。

在他们的时空下,欧洲启蒙运动的理论家非常成功地识别出了几种会阻碍这种追求的社会制度,他们是通过对 18 世纪欧洲已经建立的权力代表所提出的理论辩护进行否定性批判。当时对他们且现在对我们至关重要的是,要认识到集权的国家权力将地方的共同体降格为行政的附庸、土地权力系统性地侵占或者废除了惯常的农民的权利、殖民霸权摧毁了普鲁士的原住民、奴役了美洲的大部分且征服了爱尔兰和印度;所有这些都依赖于由一系列虚假的合法化理论和历史所掩盖的专制权力:它们包括 16 世纪法国对国王神权的发明、富有想象力的英国先驱为拥有土地的暴发户设计的神话谱系学、为了证明富人和有权势者在直至现在的公地上进行圈地运动的正当性而专设的财产理论、引起了维多利亚反驳的对奴隶制的辩护、受到拉斯·卡萨斯攻击的低等民族理论等。揭露这些十七、十八世纪的统治和有产阶级伪装的无根据性是作为启蒙运动的计划,而理论家们取得了论证性和想象性的胜利,我们所有人也因此变得更好。

　　但是如果旧制度以及 1688 年之后的英国寡头制没能经得住启蒙的(乃至任何充分的理性的)考察,那么后启蒙的现代制度又是如何呢?如果以同样的标准判断,这些制度运行的怎么样呢?

三

　　启蒙运动的道德和政治的概念与理论在哪种制度结构下才最适合?在哪种社会语境里的对话中它们才得以被有效地表达?一个显著的事实是在后启蒙文化中的很长一段时期,道德和政治的概念与理论导致了双重生活,二者以区别很大的方式进行运作。它们在学术生活的语境中、在大学的教学和探究,以及哲学家和理论家的专业期刊中得到了一种表达和关注,但是在现代的机构生活语境中却有完全不同的表达,不论是政府或是私人的,还是由政治、法律、经济以及社会关系构成的网络语境。

　　两种语境都由某种或者某组公众所构成,他们不同于启蒙运动的概念和理论所最初面对的公众,也不同于他们最初被阐述的对象,他们彼此之间也不相同。阅读在两种语境下也有不同的作用;讨论和辩论也是;权力与金钱对论证的关系也完全不同。但是在现代学术圈和政治、法律和经济生活中,对启蒙运动与后启蒙关于功利、权利、道德规则、预设的契约性的一致和共享的理解等概念都很熟悉。在每种语境下这些概念都被用来表达和回答如下问题:我功利的最大化如何与一些特定他者的功利最大化,以及整体的功利相关联?当我或者整体功利的最大化需要侵犯某人权利时,权利如何与功利相权衡?每种权利的重要性是否一样?功利如何能被认为是更广泛的,以及权利要如何被理解?我何时能够合理地误导、欺骗,或者对他人撒谎?我何时可以或者应该在得知他人撒谎时保持沉默?我受制于哪些默许的协议?当我鼓励和依赖与他人的互惠关系时，一般情况下，以及在这样那样的特殊情况下，需要我做什么？当这些问题在哲学理论的层次上被置于学术语境时，它们得到的不仅是互不兼容乃至敌对的答案，而且这些答案至今都已得到了系统的细节性论证。我之前提到过那些伟大的启蒙理论家如何在道德和哲学上彼此分歧。通过才华横溢的复杂论证，他们的继承者们已经证明了如果这些分歧不是无止境的，至少它们在两百年之后仍旧没有停止的希望。康德主义者、功利主义者、自然权利理论家以及契约论者等一代代继任者都没体现出真正趋同的迹象。

当然，并不是说每种观点的信徒没能达成他们自己视为决定性的结论，反而是他们提供了太多种类的结论。每一种都能够被书籍和期刊的读者大众进行最严格的考察，他们面对面的交流提供了出版的基础，并且强化了其效果。现代学术性的哲学共同体构成了高阶的读者与对话的公众，在其中每一参与者都考察他人向他所提供的内容，并且将他自己的提议交由其他人批判。所以我们得到的完全不是启蒙运动早期的领导者们所期待的；我们所获得的的确是有智识的公众，但却缺乏大量确定性的结论。

在这方面，政治、法律、经济和社会生活领域的对比是惊人的。在主导了政府和经济领域的管理制度里，实践的需求使得决定性的结果与结论不能被避开，进而哲学性或者其他类型的分歧不能阻碍有效率的决定。所有这些关于功利、权利和契约的问题，仍然是学术领域的辩论事项，却每天都从那些从事政治、法律、经济和社会生活事务的人的作为或者不作为中得到决定性的答案。但事实上，在那些领域里不存在建立理性与达成共识的论证性程序，来评判功利与权利的互相反对——或者，如果你愿意的话，应该说存在太多的程序，每种都仅仅被其信徒以理性方式构建且认同。但是这种纷争的事实的意义却很不一样。因为无法被论证解决的纷争现在可以被权力与金钱解决；而且一般在社会秩序中，权利应如何被分配与实现、某一权利阶层以及这一个体或者组织乃至整体的最大化功利应当被赋予何等重要性、遵守或者没能遵守某些规则的结果是什么，这些问题都是由那些拥有权力或金钱、且有能力使其回答有效力的人解决的。

现代特殊的社会结构的一组独特的特征可以显示出这种权力使用的一个方面。每个领域的任务和职业的专业化都有其自己的一组建立起来的价值规范，其结果就是社会生活的划分。所以家庭生活的活动和经验被理解为一套价值规范，不同种类的私企工作场所则有不同的价值规范，政治舞台和政府官僚体系又有另一些规范，还有很多这类例子。当然，并非不存在某种程度的重合。但是这些被划分了的领域的区别是惊人的，在每一领域都有做出决定的程序，而且通常都与任何从外界立场进行的批评相隔绝。

让我们考虑个体的死亡在社会不同部门如何被评价这一例子。明显地，前现代社会对死亡的意义有共同的观点，而且它们的公共礼仪表达了共享的信念。现代社会通常没有这类共享的公众观念，而是让其成员在不同语境下以不同方式回应人的死亡。（当然还是存在一些广泛共享的态度，其中一个体现就在于，美国医疗界使用技术尽可能延迟死亡，这是一种尝试，与普遍丧失对完满地完成自己的生命以及达到某人死亡的正确时间点的任何概念相对应。但这是一种缺失的、否定的表达。）所以——我所用的例子全部是北美的——在家庭的私人生活中将年轻人的死亡视为无法用任何事物补偿是合适的。而且通常对于新近丧失亲人的人都会说这些话。但是在汽车工业和汽车使用者的世界中却完全不同。美国社会在很多年以来都无限制地容忍成千上万人的死亡——每年一万人中有 17 人死于路上，其中大部分都是年轻人。（人们对这一群体唯一关心的就是由于酒驾而过世的人。）这类死亡至今被视为汽车使用以及汽车工业繁荣带来的利益所伴随的可接受而不可避免的权衡。不经过深思熟虑，这些利益就被视为大于其代价。但是，通常如果父母在他或她的青年孩子即将死亡或者死后立刻被询问，何等程度的社会利益能够重于孩子的生命,且使得孩子的死亡能够被接受,这个问题本身就是可怕的。

与这两者相反的是另外两个领域,其中对死亡的补偿问题得以被回答。对于家庭因意外死亡而产生的损失,可以追究某人的责任,一个社会公认的衡量标准是由陪审团确定的。如果受害者是已婚女性,最近几年赔偿金可以超过一百万美元。[1]但是社会所确立的对在执行任务时死亡的警察的家属的赔偿则非常不同。补偿的仅仅是少量赔偿金以及一些仪式性的认可。对于在行动中死亡的士兵也是一样。所以在每种社会语境下对生命赋予的价值以及对价值的衡量,都由每种语境特定的规范所决定。有时候的确会存在一些压力,以使得个别语境下的衡量与判断得以一致,但是几乎不存在试图让不同语境彼此一致的压力。因此,在不同语境下——其中不同行动方案对某些或者某类人可能有致命后果,它们在语境下得以被评估——实践推理和决定的做出都会被不同的规范所引导。[2]要注意的是,在 1981 年里根总统颁布的一项行政法令,导致了接下来的十年不同的政府机关赋予人类生活以货币价值。它们彼此的区别很值得注意,例如,由环保机构的 830 万美元到联邦航空局的 65.008 3 万美元的价值变化。

这些熟悉的事实支持了一个重要的概括:后启蒙的现代社会的主流文化缺乏任何整体的认同,更别提任何建立于理性之上甚至是理性地得到辩论的认同,这种认同是关于对于个人而言为了他人牺牲自己的生命,或者允许个人生命为了其他人或组织机构牺牲怎样才是理性的。但这不意味着在那一文化内无法在共享的价值规范基础上达到实际有效的一致性,而是说共享的价值规范在每一种分割的语境中都不

---

[1] "Compiling Data, and Giving Odds, on Jury Awards," *New York Times*, 21 January 1994.

[2] 也参见 E. J. Mishan, *Cost Benefit Analysis*, Amsterdam: North Holland, 1969, chapters 22 and 23; and J. Broome, "Trying to Value a Life," *Journal of Public Economics* 9, 1, 1978, pp.100—791。

同。在每一种语境里,权利、义务、功利以及预设的契约之间的关系都是某种程度上作为语境中主导的权力关系的结果得以理解的。因此实际有效的一致性体现的结论也在不同语境中有所变化。而且,在决定如何对关于权利、义务、功利和契约等相竞的主张进行裁定时,考虑到不存在普遍认同的理性标准,几乎不可能有其他情况。(因此在学术性的道德和政治探究中,无法达成一致并非没有实践意义。它体现了学术共同体通常的政治无能,除非能为私人和公共企业提供规定。)在这种社会情况下,理性没有有效的方式来面对权力和金钱的偶然性。

　　进而要注意到,启蒙运动及其后继者的失败不仅在于它不能提供理性的正当且一致的道德价值与原则。那些现代制度作为启蒙运动的最佳社会与政治希望的体现,其失败也同样突出。而且这些制度是在启蒙运动的标准下失败了。因为它们无法提供——事实上它们不可能——制度化的阅读、谈话以及论辩的公众,而这类公众对于实际有效的理性思考是必要的,这些思考正是关于回答问题时涉及的原则和决定,这些问题包括:人的生命价值要如何被评定? 或者,我们社会关系的责任对我们有何要求? 或者,我能够合法地欺骗谁? 对于这些问题,我们需要共享的回答。而在我们社会中不存在这样的制度平台,以使得普通人——而不是学院的哲学家或是政治理论家——得以共同致力于系统的理性辩论,以便在这些问题上达成一个有合理依据的共同想法,且使得它有机会在政治中得以表达。诚然,现代社会生活的主导性组织形式对这种制度平台的产生有不利的影响,而作为政治话语的主流模式也是如此。我们缺失维持实际有效的社会思考的读者大众。

　　相反,在现代社会中我们拥有的是一系列小范围的学术公众,在各自内部都进行着理性对话,但是这种对话对社会生活的运行没有实践影响;与此相反的是我们公共生活中大多数领域的组织形式,在这些领域里,有效的决定被做出,政策也得以实现,但是其中大部分情况下无法持续进行理性的对话,进而其中的决定和政策总体来说都是权力和金钱的分配的结果,而非由于论证的品质。在学术和公共生活的语境中,它们对同样的启蒙运动的道德和政治的中心概念都很熟悉,但是它们之间的割裂如此之大,以至于启蒙运动最初的计划已然失败。

如何应对现代性问题

——以麦金太尔《追寻美德》为中心的思考

李天伶*

对现代性的反思是伦理学家与政治哲学家共同关注的问题，他们看似不同的研究进路之下，实则包含着诸多共性的特征。就麦金太尔(1929—)、沃格林(1901—1985)与施特劳斯(1899—1973)三者来说，在面对现代性问题时，前者从伦理学的角度，后两者从政治哲学的角度，均主张将视野聚焦在古代希腊的古典传统，以古典传统的美好生活与科学理性作为审视、反思、批判、应对现代性问题的依据和资源。基于麦金太尔从美德伦理学角度进行的论述，参照沃格林与施特劳斯从政治哲学角度进行的阐释，或许可以就如何应对现代性问题，形成更为深入的理解。

一、麦金太尔对现代性问题的揭示

麦金太尔在《追寻美德》前八章中讨论现代性问题产生的原因。总体来讲，现代性问题是宗教世俗化与启蒙失败的结果，即亚里士多德目

* 李天伶，深圳大学马克思主义学院助理教授。

的论伦理框架及作为其变体存在的神学框架被打破,之后出现的诉诸道德标准的理论尝试均无法确立起具有普遍效力的判断标准。[1]

麦金太尔对现代性问题的揭示沿着两条线索展开:价值领域和事实领域,而两者的区分本身又是现代性问题的症结。价值领域主要表现为,为道德进行合理性论证筹划的失败;事实领域主要表现为,基于事实与价值二分而认定事实无法推出价值。为道德进行合理性论证的筹划,即将道德作为具有普遍效力的判断标准,这一努力的失败,是理解现代性问题的背景。将这一筹划判定为失败的现实依据为,现代道德论争所依据的前提或理由是互不兼容、不可公度、不具有权威和普遍效力的,将任何一个道德原则作为判断标准的理论实际上都是以某种特殊的偏好为普遍的标准,其在本质上都是一个虚假的面具。麦金太尔通过回溯从狄德罗、休谟到康德再到克尔凯郭尔的理论,揭示出为道德进行合理化论证失败的现实和注定失败的理由,亦即启蒙筹划失败的现实和注定失败的理由。之所以能够从几位思想家的失败中推导出整个启蒙筹划的失败,其原因在于,他们都基于对道德概念的共同性理解来为道德提供合理性证明[2],而且他们都将合理性前提奠基于各自对于人性具有某种共同性特征的理解之上,即道德原则的普遍性源于人性中某些共性的特征。麦金太尔指出,这些思想家均按照这一逻辑参与了道德合理性论证的筹划。

但是,道德训诫之具体内容与人性概念唯有在亚里士多德目的论伦理结构及神学结构中才能获得一致性,而后者又是基于前者的变体,所以亚里士多德目的论伦理结构是保证道德训诫与人性概念一致性的原初形态。麦金太尔对保持一致的原理进行分析。首先,亚里士多德

---

[1] "我们是如此习惯于依据道德来对判断、论辩和行为进行分类,以致忘记了在启蒙文化中,这种观念相对来说是多么新奇。"参见麦金太尔:《追寻美德》,宋继杰译,译林出版社2011年版,第48—49页。

[2] 同上书,第55页。

目的论伦理结构具有三个要素,分别为:偶然所是的人、实现其本质而可能所是的人以及教导人从前者转化为后者即实现人的目的和本质的伦理训诫。伦理训诫即道德训诫,亦即"敦促美德而禁绝恶行的训诫"。正是这些具体的伦理训诫教导人们"如何把潜能变为行动、如何实现我们的真实本性并达到我们的真正的目的";继而,"违抗这些训诫是不会成功的,也得不到人作为一个特殊物种所特别追求的合理幸福的善";再者,"我们所具有的欲望和情感将得到调整和教化";此外,理性在这一过程中的作用为,"理性既告诉我们什么是我们的真正的目的,又教导我们如何去达到它"。[1]据此,在亚里士多德目的论伦理结构中,伦理训诫即道德训诫与人的目的即人的本质获得了一致性,而且伦理训诫与理性同时得到了认可。

因为基于人性中某些共性特征推出道德训诫之功能的逻辑只有在亚里士多德目的论伦理结构及神学结构中才能成立,但采取此逻辑为道德原则提供合理性证明的思想家却拒斥目的论的人性理解,即拒斥"实现其本质而可能所是的人"的概念,相当于这些思想家试图在这一结构之外完成道德合理性证明,所以论证的失败是必然的。亚里士多德目的论伦理结构三要素中,"实现其本质而可能所是的人"这一要素被拆解掉之后,道德训诫无法基于人的目的或本质获得绝对的意义,只能关联于剩下的"偶然所是的人",由此产生自律道德主体的概念,依此提供的合理性证明只能是特殊个体的情感偏好表达。至于何以亚里士多德目的论伦理结构中"实现其本质而可能所是的人"这一概念会被拆解掉,麦金太尔论及的理由在于一种新的理性概念的产生。[2]此种理性概念形成于新教和约翰逊教派,并在很多方面相应于 17 世纪科学与哲学中的理性概念。新的理性概念一方面认为理性无法理解人的目的

〔1〕 麦金太尔:《追寻美德》,宋继杰译,译林出版社 2011 年版,第 67 页。
〔2〕 同上书,第 68—69 页。

或本质,另一方面认为理性只能把握有关事实和数学的真理。由此,基于人和理性的堕落,可以被诉诸的、具有绝对性的判断和评价标准被拒斥掉了,亚里士多德结构所代表的美德伦理的生活方式沦为具有典型现代性特征的情感主义的生活模式。

目的论的人性理解不仅保证了道德训诫的绝对性,还使得作为评价性主张的道德训诫在事实叙述中发挥功能,即在亚里士多德目的论伦理结构及神学结构中,事实与价值是一体的。随着"实现其本质而可能所是的人"的概念、价值领域的评价标准遭到拒斥,事实性概念成为独立的前提,不再蕴含原本蕴含于其中的评价性或价值性概念,事实性前提故而无法推出价值性结论。无论是价值领域的变化,还是事实领域的变化,乃至两者关系领域的变化,体现的均是古典世界观到现代世界观的变化。麦金太尔强调,这一变化是断裂和分离[1],是沦丧和堕落。

除了揭示出现代道德原则作为判断标准的虚假性之外,在讨论克尔凯郭尔的思想时,麦金太尔还揭示出,启蒙筹划的内在逻辑矛盾在于,将道德原则这一具有现代性特征的标准与旧有的伦理生活中的道德训诫之具体内容结合在一起。麦金太尔认为,现代生活对旧有的伦理生活仍有继承,虽然继承是不完整的、碎片化的,但应当认识到,伦理生活在现代社会的某些场域内依然作为一种生活方式。

二、麦金太尔应对现代性问题的思路

1. 重塑对个人整体生活的理解

在亚里士多德目的论伦理结构中,有效的标准为:使人从偶然所是到实现其本质和目的的可能所是的伦理原则。在亚里士多德所代表的

---

[1] 麦金太尔:《追寻美德》,宋继杰译,译林出版社 2011 年版,第 104 页。

传统中,伦理原则能够发挥效力的原因在于,一个人整体生活的概念是共同体内客观的、非个人的评价的首要主题,其为个人行动或筹划提供判断的内容。[1]对整体生活理解的丧失是现代性问题见诸具体个人身上的内在根源,此种对于生活的理解难以重建的原因在于,现代人并没有在堕落和沦丧的意义上理解这一丧失,反而将其视为对"强制性等级制的社会束缚"以及对"被现代性视为目的论的迷信的东西"的摆脱。[2]与丧失对整体生活的理解相关联的是,现代人形成一种新的、现代的、情感主义的自我观。这一自我观的特点为,自我与社会身份和既定目标相脱离,能够从特定立场中撤退出来,成为一个外在于任何一种立场的幽灵般的旁观者。[3]

重塑个体对自身整体生活的理解,继而伦理原则或美德教育才能得以施行、发挥意义。对个人整体生活的理解包含着对自身完满生活理想图景的想象,这一想象相当于一种对人的目的性的理解,亦即对于"善"的生活状态的理解。麦金太尔将这一状态描述为,"它是当一个人自爱并与神圣的东西相关时所拥有的良好的生活状态以及在良好的生活中的良好的行为状态"。[4]对善的生活状态的理解是随具体环境的变化而变化的[5],对这一状态的想象可能也是比较模糊的,但形成这样一种理解和想象是非常必要的,伦理原则亦即美德的教育与实践则通过培养性情成就此种理解和想象。"那构成对人而言的善的,是一种处于最佳状态的、完美的人类生活,诸美德的践行则是这种生活的必要的、核心的部分。"[6]

---

[1][2]　麦金太尔:《追寻美德》,宋继杰译,译林出版社 2011 年版,第 43 页。
[3]　同上书,第 43、159 页。
[4]　同上书,第 187 页。
[5]　同上书,第 279 页。
[6]　同上书,第 188 页。

2. 纠正美德正当性与规则或原则正当性的排序

麦金太尔认为启蒙以来确立的道德标准是无效的,提出这一判断还与其对真理的理解相关:真理一定要关联、系缚于某一具体的共同体或传统来理解,亦即地方性和特殊性为真理提供有效性的范围和前提,试图摆脱特殊性而寻求普遍性的真理观一定是无效的。摆脱特殊性而寻求普遍性真理的道德合理性证明是现代道德哲学的幻想。[1]故而,指向普遍效力的规则和原则一定不是个人与共同体的首要问题。结合对个人完整生活的理解,如何实现个人完满生活这一目的才是个人与共同体的首要问题,所以应当以"我要成为何种人"的问题替代启蒙以来现代道德学说所关注的"我们应该遵循什么规则"的问题。[2]而美德教育培养的是"在适当的地点、适当的时间、以适当的方式判断,并做适当的事情的能力"。[3]因此,引导人们朝向完满生活目的与"时中"能力的伦理美德具有更前在的意义;规则或原则应当理解为适用于共同体内部的、具有法律规范意义的法则,具有次要和辅助性的意义。[4]

就普遍性与特殊性的关系问题,麦金太尔与亚里士多德的立场相反。就亚里士多德所代表的雅典古典传统来说,对各种对美德概念的理解虽然彼此矛盾,但其认为矛盾和冲突是表面和暂时的,矛盾与冲突背后其实被一种更深刻的一致性规定着,这一一致性的来源即是宇宙秩序。"我们已经看到,对于柏拉图来说,诸美德不仅仅彼此兼容,而且每一美德的呈现都要求所有美德的呈现。无论亚里士多德还是阿奎那,都重申了这一有关诸美德之统一性的有力论点,尽管在许多重要的方面他们与柏拉图意见相左,并且彼此也不尽一致。这三位哲学家有一个共同的预设,那就是,有一种宇宙秩序指定了每一美德在人类生活总体和谐体

---

〔1〕 麦金太尔:《追寻美德》,宋继杰译,译林出版社2011年版,第160页。
〔2〕 麦金太尔通过对尼采的讨论揭示出这一问题的转化,参见《追寻美德》,第149—150页。
〔3〕 同上书,第189页。
〔4〕 同上书,第150页。

系中的位置。而道德领域中的真理就在于道德判断与这一系统秩序的一致性。"[1]但麦金太尔认为此种美德统一性原则只是一种幻想[2],并揭示出对美德一致性的论述与城邦中具体的善之间的关系,构成亚里士多德理论中的一对张力。"这样,亚里士多德就给自己布置了一个任务,为那种既具有地方性与特殊性——定位于 polis(城邦)并部分依据 polis(城邦)的特征来定义——又具有宇宙性与普遍性的善提供一种说明。这对立两极间的紧张,在《尼各马可伦理学》中时刻能感觉得到。"[3]

因为美德是导向情感和实践的教育,"美德就是那些不仅按一定方式行动,而且按一定方式感觉的性好(disposition)",有美德地行动"是根据由美德的培养所形成的爱好去行动。道德教育就是一种'情感教育'"[4],所以,与重要性序列变化相适应的是,由关注道德论辩转到关注道德实践。通过麦金太尔对"实践"概念的界定,美德教育指向的重点被揭示出来。第一,"实践"是一种社会性的人类活动,具有协作性特征,它是复杂的同时也是融贯的;第二,实践活动具有目的性,而且以其本身的内在美善为目的,而非为了实践活动之外的外在利益;第三,"实践"是具有历史的,因此也构成传统,可以提供关于优秀的标准。由此,达成社会协作和实现内在美善是美德教育的两个重要指向。这里容易产生的一个怀疑在于,个体与实践之间是否存在无法调和的矛盾。产生这一问题本身可能是沿着现代性思路思考的结果,如果内在于美德伦理的思路,或许根本不会产生这一疑问。关于个体与实践的关系,麦金太尔称,"要进入一种实践,就是要承认那些标准的权威性,并且用它们来评判我

---

〔1〕　麦金太尔:《追寻美德》,宋继杰译,译林出版社 2011 年版,第 180、187 页。在麦金太尔的刻画中,柏拉图亚里士多德传统、索福克勒斯所代表的悲剧传统以及韦伯所代表的现代传统,三者在这一问题上是存在张力的。

〔2〕　"亚里士多德的描绘至多是一种理想化,可以这么说,他总是倾向于夸大道德的融贯性和统一性。"参见《追寻美德》,第 198 页。

〔3〕　同上书,第 187 页。

〔4〕　同上书,第 189 页。

自身行为表现的不足。将我自己的态度、选择、偏好与品位屈从于这些标准"。[1]实践中的标准是历史累积而成的,是由实践传统中优秀的他者建立的,因此实践本身也是教育与学习的过程,对标准的承认是进入这一实践的前提,实践中的标准排除了主观主义和情感主义的观念。

由个人与实践的关系可以关联到个人与共同体的关系。就个人与共同体的关系而言,麦金太尔有如下的讨论,"自我必须在诸如家庭、邻里、城邦、部族等共同体中,并且通过它在这些共同体中的成员资格去发现它的道德身份,这并不意味着自我必须接受这些共同体形式的特殊性在道德上的各种限制"。[2]此外,在《依赖性的理性动物》中,麦金太尔称,"个体的好并不从属于共同体的好,反之亦然。个体为了追求自己的好,或者甚至为了可以用具体的措辞定义自己的好,必须首先将共同体的好视为自己的好。因此公益不能被理解为个体的好的加总,或是由它们构成。与此同时,尽管追求共同体的公益对所有能够为此做出贡献的人而言都是个体的好的重要组成部分,但每个特定个体的好都比公益要求更多"[3]。由这两段论述可知,在以美德教育为前在关注的共同体内,共同体并不构成对个人的束缚,而且共同体一定尊重并促成个体的成就。其实,美德伦理教育培育出的个体在面对抉择时,经过审慎思考会辨识出,所谓抉择仅有唯一适当的路径,且最终皆归于自身完满生活的实现。

3. 从规定性角度认识共同体与传统的意义

麦金太尔强调,道德判断必须在某种生活方式之中进行,脱离具体生活方式而进行的道德判断和道德评价是无效的、不可理解的[4],亦

---

〔1〕 麦金太尔:《追寻美德》,宋继杰译,译林出版社 2011 年版,第 241 页。

〔2〕 同上书,第 280 页。

〔3〕 麦金太尔:《依赖性的理性动物——人类为什么需要德性》,刘玮译,译林出版社 2013 年版,第 89 页。

〔4〕 马克·C. 墨菲编:《阿拉斯戴尔·麦金太尔》,胡传顺、郭沙译,复旦大学出版社 2013 年版,第 7 页。

如对美德的说明必须基于其所处的社会结构,脱离社会结构无法对美德进行充分说明,脱离美德亦无法说明完整的社会结构,两者是一体的。[1]麦金太尔在讨论古典英雄时代诸美德时对美德与社会结构的关系进行如上概括。纵然古典英雄时代是身处现代的人们无法回到的过去,但麦金太尔揭示出的美德与社会结构的关系对现代社会依然具有启发意义。

对美德与社会结构关系的讨论,指向的其实是共同体或传统对个体生活的规定性意义,即共同体或传统规定着个体在其中的身份和位置,规定着基于其身份和位置所应当具有的美德,规定着与身份和位置相适应的对他人应当承担的义务以及他人对其应尽的义务,规定着个体之间没能尽责时所应受到的处置与对待。[2]可见,共同体或传统提供的规定性是极其完备的。虽然这一规定性在英雄时代进入到柏拉图时代的雅典时出现了松动[3],但不可否认的是共同体或传统的规定性规定了身处其中的个体对于自我以及自身整体生活的理解。除此之外,共同体或传统还呈现出无法预知、不可抗拒、无法逃避的命运之力。认识到这一力量的重要性不仅仅在于这一力量本身作为一种社会现实,更重要的意义在于对其的认识是一种美德。[4]

共同体或传统的规定性的另一个意义在于,任何一个个体都无法超越于他所在传统的历史,每一个个体都是其所在的传统的历史塑造

---

[1]　麦金太尔:《追寻美德》,宋继杰译,译林出版社 2011 年版,第 155 页。

[2]　关于社会结构所规定的内容,参见《追寻美德》,第 155—156 页。

[3]　同上书,第 168 页。

[4]　麦金太尔在讨论英雄社会诸美德时论及对命运之不可抗力的认知,并将其作为勇敢的一部分。事实上,认识命运这一美德或许不仅仅适用于古典英雄时代,对于身处现代社会中的人应当同样适用。关于其意义,麦金太尔所论"那些为所当为的人稳步踏向他的命运和死亡"这一句有所揭示,即对命运的认识能使人对其所当为之事更加确信,能使人在人生过程当中更加坚定和执着。此外,对命运不可知的认识也能令人具有敬畏心态和限度意识。

出来的结果〔1〕,"我与生俱来就有一个过去"。〔2〕虽然社会结构诸多方面发生了变化,但传统中总有一些不变的东西,现代一定延续和继承着古典时期的某些要素、特征和文化。〔3〕而这样一种内在于传统之中的延续性一方面使得传统的规定性具有共性和继承性的特征,另一方面也支撑起古典对于现代所具有的借鉴性意义。

　　传统的延续性并不排斥其内部复杂的矛盾和冲突,对矛盾和冲突的应对会为传统会带来美德概念的变化〔4〕,变化的经历或许可以使其具有相较其他传统而言的相对优势。麦金太尔强调,矛盾、冲突与不一致性,而非融贯一致性,是不同传统之间以及传统内部在美德概念理解问题上所具有的特征。但需要明确的是,此种矛盾、冲突与不一致性绝不等于相对主义。两者的区别在于,在进行判断与选择时,相对主义者

---

〔1〕　麦金太尔:《追寻美德》,宋继杰译,译林出版社 2011 年版,第 164 页。

〔2〕　同上书,第 280 页。

〔3〕　在对待传统的态度这一问题上,麦金太尔对亚里士多德持有批评的观点。亚里士多德认为"残缺不全"的传统是可以被其自己的"包罗万象的真理性解释"所取代的,因此传统是可以弃置不顾的。但在麦金太尔看来,"传统的概念,其核心是,过去绝非某只应被遗弃的东西,相反,现在只有作为过去的注释与回应才是可理解的;在这些注释与回应中,过去(如有可能且如有必要)得到修正与超越,而这种修正与超越的方式,又反过来使现在被将来某种更为充分恰当的观点所修正与超越成为可能。因此,传统概念体现了一种与亚里士多德格格不入的知识论。根据这种知识论,每一特定理论或道德的、科学的信念体系,只有作为一个历史序列的一名成员才是可理解的、可辩护的(仅就其是可辩护的而言)。在这样一个序列里,很难说后来者就一定优越于先行者;一种传统可能止步不前甚或倒退衰微。但是当一种传统秩序良好、稳步发展时,就始终有某个因素累积到传统上。并非现存的一切在将来都同样会被推翻,而且很难想象现存理论或信念的某些因素会被抛弃,除非作为一个整体的传统也被抛弃"。参见《追寻美德》,第 184—185 页。在麦金太尔的思想脉络里,虽然亚里士多德不重视传统、缺乏历史感,但其思想对于其所代表的雅典古典传统的意义必须得到认可。"将亚里士多德对诸美德的解说,与我所揭示的出现在史诗和悲剧作家中的有关美德和叙事形式之间的关系的论点相结合的任务,不得不等待那些受过圣经文化的熏陶、从而能够历史地思考的亚里士多德的后继者们去完成";"正是亚里士多德的美德理论把古典传统建构成一个道德思想的传统,并且在很大程度上牢固地确立了他的诗人前辈们只能断言或暗示的东西,从而使古典传统成为一种合理的传统,而无需屈从于柏拉图对社会世界的悲观主义态度"。参见《追寻美德》,第 185 页。

〔4〕　同上书,第 165、170 页。

采取的是外在于任何传统或立场的态度,而基于传统者一定进入并基于这一传统或立场,信守这一传统或立场所规定的美德与真理。

麦金太尔认为冲突是社会生活的本质,主张以一种社会形式的目的论替换亚里士多德形而上学的生物学的目的论。[1]在矛盾冲突的问题上,麦金太尔实际上倾向于索福克勒斯所代表的悲剧传统,认为人类面临着无法克服和无法解决的冲突。"严重的冲突的确存在,在其中,不同的美德似乎向我们提出了各种对立互竞的且不可兼容的要求。但我们的处境是悲剧性的,因为我们不得不承认双方的要求都具有权威性。有一种客观的道德秩序,但我们对它的各种感知却使我们不可能让互竞的道德真理彼此完全和谐一致","然而神的裁决总是结束而非化解冲突。这样,他就在对权威(一种宇宙秩序的权威和在对美德的承认中所包含的真理要求的权威)的承认与特定处境下我们的特定感知和判断之间留下了不可逾越的鸿沟"。[2]

三、沃格林与施特劳斯提供的阐释

再次回到普遍性与特殊性的关系问题,麦金太尔的如下讨论似乎在理论上容纳了对普遍性的追寻。麦金太尔称,"不从这些道德的特殊性出发,就无从开始,正是从这类特殊性出发的向前运动构成了对善、对普遍性的探寻。然而,特殊性永远不能被简单地抛在一边或抹杀掉。摆脱特殊性进入那属于人本身的全然普遍准则的领域,这种观念无论以18世纪康德哲学的形式出现还是以现代某些分析的道德哲学的面貌出现,都是一种幻象,并且是一种伴随着沉痛后果的幻象。当人们过于轻易、过于彻底地将事实上是其部分的、特殊的事情与某种普遍原则

---

〔1〕　麦金太尔:《追寻美德》,宋继杰译,译林出版社2011年版,第206—207、249页。
〔2〕　同上书,第180—181页。

的事情相等同时,他们常得不偿失"。[1]从这段论述中可以看出,麦金太尔强调的是不能抛弃特殊性直接进入普遍性的领域,不能将特殊处境与普遍原则等同起来,对普遍性的探求一定要从特殊性中开始,要基于特殊性,基于具体生活的实践,而且,对普遍性或一致性的理解一定是以对完整生活的理解为前提的。[2]按照这一理解,麦金太尔所揭示的亚里士多德理论中的张力似乎可以得到缓解,其基于传统和历史的社会目的论理论中的超越性维度似乎也可以被打开,但前提是,必须同时认可特殊性与普遍超越性两端,而且认识到两端之间存在本质上的区别。关于对超越性维度的理解,沃格林的理论提供了具有启发性的阐释。

首先,沃格林对西方现代性即现代欧洲的整体判断为,现代西方盛行的种种思潮本质上是灵知主义。但灵知主义并不是现代以来才产生的问题,而是西方文明内部自古希腊时期便一直存在的问题,具有极为深远的思想渊源。沃格林强调现代西方本质上是灵知主义,原因在于,现代西方无视这种真实存在的思想传统,将其彻底湮没掉了,由此产生了严重的现代性危机。灵知主义者的出发点在于,对其所处的世界、所经历的生活处境持有不满的态度,进而想要通过获得拯救的方式从中逃离,他们得出的思想结论是,通过自身掌握的知识即灵知可以完成对自身的拯救。灵知主义者失去了对超越性力量的敬仰。灵知主义问题的实质可以概括为,人对于超越性力量、神圣性力量的僭越。

进而,针对这一问题,沃格林认为,现代社会应当首先认识到灵知主义问题的存在,并重新建立自柏拉图亚里士多德时便已奠立的政治科学。沃格林所主张的政治科学是有别于现代政治科学的新政治科学[3]。沃格

---

〔1〕 麦金太尔:《追寻美德》,宋继杰译,译林出版社 2011 年版,第 280—281 页。
〔2〕 同上书,第 285 页。
〔3〕 参见沃格林:《科学、政治与灵知主义》,见《没有约束的现代性》,张新樟、刘景联译,华东师范大学出版社 2007 年版;另见沃格林:《新政治科学》,段保良译,商务印书馆 2018 年版。

林反对在形而上学领域运用现代政治科学所主张的实证主义方法,故而提出与这一研究领域相适应的新政治科学。新政治科学是一种科学的分析方法,它的科学性并不在于现代意义上的使用自然科学的研究方法,而在于它可以洞见真理,其对真理的洞见基于这样一个关键性的前提,即它认可存在的秩序的真理。人类的各种意见都是来自灵魂朝向秩序的真理的敞开,通过求证于秩序的真理,意见的真理性可以客观地得到确定。沃格林的思想确证了一个超越性的维度,即秩序的真理,亦即神圣根基[1]。这一秩序的真理或神圣根基为人类社会的意见提供了检验的标准,是人类社会真理性的来源,人类通过体验的方式参与其中。

施特劳斯通过政治哲学的概念将视野带回西方古典传统,强调人们要像古代哲学家那样思考整全性和普遍性的知识,思考政治生活乃至人类生活的本质,即何为美好生活的问题,将获得美好生活、美好社会的知识作为明确的目标。施特劳斯强调古典政治哲学概念,主要针对的是现代以来的科学和历史主义,认为两者是摧毁政治哲学的主要力量。科学避免进行价值判断,拒绝思考绝对知识;历史主义则将一切都视为偶然的、相对的历史现象,拒斥美好生活的问题,拒斥唯一绝对的真理。[2]

若将施特劳斯对历史主义的拒斥关联于麦金太尔对历史传统的强调,或许容易将麦金太尔的思想理解为一种历史主义。但其实从历史主义来理解麦金太尔是对麦金太尔的误解。麦金太尔虽然强调历史和传统,但绝非现代意义上的历史主义。两者的根本性区别在于,历史主义拒斥真理,但麦金太尔承认真理,强调在实践和传统中理解真理,强

---

[1] 参见沃格林:《何为政治实在?》,见《记忆——历史与政治理论》,朱成明译,华东师范大学出版社 2017 年版。

[2] 参见施特劳斯:《什么是政治哲学?》,见《什么是政治哲学》,李世祥等译,华夏出版社 2014 年版。

调必须认同某一传统的真理和标准并进入这一传统,这构成伦理生活方式和美德教育的前提。

沃格林与施特劳斯同样主张回到古典传统,虽然两者具体的观点和思路有所不同,但究其本质,两者所强调的要点其实是一致的,即重新思考根本性问题并确立起真理的维度。基于麦金太尔、沃格林与施特劳斯三位思想家的分析和论述,关于如何应对现代性问题,可以形成一个包含如何重新理解自我及生活、如何处理个人与社会共同体的关系、如何处理生活与超越性维度的关系三方面的较为完整的理解。

自然法的实践认识基础和
普遍权威何以相容

——对麦金太尔"自然法"概念的重构与反思

杨旻洁 *

一、自然法戒律何以具有普遍权威

现代法律体系中占支配地位的学说是法律实证主义(legal positivism),这种学说认为法律的合法权威问题和法律的正义问题是两个独立的问题——法律具有合法性是因为它由合法的立法机构颁布,而非它体现了"正义"本身。这种主流的法律解说是麦金太尔所反对的,在他看来,主张无关正义的法律对人们也具有合理的强制性,是一个"奇怪"且"费解"的观点。[1]相反,他认为应当回到托马斯主义的"自然法"(natural law)解说:在涉及具体法规本质的解释上,任何法律机构所颁布的法律,其合法性都来源于它们对自然法戒律的传达[2],因为"自然

---

* 杨旻洁,清华大学哲学系硕士。

〔1〕 MacIntyre, Alasdair, "Theories of natural law in culture of advanced modernity," in *Common Truths: New Perspectives on Natural Law*, ed. E. B. McLean, 91—115. Wilmington: ISI Books. 2000, p.98.

〔2〕 Ibid., p.94.

法"定义了正义的要求。[1]想要进一步理解这种赋权,就不能脱离更根本的对"自然法"概念的解释。

麦金太尔对阿奎那传统的继承在于,把"自然法"置放于人类实现共同善(common good)的目的论框架中来理解,并认为遵守"自然法"的戒律是实现共同善的必要条件。根据阿奎那的理论,人的本性中具有一种倾向(inclinations),让自己的行动朝向某种目的或某种善[2],这种倾向实现于人的各种社会活动中;同时,人本质上还是社会性的存在,个体的善只有在和共同体成员的关系中,在旨在实现共同善的活动中才能实现。[3]不仅如此,每一个共同体从特定文化传统出发探讨他们当地的共同善后,都会将它上升到普遍的人类善的概念[4],也会进一步设想终极善(supreme good/final good)的概念。麦金太尔认为,以上善的探索和实现,都是在共同体成员开展关于"我们的善是什么? 如何实现它?"对话的理性探究(rational enquiry)中完成的。而这样的理性探究得以开展的前提,就是绝对地遵守毫无例外的(exceptionless)自然法戒律。"就是因为即便是在严肃的甚至是对自然法戒律持怀疑态度的理性探究中,愿意服从那些戒律也是理性严肃的探究的前提条件,因此,在我们的活动中只能以忠诚于它们为前提……自然法毫无例外的戒律是这样一些戒律,只要我们是理性的,我们就会认识到,在每一个社会、每一种情境中对于我们的各种善和终极善的实现来说,它们都

[1] MacIntyre, Alasdair, "Natural Law as Subversive," In *Ethics and Politics*: *Selected Essays*, Vol.2, 41—63. Cambridge: Cambridge University Press, 2006, p.48.

[2] MacIntyre, Alasdair, "Plain Persons and Moral Philosophy: Rules, Virtues and Goods," In *The MacIntyre Reader*, ed. Kelvin Knight, 136—152. University of Notre Dame Press, 1998, p.139.

[3] MacIntyre, Alasdair, "Theories of Natural Law in Culture of Advanced Modernity," in *Common Truths*: *New Perspectives on Natural Law*, ed. E. B. McLean, 91—115. Wilmington: ISI Books, 2000, p.108.

[4] MacIntyre, Alasdair, "Politics, Philosophy and the Common Good," In *The MacIntyre Reader*, ed. Kelvin Knight, 235—252, University of Notre, 1998, p.247.

是必不可少的,因为它们指引我们朝向我们的共同善,并部分地定义了共同善。"[1]

那么,毫无例外的自然法戒律包括哪些内容呢?作为一个托马斯主义者,麦金太尔接受了阿奎那关于自然法第一原则/基本戒律——"追求善而避恶"——的建构,也同意十诫的道德戒律从这个第一原则得出只需要"最小的反思"[2],但他在写作中强调最多的自然法戒律内容,是那些对界定理性探究关系具有至关重要作用的内容:(1)禁止无端地危及彼此的生命、自由或者财产;(2)禁止剥夺无辜者的生命或为无辜者造成任何形式的身体伤害,尊重他人的合法财产;(3)对待彼此真诚,说真话以让对方理解,不故意做出误导或欺骗彼此的言论;(4)信守对他人的承诺,不做出不能兑现的承诺;(5)确保共同体生活的内部和外部的安全。[3]

这些自然法戒律被赋予了普遍的、绝对的权威,是每一传统的共同体生活中每一个成员在任何情境下都应服从的戒律。对此,麦金太尔写道:"第一,它们在范围上是普遍的。在关于我们共享的共同善的审慎探讨之中,没有人会被我可能发现为不会成为未来的一个伙伴。因

---

[1]　MacIntyre, Alasdair, "Natural Law as Subversive," in *Ethics and Politics*: *Selected Essays*, Vol.2, 41—63. Cambridge: Cambridge University Press, 2006, pp.48—49.(原文: Just because even in situations in which there is serious, even skeptical enquiry about the precepts of the natural law, willing conformity to those precepts is a precondition of rational and serious enquiry, it turns out that we cannot but presuppose allegiance to them in our activities. The exceptionless precepts of the natural law are those which, insofar as we are rational, we recognize as indispensable in every society and in every situation for the achievement of our goods and of our final good, because they direct us towards and partially define our common good.)

[2]　MacIntyre, Alasdair, "From Answers to Questions," in *Intractable Disputes About the Natural Law. Alasdair MacIntyre and Critics*, ed. L. S. Cunningham, 313—351. Notre Dame: Notre Dame University Press, 2009, p.318.

[3]　MacIntyre, Alasdair, "Intractable Moral Disagreements," in *Intractable Disputes About the Natural Law. Alasdair MacIntyre and Critics*, ed. L.S. Cunningham, 1—52. Notre Dame: Notre Dame University Press, 2009, p.23.

此,没有人和我的关系能够违背这些戒律。第二,那些戒律是毫无例外的。它们为任何合作性的理性探究指明了必要的前提条件,而对它们破例总是会对这种探究的可能性构成某种威胁。第三,它们对于每一个人来说都是一个且是同一个东西。而且,第四,正因为它们是理性探究的前提条件,我们并不是通过探究来获得对它们的知识的。它们不是从一些先在的判断推出的发现或结论……它们只能被预设为,因此是,任何追求关于各种善或善本身的真理以实现各种善或善本身的探究的必要起点。通过这种方式,它们是实践推理的第一原则。对其服从被要求为实践探究前提条件的戒律就是自然法的戒律。"[1]

从中我们可以发现,就范围来讲,自然法之所以对所有人都具有权威,是因为每一个人都参与到探索人类繁荣的共同体生活中,并且参与到对这种生活目的的理性探讨中,因此是这样一种追求共同善的成员的身份,而不是抽象的理性人个体权利要求他们遵守这些戒律。就适用情境而言,自然法不是后果主义的那些可以随时根据效用来更改的规则,而具有康德定言命令的强制性,麦金太尔也认为援引康德理解自然法权威是有启发性的。[2]因为对自然法或康德式道德法则的遵守,

---

〔1〕 Ibid., p.24.(原文:First, they are universal in their scope. There is no one with whom I may not find myself in the future a partner in deliberation concerned with some good or goods that we have in common. Therefore there is no one with whom my relationships can be in violation of these precepts. Secondly, those precepts are exceptionless. They state the necessary preconditions for any cooperative rational enquiry, and to make an exception to them is always going to present some kind of threat to the possibility of such enquiry. Thirdly, they are one and the same for everyone. And, fourthly, just because they are preconditions for rational enquiry we do not acquire our knowledge of them as a result of enquiry. They are not findings or conclusions inferred from some antecedent set of judgments ... They cannot but be presupposed and are therefore the necessary starting point for any enquiry that pursues the truth about goods or the good in order to achieve goods or the good. They are in this way first principles for practical reasoning. The precepts conformity to which is required as the precondition for practical enquiry are the precepts of the natural law.)

〔2〕 MacIntyre, Alasdair, How Can We Learn What Veritatis Splendor has to Teach? *The Thomist* 58, pp.171—195, 1994, p.178.

都不是对具体行为进行效用衡量的结果,而就是"对它们本身"的遵守。但是,与康德不同的是,麦金太尔认为我们不仅因自然法自身之故去遵守它,还因更深远的目的而遵守它——那就是我的和我们的终极善[1],笔者在后文会继续论述为什么麦金太尔认为这种终极善和自然法的联结能够解释后者的"无例外性"。就和实践推理的关系而言,自然法的戒律是一切实践推理得以开展的前提,而不是后者的结果,因此,不可避免的道德分歧的出现,不能证明同一的自然法不存在,不能证明自然法不能获得所有人的忠诚,相反,那些分歧的出现就是人们对自然法遵守的证明。何以是这样呢? 假设自然法的戒律不再有效:在公共讨论中,人人会因为发表了和对方不一致的意见而被剥夺财产、自由甚至生命,那么发言或交流本身就成了危险的事,互竞的关于善的观点就不会有机会相遇或碰撞;如果人人随时都处于受到内部骚乱、外敌入侵干扰的恐惧之中,理性探讨的持久性和稳定性也将受到威胁;如果,当一个人和对方交流意见时不能确定他是否在撒谎,并且随时准备着在必要时刻为了自己的某种利益说谎或开出空头支票,那么,共同体的成员就无法和彼此进行真诚、有效的理性探讨,甚至根本无法断定自己和对方是否处于争论之中。而当人们发现自己已经置身于道德争论之中了,这就说明他们双方都遵守了自然法所规定的东西。因此,麦金太尔认为,阿奎那对自然法的解释,不仅和道德争论不矛盾,而且为这些道德争论的事实提供了最好的起点。[2]

　　对于规则或戒律是受否应当无例外地被遵守的另一种回答来自功利主义,麦金太尔的自然法理论显然是反对功利主义的,他认为两者源于对立互竞的传统,而托马斯主义的自然法理论能够克服功利主

---

[1] MacIntyre, Alasdair, "How Can We Learn What Veritatis Splendor has to Teach?" *The Thomist* 58:171—195, 1994, p.178.

[2] MacIntyre, Alasdair, "Intractable Moral Disagreements," In *Intractable Disputes About the Natural Law. Alasdair MacIntyre and Critics*, ed. L. S. Cunningham,1—52. Notre Dame: Notre Dame University Press, 2009, p.26.

义的局限。[1]但在这里,我们还未走到那么远,笔者在这里着重说明的是,不是自然法理论为什么比功利主义优越,而是自然法理论为什么是非功利主义? 既然自然法不是像康德所主张的仅因自身之故而被遵守,而是具有功能性作用(就像功利主义对规则的看法一样),那么在特殊情况下,违反自然法能实现更多的好,应当如何解释自然法戒律不允许"例外"呢? 或者,在实践推理中,功利主义会和自然法理论的支持者得出同样的行动结论,应当如何区别二者? 麦金太尔认为,二者区别的关键在于,功利主义并不设想"终极善"的概念,而这种概念却是自然法朝向的目的。功利主义思考是否要遵守自然法戒律时,其依据是对其行为实施后利弊计算的结果,如果遵守自然法得到的好处高过不遵守它的好处,那么就遵守它,否则应当违背自然法。但麦金太尔认为,自然法主张其无例外的权威的出发点,是它和"终极善"的紧密联结,终极善无法被纳入权衡公式。终极善不是偶然地在一种情境或每一情境中超越了其他善,而是根本无法被通约成用于功利计算的货币,它是任何其他的善的好所不能超越的,否则它就会变成偶然的、暂时的善,在计算和交易中可以轻易被置换。[2]像功利主义者一样去思考用某个特定事例中违背自然法获得的善来弥补遵守自然法获得的善,就是不可理喻的做法[3],甚至可以说,这种比较本身就是在瓦解自然法的概念:如果杀掉无辜的人能获得更多的效用,功利主义会乐意"有意"杀人。因此,遵守自然法戒律必须是"无例外""无条件"的,否则我们将会偏离终

---

〔1〕 MacIntyre, Alasdair, "Intractable Moral Disagreements," In *Intractable Disputes About the Natural Law. Alasdair MacIntyre and Critics*, ed. L. S. Cunningham, 1—52. Notre Dame: Notre Dame University Press, 2009, p.51.

〔2〕 MacIntyre, Alasdair, "Plain Persons and Moral Philosophy: Rules, Virtues and Goods," In *The MacIntyre Reader*, ed. Kelvin Knight, 136—152. University of Notre Dame Press, 1998, p.143.

〔3〕 MacIntyre, Alasdair, "How Can We Learn What Veritatis Splendor has to Teach?" *The Thomist* 58: 171—195, 1994, p.179.

极善实现的道路。

　　在此,可以简要总结麦金太尔对自然法概念的建构:他把自然法戒律当作实现人类本性所趋向的各种善和终极善所必须遵守的戒律。而人类的追求善的活动只靠个体是无法完成的,它必须在共同体的理性探究活动中实现。这种理性探究得以开展的前提就是各个成员都意识到自然法的权威并遵守它,这种权威就如同阿奎那主张的那样具有普遍性,无条件地要求每一个人在任何情况下都遵循,且它们遵循的是同一个自然法。任何例外的对自然法的破坏都会阻碍人类实现自己的终极善,因而自然法的权威绝对不允许功利主义的辩护。接下来,笔者将重构麦金太尔对自然法认识基础的论述。

二、自然法的实践认识基础

　　麦金太尔指出,阿奎那自然法理论是作为一种颠覆性的法律理论在历史中出现的,因为它否定了权力机构(路易九世的皇家权威、拥有专业知识的律师)是法律合法权威来源,而认为自然法才是人为法律的合法性来源,而每一个普通人(plain person)都能够独立于这些机构,依据对自然法知识判断现行的法律是否正当。[1]

　　那么,普通人何以拥有对自然法的认识呢? 阿奎那在《神学大全》中写道,自然法戒律对于人的实践理性而言是"自明或自然可知的"[2](per se notume),而且,它们是"大家都认识的"[3],"在普遍的原理方

---

[1] MacIntyre, Alasdair, "Natural Law as Subversive." in *Ethics and Politics*: *Selected Essays*, Vol.2, 41—63. Cambridge: Cambridge University Press, 2006.

[2] 圣多玛斯·阿奎那:《神学大全第六册:论法律与恩宠》第 94 题第 2 节,周克勤、高旭东等译,中华道明会、碧岳学社 2008 年版,第 40 页。

[3] 同上书,第 94 题第 4 节,第 45 页。

面,自然法律的普遍有效,绝对不能从人心中消减"。[1]虽然在特殊情况下,人们会因为受到个人欲望和激情的蒙蔽,或是受到整个社会腐败习俗的影响,而不能认清自然法。但是麦金太尔,要追随阿奎那的理论所必须解决的难题:如果有所有普通人仅通过理性就能知道自然法,并对遵从它的戒律达成了普遍共识,那么如何解释广泛存在的人们违背、反对自然法的做法,以及关于是否应遵守自然法的争论?[2]根据阿奎那的理论,这些争论应该只是个别情况,但现实并非如此。正如笔者在本文第一部分所述,麦金太尔解释这些道德争论的方式,是把自然法戒律的遵守当作争论开展的前提而非结论。但关于人们如何意识到这些前提,以及为什么会偏离这些"自明"的戒律,仅仅依靠"理性"不能给出充分让人信服得说明。麦金太尔指出,阿奎那认为普通人"通过理性来认识那些戒律以及它们的权威,但是他们当然不是通过形而上学前提来获得这些认识的。那么,他们是如何认识它们的呢?托马斯主义者对于这个问题的回答一直是令人失望得简略"。[3]

麦金太尔对阿奎那自然法认识论的补充(或者说更充分的解读)在于,把普通人对自然法的认识建立在实践及对其反思的基础上。由于自然法是我们通向人类的共同善所必须遵守的戒律,回答"如何认识自然法"就不能不回答"如何认识人类的善"。关于这个问题,麦金太尔赞同菲尼斯(Finnis)的观点:即"是通过实践性的反思,而不是因为清楚的

---

[1] 圣多玛斯·阿奎那:《神学大全第六册:论法律与恩宠》第 94 题第 6 节,周克勤、高旭东等译,中华道明会、碧岳学社 2008 年版,第 49 页。

[2] MacIntyre, Alasdair. "Intractable Moral Disagreements," in *Intractable Disputes About the Natural Law. Alasdair MacIntyre and Critics*, ed. L. S. Cunningham,1—52. Notre Dame: Notre Dame University Press, 2009.

[3] MacIntyre, Alasdair, "Natural Law Reconsidered," International Philosophical Quarterly 37(1):95—99, 1997, p.98.(原文:They apprehend those precepts and that authority by reason, but they certainly do not apprehend them by deriving them from metaphysical premises. How, then, do they apprehend them? Thomists have characteristically been disappointingly brief in their answers to this question.)

直觉行为,我们才领会到了什么是基本的善。"〔1〕每一个人都通过具体的生活和活动来了解自己追求什么善,并了解如何实现这些善,就是根据这些善的知识,我们才理解自然法戒律。但是,麦金太尔不同意菲尼斯的地方在于,他认为后者仅仅从个人主义的视角来定义这些"基本善"[包括生命、知识、游戏、社交(友谊)、实践理性、宗教],却不把个人的善放到"共同善"的语境中来理解。〔2〕而对于阿奎那而言,个人是作为社会整体的一部分而存在的,法律指向的也是共同的幸福,指向个别善的命令如果脱离了共同善,是不具有法律意义的。因此,麦金太尔认为:"作为普通人,要达到我们对善和戒律的基本判断,可能与其说是仅仅通过对个人倾向的反思,不如说是通过对某些共同善受威胁的情境并在这种情境中实施的反思,来达成的。"〔3〕

　　这种对能够领会自然法的、对共同善的实践性反思是怎样的呢?首先考虑共同善的概念。当我们进入一个共同体的实践时,追求的那种共同善,不是单个个人善的加和,而是通过相互协作完成的、内在于那种实践的优秀(excellence),麦金太尔用捕鱼团体、弦乐四重奏、科学研究室、农场的团队活动所能实现的优秀〔4〕来示例。然而,这种实践是一次探索,共同体的成员并不是一开始就确定那种善的标准是什么,

―――――――――――

〔1〕 MacIntyre, Alasdair, "Natural Law Reconsidered," *International Philosophical Quarterly* 37(1): 95—99, 1997, p.98.(原文:It is through practical reflection, and not as a result of some distinct intuitive act, that we grasp what the basic goods are.)

〔2〕 MacIntyre, Alasdair. "Theories of Natural Law in Culture of Advanced Modernity," In *Common Truths*: *New Perspectives on Natural Law*, ed. E. B. McLean, 91—115. Wilmington: ISI Books, 2000, p.105.

〔3〕 MacIntyre, Alasdair, "Natural Law Reconsidered," International Philosophical Quarterly 37(1): 95—99, 1997, p.98.(原文:It is perhaps not so much by reflection on our individual inclinations alone as by reflection on and in situations in which some common good is at stake that we, as plain persons, arrive at our basic judgments about both goods and precepts.)

〔4〕 MacIntyre, Alasdair. "Politics, Philosophy and the Common Good," In *The MacIntyre Reader*, ed. Kelvin Knight, 235—252. University of Notre, 1998, p.240.

也不能自始至终都拥有正确地实现那种善的能力,他们总是会经历挫败并能够学会从中反思学习。通过反思,这些成员会发现:当我否定了别人的真正的善(也就是被我认定为由我的本性所倾向的善),或者当别人否定了我自己的那种真正的善时,这个共同体的共同善就处于危机之中,因此,我们不得不承认必须遵守自然法的权威:不能互相破坏彼此的善。[1]这些反思得以出现的语境,是我们和家庭、学校、当地社群共同体在实践中发生的冲突。这既包括成员之间关于共同善是什么、如何实现的分歧,也包括关于各种实践的善在作为整体的共同体生活中的排序问题的分歧。置身于冲突的成员如果通过破坏彼此的善的方式(也就是违背自然法)来取得他自己在冲突中的个体善,那么成员之间共同探寻善的合作纽带就会破坏,追求共同善的进程也被阻滞,因此,遵守自然法成为共同事业成员的共识。这种对共同善和自然法戒律的理解,是通过参与共同体实践、并不断地根据实践反馈进行理性思虑来完成的。

通过把自然法的认识基础建立在实践活动中,麦金太尔对"自明的自然法为何不能被某些人认识到"这个问题就有了更清楚的解释。如果缺乏必须的语境——也就是一个追求共同善的共同体——即便拥有自然的倾向和理性,个体也在难以具体的生活中领悟自然法的戒律及其权威。麦金太尔认为这就是现代社会(尤其是现代美国)成员无法认识到自然法的症结所在——作为一个政治共同体的国家已经瓦解了,具有普遍约束效力的道德法则不再存在,在道德生活中占主导地位的只剩下个体的选择。成员从小所受的教育,关心的只是"**我的**幸福/权利如何保障,以及**别人**的幸福/权利如何保障",而不是"**我们**的家庭、社

---

[1] MacIntyre, Alasdair, "Theories of Natural Law in Culture of Advanced Modernity," in *Common Truths: New Perspectives on Natural Law*, ed. E. B. McLean, 91—115. Wilmington: ISI Books, 2000, p.105.

群关系如何维护"的问题。[1]但是"我的"和"别人"对立的权利问题是无法做出理性解答的,拥有决定性作用的只能是不可比较、没有公共意义的个人选择。

三、特殊实践和绝对命令何以兼容

到目前为止,笔者论述了麦金太尔自然法概念及具有的绝对权威,也论述了麦金太尔如何进一步为"自明"的自然法提供社会认识的说明。如果笔者没有误解麦金太尔的话,这两部分关于自然法的主张似乎呈现出一定的张力:自然法的绝对权威要求对它的遵守应当是"无例外"的,也就是说,任何历史时期、任何文化传统、任何成员在每一种特定条件下,要想实现共同善,都必须服从它;但是,麦金太尔却把人们对自然法的认识建立在具体的实践和反思上,那么,拥有不同生活经验的个体从某一特定历史的特定共同体生活出发,如何领悟到一个且是同一个具有普遍权威的自然法戒律呢? 实践经验的认识进路需要解释的这一问题可以分成两个层面来问:第一,个体如何能超越作为个体的经验限制去追问共同体的善及其所要求的自然法? 第二,共同体自身如何超越它自己的历史限制去设想人类的共同善及其要求的自然法?

笔者尝试联系麦金太尔理论的其他资源,按照他的思路来回答这些问题,希望尽可能缓和自然法的普遍权威要求和经验认识基础的张力。对于第一个问题,麦金太尔的回答可能是:个体在参与共同体实践时必须接受教育并培养美德,这个过程能使他们学会良好地引导个体欲望,在追问有关善和戒律的真理探究中正确地思虑和行动。对于第二个问题,麦金太尔可能的回答是,即便处于不同历史条件下,作为实

---

[1] MacIntyre, Alasdair. "Theories of Natural Law in Culture of Advanced Modernity," in *Common Truths: New Perspectives on Natural Law*, ed. E. B. McLean, 91—115. Wilmington: ISI Books, 2000, p.111.

践主体的人也共享同样的本性——我们都是依赖性的理性动物,人同时具有的依赖性和独立推理能力让我们承认同一个自然法戒律。

首先来看个体局限性的问题。或许这是一个只在个人主义盛行的现代才会被提出的问题,因为正如笔者在本文第二部分所述,在阿奎那所在的时代,甚或是更久远的古典城邦时期,人们不会脱离共同体的善来思考自己的善,而是把共同善当作个体善得以成立的前提。但是,这个问题的回答同样适用于如何解释个体融入共同体生活的进程,或者说,共同体生活开展的历史,即便对于城邦生活而言也如此。麦金太尔认为,最初,我们都是受欲望驱使进入实践,比如想要取悦老师或父母、获得奖赏,但是这个实践先在的成员(比如老师、父母、先进入足球队的队员)会教育我们区分自己的欲望和这个实践所要求的内在善,并在实践上能够引导和转换自己的欲望,使之适应于共同体的实践活动。[1]在这个过程中,我们依靠他人帮助并借助自己的实践理性养成了有助于实现共同体繁荣的习惯,逐渐培养了诚信、勇敢、正义、审慎等美德,这些美德对于反思实现共同善所需的戒律而言至关重要。因为,当个体进行关于共同善和自然法戒律的反思的时候,他们本质上是在进行一项探求真理的活动,因此,需要远离那些可能扭曲真理探究的偏见、以及受财富、权力、快乐等左右的欲望的诱惑[2],而能做到这一点,就需要首先具备上述美德。当然,个体可能在某些情况下会犯错,这时他会受到共同体其他成员真诚的纠正与帮助,这要求其他成员也培养了那些美德。在这种互动的关系中,个体的特殊经验能够彼此相连、互相影响,因而他们能够超越个体的局限,在共同的思虑中反思自然法的内容。实际上,麦金太尔的目的论框架中,自然法、美德、善是不可分割

---

〔1〕　MacIntyre, Alasdair, Intractable Moral Disagreements. In *Intractable Disputes about the Natural Law. Alasdair MacIntyre and Critics*, ed. L. S. Cunningham, 1—52. Notre Dame: Notre Dame University Press, 2009, p.12.

〔2〕　Ibid., pp.20—22.

的,他主张任何一个概念都不能脱离其中另外两个来理解,他写道:"在实践的层面,尤其是首要实践的层面,根据自然法戒律行动和判断的能力、获得更多有德行动的品质的能力、以及对各种善进行正确判断的能力,都是同一个复杂能力的不同运用,那就是参与合理的实践推理的能力"。[1]我们可以总结说,在进行实践反思和实践推理的过程中,个体不仅认识了自然法的戒律,还同时培养了要获得那些认识所必须的美德,因此他们能够排除私欲的干扰,而作为一个共同体的成员来思考,那些每一个成员为了实现善都必须服从的戒律。

接下来探讨如何减少实践的历史局限性对自然法的普遍权威构成的障碍。首先要澄清的是,虽然麦金太尔在《追寻美德》中认为启蒙运动为道德法则提供普遍化合理说明的筹划失败了[2],但这并不意味着他否定可以找到普遍适用于不同传统的戒律或善,他所反对的只是启蒙哲学在任何传统之外、用抽象的理想来为这类原则奠定基础的方式。相反,他认为只有通过特殊具体的叙事并在其之中,我们才能发现超越具体叙事的美德、善或规则,人们会在他们所在的传统中追问人类的终极善如何、它如何在他们自己的传统中具体化。[3]那么,不同传统的人们得以在实践中发现同一个自然法戒律的基础是什么呢? 麦金太尔的理论可能的回答是:实践主体都拥有共同的人类本性:一方面我们是脆弱、需要互相关爱的,另一方面我们也是独立的实践推理者。在《依赖

---

〔1〕 MacIntyre, Alasdair. "Plain Persons and Moral Philosophy: Rules, Virtues and Goods," In *The MacIntyre Reader*, ed. Kelvin Knight, 136—152. University of Notre Dame Press, 1998, p.150.(原文:At the level of practice, especially initial practice, the ability to judge and act in accordance with the precepts of natural law, the ability to acquire an increasing set of dispositions to act virtuously, and the ability to judge rightly about goods are all exercised as aspects of one and the same complex ability, the ability to engage in sound practical reasoning.)

〔2〕 麦金太尔:《追寻美德》,宋继杰译,译林出版社 2011 年版。

〔3〕 MacIntyre, Alasdair. "Plain Persons and Moral Philosophy: Rules, Virtues and Goods," In *The MacIntyre Reader*, ed. Kelvin Knight, 136—152. University of Notre Dame Press, 1998, pp.141—142.

性的理性动物》一书中,麦金太尔阐述了这种本性:人和动物一样,虽然追求独属于那个物种的善,但其面临苦难时异常脆弱,我们时刻都可能面对"身体上的疾病和伤害、营养不良、精神缺陷和困扰,还要人类之间的攻击和忽视",我们都要经历不得不依赖他人的幼年和老年时期[1],这种脆弱性贯穿于任何一个特殊的文化或传统,没有哪一个成员能够脱离动物性,这一点并非形而上学的抽象假设,而是从实践生活中感知的人类特性。没有人是钢铁之躯能抵御肉体的破坏,人类要想存续就不能允许彼此互相伤害;没有人独立地拥有终极的智慧抵御谎言以独自求善,人类要想获得繁荣就必须真诚相待、给予彼此无条件的帮助。由此,没有上述对自然法的遵守,本身就需要完善的求善旅途将会更加偏离正道。与此同时,人类与动物不同,我们能够成为独立的实践推理者。麦金太尔指出实现从动物到独立实践推理者的过渡所获得的能力包括:辨别和评判不同好与实践理由的能力、分离出欲望以追求善的能力、想象未来的能力。[2]可以如此构想这些能力与认识自然法的关系:第一种能力让人能评价通过破坏别人的善而获得的有条件的善,与共同体的共同善之间的关系;第二种能力意味着人在进行关于戒律的慎思时能克服特殊欲望的诱惑,转向对真理的探求;第三种能力使人得以畅想由不同戒律主导下的未来生活,预判不同行为导致的大致结果:通过允许行骗,我或者他人能取得在特定案例上的善,但是彼此将不再信任,其结果可能是共同生活的分裂,相反,禁止行骗,才能维系共同体的纽带、继续共同的事业,甚至在将来以某种方式获得超越于特定案例上的个体善(虽然后者不是主要的考虑对象)。选择后一种生活对于任何共同体而言都是更合理的。按照麦金太尔的立场,这种想象、评价戒律及其所向之善的能力,也不是为一个特殊共同体所特有的,而是人作为

---

[1] 麦金太尔:《依赖性的理性动物:人类为什么需要德性》,刘玮译,译林出版社 2013 年版,第 6 页。
[2] 同上书,第 53—66 页。

一个物种特有的"实践理性"能力。他强调，"这种实践理性的概念——及其对应物理论理性的概念——是在一种特定的社会和道德传统的前提下发展和反映出来的……但是，从这个传统发展出来的自然法的主张并不是说，从那个传统的观点来看，理性的要求是如此，而是这就是理性本身的要求。"[1]由此，贯穿各种历史实践的主体，都是具有依赖性和独立实践推理能力的人，他们的本质的动物性和实践理性使得自然法的要求在不同时期和不同实践中能获得普遍的效力。

四、小结和反思

在本文中，笔者首先重构了麦金太尔对自然法概念及其认识论基础的论述。麦金太尔追随阿奎那，在目的论的框架中把遵守自然法戒律理解为通向人类共同善和终极善的必要条件。他所强调的自然法内容与对善的理性探究紧密相连，遵守不能互相伤害、互相欺骗的自然法戒律是一切理性探究得以展开的前提。因此，自然法的戒律拥有康德绝对命令意义的普遍权威，是任何人在任何条件下都应服从的。同时，麦金太尔对阿奎那自然法理解的特殊之处在于，他认为仅把"理性"理解人们对它的认识来源是不充分的，因此，他补充了实践性反思的环境作为自然法的认识基础，这种补充的实践反思表明，要想认识自然法，除了要具备理性，还需要良好的共同体生活，人们是在和共同体成员的关系中而不是在个人的反思中领会了那些必须遵守的戒律。

---

[1] MacIntyre, Alasdair. "From Answers to Questions," in *Intractable Disputes about the Natural Law. Alasdair MacIntyre and Critics*, ed. L. S. Cunningham, 313—351. Notre Dame: Notre Dame University Press, 2009, p.317.（原文：This conception of practical reason—and the conception of theoretical reason that is its counterpart—was developed within and gives expression to the presuppositions of a particular social and moral tradition ... But the claim about natural law made from within that tradition has been not that this is how the requirements of reason appear from the standpoint of that tradition, but that this is what the requirements of reason are.）

但是,自然法的普遍权威和其实践认识基础之间存在一定矛盾。这套理论需要解决的问题是人们如何超越自己来设想共同体的善和自然法? 共同体如何超越自身认识人类的共同善和自然法? 尽量站在麦金太尔的角度,笔者从个体和共同体这两个角度出发试图减少实践认识论和自然法的张力。通过分析,笔者发现,在具体特殊的实践中能找到某些能超越它的部分,为认识具有普遍权威的自然法奠定基础——这种成分首先是通过教育和训练获得的美德,通过它,个体能够区分欲望和善,正确引导前者,在反思自然法戒律时避免它们对真理探究的扭曲;这种成分还应当是在特殊共同体实践主体中的共同人性,这种人性是脆弱的,因此它要求在追求共同善的旅途中避免彼此伤害或欺骗,这种人性也是拥有独立实践能力的,因此它能够评价、比较、想象不同自然法戒律会带来怎样的未来生活并做出判断,自然法的戒律成为了实践推理的必然结果。

那么,这种辩护对于上述矛盾的解决是否是充分的? 笔者认为,一方面,这种辩护提供了不必求助于神学的形而上学辩护,把自然法的概念和麦金太尔的美德理论联系在一起从而加深了对前者的理解,这意味着麦金太尔的实践认识论与普遍自然法的矛盾,不必如 Rafael Ramis-Barceló 设想得那么悲观——"麦金太尔只能求助于上帝来保证任何寻求终极善的实践都会发现自然法的准则"。[1]但是另一方面,这种辩护无法为人类历史实际出现过的违背自然法的共同体实践提供令人满意的解读。正如 Barceló 指出,即便是在拥有共同体实践环境的古希腊和罗马,奴隶制也不被哲学家当成违反自然法的制度。[2]麦金太尔显然认为奴隶制违反了自然法,它压迫某些共同体成员使他们无法

---

〔1〕 Rafael Ramis-Barceló. "Alasdair MacIntyre on Natural Law," in *The Threads of Natural Law*, ed. Francisco José Contreras. 191—209. Springer Netherlands, 2013, p.206.(原文:MacIntyre turns to God to ensure that any practice that seeks to find the internal good will find natural law principles.)

〔2〕 Ibid., p.205.

参与共同体对善的理性探究,但是,即便在耗尽了关于共同体、美德、人性的所有理论资源以后(毕竟城邦的生活满足他对自然法语境所需要的条件),他除了诉诸实践探究的历史性、可错性[1]以外,不能再提供任何关于人们如何从这类违背自然法实践中领悟到自然法的解释。因此,笔者承认,自己的辩护无法对这类历史和自然法的矛盾做出说明。这似乎可以反映出麦金太尔理论的理想性:他虽然以古代城邦为原型构建了理解自然法、美德、共同体、善的整体框架,但是,这种整体的语境可能从未在历史上出现过,不管是他批判的现代国家还是推崇的古典城邦。但还是需要看到,麦金太尔对自然法的独特认识论建构为人们理解自然法提供了有益的启示——自然法戒律不是由抽象于日常生活的"理性"发号的、强加于我们的沉重命令,而是由我们自己通过每天的活动和交流知道的、自主领会的法则,它的绝对权威似乎在我们学习和运用它的过程,就已经成为我们自身的一部分了,当然需要注意,要实现这种领会也需要理想的共同体环境。

---

[1] MacIntyre, Alasdair. "Politics, Philosophy and the Common Good," in *The MacIntyre Reader*, ed. Kelvin Knight, 235—252. University of Notre, 1998, p.251.

古希腊思想中的秩序与无序

——从耶格尔的《教化》谈起 *

陈斯一 **

2021 年暑期,德国古典学家韦尔纳·耶格尔(Werner Jaeger)的名著《教化》(*Paideia*)的中译本问世,可喜可贺。[1]近年来,国内古希腊研究方兴未艾,越来越多的学人开始关注古希腊文化之于西方文明的开源性意义;随着广义古典学的兴起,不少研究也不再受限于狭隘的文、史、哲分科,而是能够综合不同性质的文献和材料,对古希腊文化的肌理进行深层次和系统性的考察。正如李猛指出的,"对于现代中国来说,西方早已不再是大地另一端毫无关系的陌生世界,而已成为现代中国思想的内在构成部分。而西学也不仅是在内外体用的格局中权宜以

 * 本文原刊《文史哲》2022 年第 1 期。

 ** 陈斯一,北京大学哲学系副教授。

〔1〕 两部中译本几乎同时出版:韦尔纳·耶格尔:《教化:古希腊文化的理想》,陈文庆译,华东师范大学出版社 2021 年版,系根据英译本译出;韦尔纳·耶格尔:《教化:古希腊的成人之道》,王晨译,汕头大学出版社 2021 年版,系根据德文原版译出。本文中的《教化》引文,系笔者自英译本转译:Werner Jaeger, *Paideia*:*The Ideals of Greek Culture*, *trans*. *Gilbert Highet*, Oxford:Oxford University Press, 1946。

应世变的工具,反而一度成为我们通达自身传统的要津……西学是重建我们自身文明的世界图景的总体性学术"。[1]现代中国学术要重建"自身文明的世界图景",就需要尽可能原本地理解西方文化,尤其是其"本源"。在这方面,耶格尔的《教化》能够为我们提供巨大的帮助,因为《教化》一书的任务正在于"对古希腊人的文化和教化进行阐述,描述其独特品质和历史发展"。[2]

数年前,耶格尔的《教化》英译本曾点燃笔者从事古希腊研究的热情,此刻重读中译本导论,一方面感慨良多,另一方面,与笔者学生时代相比,又增添了几分反思和批评。本文希望借《教化》中译本出版这一时机,将《教化》导论对古希腊文化的推崇与西方学界对古希腊思想的批评相比较,并结合赫西俄德、荷马、柏拉图、亚里士多德的一系列重点文本,尝试对古希腊思想的独特品质提出一种更加准确的分析。我们会发现,古希腊文化最为耶格尔赞颂之处在于对理念、形式、秩序的追求,但是在阿多诺和列维纳斯看来,这种单方面强调秩序的思想倾向于抹平世间本然的无序、扼杀鲜活的生存经验。相比之下,尼采的观点更加复杂,也更加深刻。在《悲剧的诞生》中,尼采洞察到古希腊文化的精髓在于代表无序的狄奥尼索斯精神与代表秩序的阿波罗精神的结合,这是一种在深刻体认无序的前提下努力创造秩序的悲剧精神。笔者较为赞同尼采的思路,并且认为,秩序与无序的张力贯穿古希腊思想的始终,不仅存在于悲剧中,也存在于史诗和哲学中,因此,想要更加原本地把握古希腊文化的特性,我们必须研究这种张力的演变。

接下来,笔者将首先对耶格尔对古希腊秩序观的阐述与阿多诺、列维纳斯、尼采的批评进行梳理和比较(第一、二节),然后再沿着尼采的思路,从秩序与无序的张力出发,对古希腊史诗和古典哲学的多个重要

---

[1] 李猛:《西学与我们的"西方"》,《北京大学学报(哲学社会科学版)》2017 年第 4 期,第 50 页。

[2] Jaeger, Paideia, xvi.

文本提出一种思想史的诠释(第三、四节)。

一、耶格尔的《教化》与古希腊秩序观

耶格尔的《教化》全书共三卷,第一卷从荷马的"德性教化"讲到雅典悲喜剧、智者思想的兴起和修昔底德的政治哲学,第二卷重点阐述苏格拉底和柏拉图的伦理政治思想和教化理念,第三卷补充介绍柏拉图时代的思想争论,以及后期柏拉图、色诺芬、伊索克拉底、德摩斯梯尼的先后登场,医学、修辞学与哲学对教化权威的争夺。可以说,凡以文本为载体的古希腊思想,其所有重要的领域、阶段、派系和方方面面的问题与争论,都被耶格尔囊括在《教化》的视野之内。更加重要的是,耶格尔在导论中清晰地交代了他对古希腊文化独特品质的总体理解。在他看来,古希腊一切文化成就的根源都在于这个民族强烈的形式感和秩序感,由此产生出以完美的形式秩序为范式塑造人性的教化理想。《教化》德文原版的副标题正是"形塑古希腊人"。

耶格尔认为,"文明的历史"即"人类对于理念(ideals)的有意识的追求",始于古希腊;进一步讲,古希腊文明和现代西方文明之所以构成了一个历史性的共同体,就是因为后者从前者那里继承了文明的"形式和理念"(form and ideals)。[1]耶格尔说,他的这本著作就是要全面展现古希腊人如何创造出这些塑造了"文明历史"和"文明民族"的"形式和理念",以便复兴"真正的文化"(real culture),驳斥现代学科中盛行的"文化"概念,这种概念仅仅是类比性的,"在这种模糊的类比性意义上,我们甚至可以谈论中国、印度、巴比伦、犹太或者埃及文化,尽管这些民族根本不具备符合真正文化的语词和理念"。[2]那么,耶格尔究竟在何

---

〔1〕 Jaeger, Paideia, xiv—xvi.

〔2〕 Ibid., xvii.

种意义上声称唯有古希腊文化才是真正的文化呢？在他看来,在古希腊,"文化理念第一次被确立为一种形塑原则(formative principle)",具体而言,这指的是"对于支配人类生活的自然原则、人类施展物理和精神能力的内在法则具有清晰的认识,将这种知识用作教育的形塑力量(formative force),用它来把活生生的人塑造成预先设想的形式(form),就像陶匠模塑陶土、雕刻家雕琢石头……只有这种类型的教育才配被称作文化"。耶格尔接着说,德国人以最鲜明的方式继承了古希腊文明的精髓:"德语的 Bildung 清楚地指示出古希腊教育的本质"。[1]

在耶格尔看来,古希腊人是一个形式感和秩序感极强的民族,他们在其文化的方方面面追求形式和秩序:"古希腊艺术家以自由、无拘束的动作和态度展现人体,不是通过复制许多随意选取的姿态这种外在过程,而是通过学习支配人体结构、平衡与运动的普遍法则","在古希腊文学中,正如在古希腊雕塑和建筑中,我们能发现同一种形式的原则,我们能谈论一首诗或者一篇散文的塑形或建构性的特质","在演说技艺的领域,他们执行复杂计划、将许多部分创造成一个有机整体的能力,纯粹来自一种对于支配情感、思想和语词的法则的愈发锐利的自然感知,这种感知的抽象化和技术化最终创造了逻辑学、语法学和修辞学"。[2]耶格尔最后谈到,古希腊人对于形式和秩序的追求在哲学(尤其是柏拉图哲学)中达到最高峰:"哲学是对于自然和人类生活中所有事件和变化背后的永恒规则的清晰认知……贯穿古希腊雕塑和绘画的那种形式化倾向(tendency to formalize)和柏拉图的理念(platonic idea)来自同一个源头"。[3]虽然耶格尔没有在导论中提到亚里士多德,但是显然,作为古希腊哲学的集大成者,亚里士多德哲学的概念体系和学科架构最终完成了古希腊文化对于形式和秩序的追求,不仅形而上

---

[1] Jaeger, Paideia, xviii, xxii—xxiii.

[2] Ibid., xx—xxi.

[3] Ibid., xxi.

学、自然哲学、生物学、伦理学同政治学、诗学以及同修辞学构成层层奠基的结构,以学科划分展现从存在秩序到自然秩序、从生命秩序到城邦秩序、从伦理政治秩序到美学秩序的递进,而且贯穿所有秩序的概念框架正是"形式与质料"的区分[1]。正是通过将超越性的柏拉图理念转化为内在于实体的本质形式,亚里士多德完成了古希腊秩序思想的最终形态。在《教化》的导论中,耶格尔实际上是用亚里士多德的语言概括了古希腊文化的根本特征。进一步讲,亚里士多德的伦理学和政治学关于培育灵魂秩序和建构城邦秩序的思想也最符合耶格尔对于"教化"的定义:"把活生生的人塑造成预先设想的形式,就像陶匠模塑陶土、雕刻家雕琢石头".[2]

古希腊文化对理念与形式的秩序感的强调(以及德国文化对此的继承)让耶格尔引以为豪,这使得《教化》的导论带有强烈的西方中心论色彩。然而,在学术史上也不乏对古希腊秩序观及其缔造的哲学传统进行批评的声音。在晚近的学者中,阿多诺和列维纳斯对西方哲学及其古希腊源头的批评是比较典型的,他们的批评实际上延续了早期尼采站在悲剧精神的立场上对古希腊哲学的批评。下面,让我们从耶格尔对古希腊秩序观的推崇,转向阿多诺、列维纳斯、尼采对古希腊秩序观的批判。

二、阿多诺、列维纳斯、尼采对古希腊秩序观的批评

阿多诺批评西方哲学自柏拉图以来就是一种忽视"非概念性、个别性和特殊性"的理念主义,是"拜物教的概念观".[3]列维纳斯提出,西

---

[1] 参见陈斯一:《德性在亚里士多德思想体系中的位置》附录一,见《从政治到哲学的运动:〈尼各马可伦理学〉解读》,上海三联书店 2019 年版,第 180—208 页。

[2] Jaeger, Daideia, xxii.

[3] 阿多诺:《否定的辩证法》,张峰译,重庆出版社 1993 年版,第 6、9—10 页。

方哲学从苏格拉底开始就是一种"将他者化约为同一"的存在论,是一种追求"自我同一化"的自我主义。[1]阿多诺和列维纳斯从马克思主义和现象学的不同视角出发,对西方哲学"强制同一性"的理念主义和"自我同一化"的自我主义提出批评,一致针对追求确定性的"概念秩序"对于原初"生存经验"的独断统摄。尽管阿多诺和列维纳斯都非专门针对古希腊哲学,但却都将苏格拉底、柏拉图、亚里士多德的思想视作他们所批判的哲学传统的起点。[2]

　　阿多诺和列维纳斯的批评并不是全新的,在某种意义上,他们是以各自的方式重复了尼采对古希腊哲学的批判。只不过,阿多诺和列维纳斯试图克服并更新承袭古希腊哲学的整个西方传统,而尼采赞颂的则是先于哲学的古希腊悲剧。尼采在《悲剧的诞生》中提出,古希腊悲剧精神的本质是阿波罗精神和狄奥尼索斯精神的紧密交织,日神阿波罗负责建构"梦幻"的秩序,酒神狄奥尼索斯则负责摧毁和消解一切法则、界限、秩序,将人融入原始无序的生命意志,在这种消融中感到"迷醉"。[3]虽然尼采主张阿波罗精神和狄奥尼索斯精神是相互依存的,但是他更加重视后者,认为在某种意义上,"醉"要比"梦"更接近真实,这意味着世界和人生更真实的本相是毫无秩序的混沌和涌动;反过来看,正是因为清楚洞察了存在的深层本相,构建阿波罗秩序的努力才体现出一种伟大卓绝的悲剧性力量:"希腊人认识和感受到了人生此在的恐怖和可怕:为了终究能够活下去,他们不得不在这种恐怖和可怕面前设立光辉灿烂的奥林匹亚诸神的梦之诞生"。[4]

---

〔1〕　列维纳斯:《总体与无限:论外在性》,朱刚译,北京大学出版社 2016 年版,第 15—16 页。

〔2〕　Cf. Christopher P. Long, The Ethics of Ontology: Rethinking an Aristotelian Legacy (New York: SUNY Press, 2004), 4—10.

〔3〕　尼采:《悲剧的诞生》,孙周兴等译,上海人民出版社 2018 年版,第 23—31 页。参见吴增定:《尼采与悲剧——〈悲剧的诞生〉要义疏解》,《云南大学学报(社会科学版)》2015 年第 1 期,第 24—25 页。

〔4〕　尼采:《悲剧的诞生》,第 38—39 页。

当然,阿多诺和列维纳斯的论述语境与尼采完全不同,阿多诺倡导的"非同一性"和列维纳斯重视的"陌异性"也并不等同于尼采所说的狄奥尼索斯精神。[1]但是从结构上讲,尼采的观点与这两位哲学家的论述框架确实能够呼应。尼采看到,古希腊文化并不缺乏对逃逸概念把握之物的敬畏,也并不缺乏自我和他者的陌异性张力,只不过这种敬畏感和精神的张力存在于悲剧而非哲学之中。对于古希腊哲学,尤其是苏格拉底之后的哲学,尼采的批判同阿多诺和列维纳斯的批评是相通的。尼采提出,苏格拉底是悲剧精神的终结者,他将苏格拉底比作独眼巨人,用乐观理性主义的"独眼"建构出一个完全符合秩序的虚假世界,并且自欺欺人地把这个虚假的世界当作唯一的真实,既驱逐了酒神狄奥尼索斯的迷醉,也败坏了日神阿波罗的梦幻,从而导致深受他影响的欧里庇得斯的悲剧失去了真正的悲剧精神,伟大的悲剧传统就此消亡。[2]柏拉图的理念哲学是耶格尔心目中古希腊秩序思想的巅峰,但在尼采看来,它其实标志着古希腊思想张力失衡的极致与健全生命力的衰败。

笔者认为,无论是无条件肯定古希腊秩序观的耶格尔,还是单方面批判古希腊秩序观的阿多诺和列维纳斯,都不如尼采深刻,因为只有尼采准确洞察到了古希腊文化最深层的张力和源泉:构建秩序的强烈冲动实际上源自对无序的深刻体认。事实上,这也完全符合亚里士多德对柏拉图哲学的评论:恰恰是由于认同了赫拉克利特关于万物皆流变的洞见,柏拉图才提出了超越感性实体的永恒理念。[3]然而,笔者也并不完全赞同尼采。一方面,笔者并非古希腊文化的狂热崇拜者,不像尼采那样唯悲剧是崇;另一方面,笔者也不同意尼采将悲剧和哲学对立起

---

[1] 双方最大的区别在于:阿多诺和列维纳斯都强调个体性,认为传统西方哲学用普遍的概念抹杀了个体的意义,但尼采认为个体与个体的区别只有在秩序中才能呈现出来,阿波罗精神因而是个体化原则,而狄奥尼索斯精神则是对秩序和个体的消融。

[2] 尼采:《悲剧的诞生》,孙周兴译,上海人民出版社2018年版,第94页以下。

[3] 参见亚里士多德:《形而上学》,987a29—b13。

来的观点,而是认为尼采洞察到的阿波罗与狄奥尼索斯、秩序与无序的
张力其实贯穿古希腊史诗、悲剧和哲学。无论是柏拉图对于宇宙秩序
和政治秩序的构建,还是亚里士多德关于"制作"的形式—质料分析(这
是其思想大厦的概念基石),都以某种方式隐含着尼采所推崇的悲剧性
张力。最后,笔者亦不同意尼采将阿波罗精神和狄奥尼索斯精神分别
归给荷马史诗和古风抒情诗的观点[1],而是认为荷马史诗本身就是悲
剧精神的开源性典范,荷马史诗的剧情内容和形式风格之间的张力就
是尼采所论述的狄奥尼索斯精神和阿波罗精神的张力,对于这种张力,
亚里士多德的《诗学》提出了最准确的阐述。

　　本文余下部分将对古希腊秩序观的思想脉络进行简要的梳理和分
析,以便挖掘贯穿其中的秩序与无序的张力,力图对从史诗到哲学的古
希腊思想提出一种更加全面和准确的分析。受限于篇幅,笔者将忽略
尼采业已充分论述过的安提卡悲剧,而将重点放在史诗与哲学这两个
脉络的端点。

三、古希腊史诗中的秩序与无序

　　在最早的古希腊史诗中,无序和有序的对立就是一个重要的主题。
赫西俄德在《神谱》中这样描述世界的开端:"最早生出的是浑沌,接着
便是宽胸的大地那所有永生者永远牢靠的根基——永生者们住在积雪
的奥林波斯山顶"。最初的两位神是"浑沌"(通常写作"混沌")和"大
地"。对于混沌,赫西俄德没有展开描述,这或许是因为混沌之为混沌
本身就是无法描述的,它太过混乱以至于无法被语言或"逻各斯"把握。
混沌的原文音译为"卡俄斯",从词源上看它的意思应该是"开口""豁
口""空洞"或"张开的深处",总之,就是黑暗的深渊。大地的原文音译

---

〔1〕　尼采:《悲剧的诞生》,孙周兴译,上海人民出版社 2018 年版,第 23、42、52 页。

为"盖娅",赫西俄德说她是"宽胸的""牢靠的",是"积雪的奥林波斯山"的根基,"永生者们"就住在奥林波斯山顶,这些"永生者们"指的当然是以宙斯为首的奥林匹亚诸神,是古希腊神谱中的最后一代神。这样看来,赫西俄德一开始就提到了神谱最原始的开端和最完满的终点,开端是代表混乱无序的混沌的黑暗深渊,终点是代表文明秩序的光辉的奥林匹亚诸神,而大地之神盖娅则是宇宙从无序走向秩序的第一步,是所有秩序的根基。值得注意的是,赫西俄德接着说,昼夜是从混沌中产生的,而大地孕育出天空。也就是说,世界万物和其他诸神都是从混沌和大地中生出来的,但是在一开始,混沌和大地是各自独立地产生的,从宇宙论的角度讲,混沌和大地平起平坐,是一对相互对立的"本原"。当然,根据赫西俄德,秩序最终战胜了无序,"当宙斯的霹雳燃烧大地和海洋时,浑沌也被征服"。[1]

　　在荷马史诗中,我们可以看到同样的思想。在大部分时候,荷马提到的诸神指的都是高度人格化的奥林匹亚诸神,它们之间保持着严明的秩序,宙斯是万神之父和主权者。然而,荷马也保留了另一套更加自然的神系,那就是各种河流之神、海洋之神,以及他们的始祖"长河神"奥克阿诺斯。在主流的神谱中,奥克阿诺斯是天空之神乌拉诺斯和大地之神盖娅的长子,是环绕世界之河、所有河流与海洋的源泉,阿喀琉斯的母亲忒提斯是他的外孙女;但是在另一套或许更加古老的神谱中,奥克阿诺斯是最早的神和宇宙的本原,他被称作"众神的父亲奥克阿诺斯"与"生成一切的奥克阿诺斯"。[2]在《伊利亚特》的剧情中,奥林匹亚诸神常常参加人类的战争,而在阿喀琉斯最终复出的那场宏大战役开始时,宙斯召集众神开会,让他们自由参战,唯独长河神缺席。[3]随后

----

[1]　本自然段以上引文均取自赫西俄德《神谱》,译文引自吴雅凌:《神谱笺释》,华夏出版社2010年版,第100、191—192、191页。

[2]　荷马:《伊利亚特》,14.201(=14.302)、14.245,笔者自行翻译。

[3]　荷马:《伊利亚特》,20.7。

发生的战斗逐渐从人与人转移到人与神之间,阿喀琉斯对战特洛伊的护城河神克珊托斯,这位河神是奥克阿诺斯的儿子,他以流动无形的水体出场,用滚滚巨浪攻击阿喀琉斯,自始至终并未化作人形,这种纯粹自然的神明形象在荷马史诗中是极为罕见的。[1]最终,代表技艺的工匠神赫菲斯托斯用神圣的天火打败了河神克珊托斯,正如在赫西俄德的《神谱》中,宙斯用霹雳之火征服了混沌。[2]

在赫西俄德的《神谱》中,无序和有序的对立最初表现为混沌和大地的对立,最终表现为混沌和奥林匹亚诸神的对立;在荷马史诗中,以宙斯为首的奥林匹亚诸神同样代表着最高的神圣秩序,而长河神奥克阿诺斯暗暗挑战这一秩序的权威,争夺众神之父的名号。混沌是黑暗的深渊,奥克阿诺斯是无限循环的洋流,总之,都是混乱无序、流变无形的最原始的自然力量,而奥林匹亚诸神构成了光明的殿堂和文明的秩序。从内容方面来看,史诗作为古希腊文明最早的思想性文本,其实并非耶格尔认为的那样仅仅着眼于建构完美的形式,也并非像尼采说的那样仅仅反映了"朴素的阿波罗原则",而是强调无序和有序的对立,讲述秩序战胜混沌的斗争。

四、古希腊哲学中的秩序与无序

虽然在古希腊史诗中,秩序最终战胜了无序,但是无序的观念得以保留,成为一股潜藏的思想力量,与秩序的观念相抗衡。柏拉图就是这样理解古希腊思想史的,他敏锐地观察到,荷马保留了更原始神话体系的痕迹,暗示世界的本原是流变和运动:"当荷马谈论'众神的始祖奥克阿诺斯和始母特梯斯'时,他实际上把一切都看成是流变和运动的产

---

〔1〕　荷马:《伊利亚特》,21.214 以下。

〔2〕　荷马:《伊利亚特》,21.330 以下。

物"。[1]学术界的一般观点是,在柏拉图看来,荷马的这句诗是以赫拉克利特为代表的流变论哲学的起源,而柏拉图的思想使命是驳斥这种观点,捍卫以巴门尼德为代表的存在论哲学(巴门尼德认为"存在是静止,运动是不可能的")。不过,柏拉图引用的那句诗不是荷马以自己的口吻说的,而是他的诗歌角色赫拉说的;柏拉图批评荷马观点的话也不是他以自己的口吻说的,而是他的对话录角色苏格拉底说的。换言之,荷马的思想并不是"奥克阿诺斯是众神之父",而是"宙斯与奥克阿诺斯争当众神之父",而柏拉图的观点也不见得就等于存在论,毋宁说他的意图是展现流变论与存在论的冲突。[2]作为两种关于本原的哲学理论,流变论与存在论的冲突延续了赫西俄德那里混沌与大地的冲突、荷马那里奥克阿诺斯和宙斯的冲突,流变和实在、无序和有序的对立贯穿从诗歌到哲学的古希腊思想史。

柏拉图认为赫拉克利特和巴门尼德的对立是在他之前的哲学史的主线,而他自己的思想整合了流变论与存在论。在《蒂迈欧篇》中,柏拉图用一个全新的宇宙论神话解释了无序和有序的关系。借蒂迈欧之口,柏拉图说,宇宙是由一位"神圣的工匠"依照永恒的"范式"或者"理型"从混沌若虚的"容器"或者"空间"中创造出来的。[3]这个宇宙创生的过程可以分为两个阶段:首先是自然生成,也就是从容器或空间中自发地分离出四大元素的雏形;继而是技艺制作,也就是工匠神根据完善的范式或理型来组合不同的元素,造出宇宙的秩序。这两个阶段的关系构成了整部对话的总体脉络与中心思想:自然生成和技艺制作的关系就是盲目无序的"必然性"和建构秩序的"理智"之间的关系,而宇宙

---

〔1〕 柏拉图:《泰阿泰德篇》,152e,笔者自行翻译。此"始母特梯斯"与前面提及的"阿喀琉斯的母亲忒提斯"并非同一位神。

〔2〕 Mary Louise Gill, "The Contest between Heraclitus and Parmenides," in Mary Louise Gill, Philosophos: Plato's Missing Dialogue(Oxford: Oxford University Press, Reprint edition, 2015), chapter 3, 76—100.

〔3〕 柏拉图:《蒂迈欧篇》,51e—52b。

的创生从根本上讲是后者对于前者进行"劝说"的结果:"神希望一切都尽可能是好的,没有什么是坏的,他以这种方式接过整个可见的万有,发现它并不安静,而是以杂乱无序的方式运动,就领着它从无序进入秩序,因为他认为秩序在各方面都比无序更好"。[1]

在荷马与赫西俄德的诗歌中,神话体系既可以被理解为是一种宇宙论思想(例如混沌和大地是宇宙的对立本原),也可以被理解为是一种政治思想(例如奥林匹亚天庭是一个由宙斯统治的君主制城邦,而长河神奥克阿诺斯是在野的反叛势力)。在柏拉图这里,宇宙论和政治哲学分化成相对清晰的理论层次,《蒂迈欧篇》讲的工匠神创世的神话表达了柏拉图的宇宙论,《理想国》则阐述了柏拉图的政治哲学,前者为后者奠定了基础。[2]在《理想国》前两卷,智者色拉叙马库斯和受他影响的雅典青年格劳孔阐述了一套颠覆道德秩序的自然主义思想,苏格拉底则以新的方式阐述了城邦政治的产生与发展,提出完美的礼法是由哲学家王依据"善的理型"建立的。苏格拉底说,哲学家王研究"真正的存在者",也就是"井然有序、永恒不变的事物",他以这种事物为范式塑造自己的灵魂和城邦公民的灵魂:"他注视的是那井然有序的、永恒地不变的事物,并且当他看到,如何它们既不相互为不义也不相互受不义之害,它们是和谐美好、秩序井然、合乎理性的,他就会努力地去模拟、仿效它们,并且,尽量地,使自己和它们相像并且融为一体……不独是依照它来塑造他自己,而且用它来模印到人们的,不单是个人的,而且是社会和公众的习性上去,你会认为他,在塑造克制和正义以及所有一切属于人民大众的品德方面,有可能是一个蹩脚的匠人么?"[3]

---

〔1〕　柏拉图:《蒂迈欧篇》,30a,47e—48a,笔者自行翻译。中译本可参考柏拉图:《蒂迈欧篇》,谢文郁译注,上海人民出版社 2003 年版,第 21 页。关于创世神"劝说"物质载体的具体方式,参见谢文郁:《柏拉图真理情结中的理型和天命——兼论柏拉图的"未成文学说"》,《北京大学学报(哲学社会科学版)》2016 年第 2 期,第 48 页。

〔2〕　参见宋继杰:《柏拉图伦理学的宇宙论基础:从〈理想国〉到〈蒂迈欧篇〉》,《道德与文明》2016 年第 6 期,第 17—25 页。

〔3〕　柏拉图:《理想国》,500c—d;译文引自柏拉图:《理想国》,顾寿观译,吴天岳校注,岳麓书社 2017 年版,第 296—297 页,译文有调整。(后引此书径称"顾译本"。)

《理想国》对哲学家王"制礼作乐"的描述和《蒂迈欧篇》对工匠神创世活动的描述如出一辙,这两种创制活动都以"存在"为根据,依照永恒的理念或范式来建立宇宙和城邦的秩序;而正如工匠神的创世活动需要克服混沌的必然性,哲学家王的立法和统治也需要克服人性中混乱无章的欲望和激情。柏拉图思想的复杂性就在于,在强调宇宙秩序和政治秩序的同时,对自然和人性的无序也有着深刻的认知[1]。《蒂迈欧篇》提到的必然性是独立于理智和技艺、无法被彻底革除的自然力量,而《理想国》关于完美政体的哲学论述也需要面对人性之恶的挑战,完美城邦的建立取决于一个几乎不可能的前提:"除非哲学家在我们的这些城邦里是君主,或者那些现在我们称之为君主或掌权者的人认真地、充分地从事哲学思考,并且这两者,也就是说政治力量和哲学思考,能够相契和重合……否则政治的弊端是不会有一个尽头的,并且,在我看来,人类的命运也是不会有所好转的"[2]。完美城邦的理想和人类政治的现实之间存在一种悲剧性的张力,这才是《理想国》真正想要表达的思想。

我们发现,从古希腊史诗到柏拉图哲学,秩序的观念变得越来越重要,不过,秩序的观点似乎始终与自然的观念相对立。如果说赫西俄德的《神谱》用神话语言描述了从无序到有序的宇宙论进程,那么,这个进程就是自然神系、泰坦神系、奥林匹亚神系的更迭。荷马也常常将自然与无序联系起来,并用流变莫测的水系神明来象征这种联系,与此对立的则是善于运用火的霹雳神宙斯与工匠神赫菲斯托斯[3]。相比之下,

---

[1] 谢文郁教授深刻地指出,无论是《理想国》提出的"善的理型"还是《蒂迈欧篇》的创世论神话,都是柏拉图满足自己追求至善与真理相结合的"真理情结"的方式,要理解他的哲学,我们就必须理解"柏拉图在善和真理问题上陷入了一种在生存和认识上都无法自拔的困境,并努力寻求出路……我们需要做的是去把脉柏拉图的真理情结,而不是构造一种僵死的理论形态"(谢文郁:《柏拉图真理情结中的理型和天命——兼论柏拉图的"未成文学说"》,第40、51页)。在笔者看来,这就要求我们既要理解柏拉图关于政治秩序和宇宙秩序的思想,也要理解他的学说所包含的、往往由他自己刻意暴露出来的内在困难。

[2] 柏拉图:《理想国》,473d;顾译本,第251页,译文有调整。

[3] 关于《伊利亚特》中"水"和"火"的象征性对立,可参见陈斯一:《荷马史诗与英雄悲剧》,华东师范大学出版社2021年版,第142—145页。

柏拉图已经开始将秩序观念与自然观念相结合,而完成这种结合的就是亚里士多德,他采用的方式是将自然观念与技艺观念进行系统性的类比。自然与技艺的问题潜藏在秩序与无序的问题背后,是古希腊思想的一条重要线索。在赫西俄德的宇宙生成论中,技艺的因素很弱,生育的模式占据绝对主导的地位;在荷马史诗中,自然和技艺往往是对立的。在柏拉图的宇宙论中,一方面,工匠神的技艺创造了万物的自然秩序,另一方面,最原始、最纯粹的自然进程是独立于技艺的。亚里士多德的秩序思想继承并推进了柏拉图的秩序思想,这一点主要体现为秩序的观念通过技艺的观念深入到了自然观念的内部。在《物理学》第二卷第8章,亚里士多德这样讲道:"假若一幢房子是由于自然而生成的,那么,它也应该像现在由技艺制作的一样生成;假若由于自然的那些事物不仅仅是由于自然,也是由于技术生成,那么,它们也就会像自然地生成一样"[1]。在亚里士多德看来,自然的运作,无论是物质元素的运动、动植物的生命活动还是天体的运行,都遵循着恒定的秩序,正如任何一种技艺活动必然要以符合秩序的方式进行,才能制作出相应的产品。亚里士多德把生成的原动力称作"本原",并提出,"自然"就是自然事物的内在本原,而"技艺"则是人工产物的外在本原。

　　尽管自然物和人工物的本原有内在与外在之分,但是亚里士多德却能够将自然与技艺类比起来,这是因为,他采用了一套能够同时适应于双方的概念框架来解释事物(无论是自然物还是人工物)的生成与本质,那就是"形式"与"质料"。亚里士多德说,"自然一词具有两层含义,一是作为质料,另一是作为形式,而形式就是目的,其他的一切都是为了这目的"。[2]例如,工匠用砖头造一座房子,砖头是质料,房子的成型

〔1〕 亚里士多德:《物理学》,199a10 以下;译文引自亚里士多德:《物理学》,徐开来译,苗力田主编:《亚里士多德全集》第 2 卷,中国人民大学出版社 2016 年版,第 52 页。(后引此书径称"徐译本"。)

〔2〕 亚里士多德:《物理学》,199a30 以下;徐译本,第 53 页。

结构是形式,后者是前者的目的。亚里士多德思想的独到之处在于,他认为自然也具备这样的框架,或者说,自然也可以用这样的概念来解释。例如,在种子长成树的自然生成中,树的"身体"是质料,树的"灵魂"是形式,而自然的生成活动就是灵魂和身体结合在一起形成一棵树的过程。不同于造房子,种子长成树的过程是由种子自身所蕴含的灵魂来主导和执行的,这个灵魂不断将种子的身体所含有的原初物质和从外界吸收进来的新的物质(这些都是树的质料)按照专属于树这个物种的本质结构(这就是树的形式)整合在一起,从而使得种子长成树苗,树苗长成大树。如果说砖头被工匠制作成了房子,那么种子就是自己把自己制作成了树[1]。亚里士多德将自然与技艺相类比,实际上是将技艺观念深入到自然观念的内部,使得自然不再是无序的机械物质,而是拥有内在的目的论秩序。这是他对柏拉图秩序思想的继承和推进:"在《蒂迈欧篇》中,技艺是从外部起作用的,而现在成了自然自身运作的内在特征"。[2]

亚里士多德不仅继承和推进了柏拉图关于自然秩序的思想,也继承和推进了柏拉图关于政治秩序的思想。只不过,他不再用单一的"善"之理念来统合宇宙论和政治哲学,而是继续运用自然与技艺类比的方法:"每一种技艺与探究,类似的,每一种行动与选择,似乎都指向了某种善,因此,人们正确地宣称所有事物都以善为目的","无论是过度还是不及都会摧毁善,而中道维护之。因此,我们说好的工匠在从事制作的时候要着眼于此;如果德性比任何技艺都更精确、更好,正如自

---

〔1〕 亚里士多德:《论灵魂》,412a5 以下;《论动物的生成》,738b5 以下。

〔2〕 参见 Friedrich Solmsen, "Nature as Craftsman in Greek Thought," Journal of the History of Ideas, Vol.24, No.4(Oct. Dec., 1963), p.487;另见陈斯一:《从柏拉图的容器到亚里士多德的质料》,《清华西方哲学研究》2019 年第 1 期,第 147—160 页;吴国盛:《自然的发现》,《北京大学学报(哲学社会科学版)》2008 年第 2 期,第 62 页;还可比较阅读丁耘:《哲学在中国思想中重新开始的可能性》,《中国社会科学》2013 年第 4 期,第 18—20 页。

然也是如此,那么德性也应该是善于击准中道的"。[1]技艺追求善,也就是过度与不及之间的中道,自然同样如此,而专属于人的自然活动就是人的选择和行动所构成的伦理生活。进一步讲,由于"人就自然而言是政治的动物",不同个体的选择和行动还要构成城邦共同体的政治生活,"所有城邦都是一种共同体,而所有共同体的建立都是为了某种善"。[2]正如个人的伦理活动被比作技艺活动,城邦也被比作形式和质料相结合的技艺产品,其形式是政体,其质料是人民:"如果城邦确实是一种共同体,一种公民参与政体的共同体,那么,一旦政体的形式发生改变,城邦似乎也就必然不再是同一个城邦了……与此类似,对于任何一种共同体或复合物来说,一旦其形式发生了变化,它就不再是同一个了","正如编织工、造船匠或其他工匠必须拥有适于其工作的质料(质料准备得越好,技艺产品就必然越好),政治家和立法者也必须拥有合适的质料"。[3]政治家和立法者所需要的质料就是城邦的居民,或者说,是城邦居民应该具备的政治禀赋和政治天性,而所谓立法,就是通过教育将自然人塑造成公民,通过统治与被统治的制度将公民组合成政体的政治技艺。从本质上讲,亚里士多德伦理学和政治学所研究的就是如何建构个人的生活秩序和城邦的政治秩序,或者说个人的灵魂形式和城邦的政体形式,而贯穿于其中的核心线索仍然是技艺与自然(人性)的类比。[4]

通过技艺与自然的类比,亚里士多德似乎建构了一整套严丝合缝的自然秩序与伦理政治秩序,在他的论述中,我们不再能够找到柏拉图

〔1〕　亚里士多德:《尼各马可伦理学》,1094a1—3、1106b9—16,笔者自行翻译。
〔2〕　亚里士多德:《政治学》,1253a1—3、1252a1—2,笔者自行翻译。
〔3〕　亚里士多德:《政治学》,1276b1—8、1326a1—6,笔者自行翻译。
〔4〕　参见陈斯一:《亚里士多德论政治优先性》,《中国社会科学报》2016年2月23日,第2版;陈斯一:《亚里士多德论家庭与城邦》,《北京大学学报(哲学社会科学版)》2017年第3期,第93—99页。关于亚里士多德形质论思想的伦理政治效应,可参见吴飞:《人伦的"解体":形质论传统中的家国焦虑》,三联书店2017年版。

为宇宙深处的盲目必然性和政治生活无法摆脱的昏暗洞穴所保留的位置。不过,笔者认为,这种差别更多的是双方采用的不同的书写方式所造成的:柏拉图对话录就文体而言毕竟是一种戏剧性的叙事,而亚里士多德留存至今的著作都是规范的学科性论述。实际上,亚里士多德并不缺乏对无序的敏锐感知,他不仅承认自然也会出"差错"[1],而且还极富洞见地提出,尽管人就自然而言是城邦的动物,但是城邦无法涵盖人性的全部;尽管城邦之外的存在非神即兽,但是神性与兽性都是内在于人性的极端部分。[2]进一步讲,虽然亚里士多德的写作是非诗性的,但是他对古希腊诗歌的理解颇为深刻;尽管亚里士多德对"制作"的形式—质料分析是其思想大厦的基石,但是他自己的制作科学并非木匠学或建筑学,而是《诗学》。作为最独特的"制作",诗歌的形式是古希腊教化的真正源泉,而在《诗学》中,亚里士多德指出,诗歌的本质是模仿,"尽管有些东西本身对于视觉来说是痛苦的,比如令人望而生厌的动物和尸体的外形,但我们却喜欢观看对这些东西模仿得最为精确的图画。原因恰恰在于:求知不仅对于哲学家是一种极大的乐事,而且对于其他一般的人也不失为一件快活的事情"。[3]模仿对象(令人望而生厌的事物)和模仿品(对其精确的再现)之间的反差以最鲜明的方式凸显出模仿艺术的认知旨趣,古希腊绘画如此,古希腊史诗更是如此。在《伊利亚特》的一个著名段落中,荷马在描述战士之死的时候以一种"亚里士多德式"的方式透露出史诗作为模仿艺术的技法:

> 他就像黑杨树那样倒在地上的尘土里,
>
> 那棵树生长在一块大洼地的凹陷地带,

---

[1]　亚里士多德:《物理学》,199a35 以下。

[2]　亚里士多德:《尼各马可伦理学》,1145a15—27;《政治学》,1253a3—4、a27—29。

[3]　亚里士多德:《诗学》,1448b10 以下;译文引自亚里士多德:《论诗》,崔延强译,苗力田主编:《亚里士多德全集》第 9 卷,中国人民大学出版社 2016 年版,第 645 页。

树干光滑,顶上长出茂盛的枝叶,

造车的工匠用发亮的铁刀把它砍倒,

要把它弄弯来做漂亮战车的轮缘,

它现在躺在河岸上面,等待风干。[1]

无论青铜时代的迈锡尼王朝及其古希腊后人是多么勇猛好战,《伊利亚特》的"质料"——战争、杀戮、死亡,无疑都是令人望而生厌的。[2]然而,荷马正是要以一种接近哲思静观的肃穆和崇高,将这些狄奥尼索斯的"质料"塑成一种阿波罗的"形式"[3]。正如工匠把繁茂苗壮的黑杨树砍倒、弄弯,造成漂亮的战车,年轻战士之死被诗人赋予英雄六部格的诗意和韵律,让"观众"暂时超越生命必朽的悲哀,触及缪斯女神的不朽。在亚里士多德看来,这应该是史诗作为模仿的至高意义。

亚里士多德的《诗学》不仅是一部美学著作,更是一部富有教育意义的作品,亚里士多德心目中的最佳政体就是通过诗歌(和音乐)教育来形塑人性的。不同于柏拉图将作为模仿品的诗歌贬低为理念的"副本之副本"[4],亚里士多德认为诗歌通过具有认知意义的模仿揭示出"支配人类生活的自然原则、人类施展物理和精神能力的内在法则",而立法者对诗歌的运用,就是将这样一种认知用作教育的形塑力量,"用它来把活生生的人塑造成预先设想的形式,就像陶匠模塑陶土、雕刻家雕琢石头"[5]。笔者在引言中指出,耶格尔实际上是用亚里士多德的

————————

〔1〕 荷马:《伊利亚特》,4.557—562,死者为西摩埃西奥斯;译文引自荷马:《荷马史诗·伊利亚特》,罗念生、王焕生译,人民文学出版社 2003 年版,第 94 页。

〔2〕 Cf. Simone Weil, "The Iliad, or the Poem of Force," Chicago Review, Vol. 18, No. 2 (1965), 5—30.

〔3〕 关于《伊利亚特》的形式结构,特别是环形布局(ring composition)的特征,可参考 Cedric H. Whitman, Homer and the Heroic Tradition(Manhattan: W. W. Norton & Company, 1965), 255 以下。

〔4〕 柏拉图:《理想国》,596a 以下。

〔5〕 Jaeger, Paideia, xxii.

语言概括了古希腊文化形塑人性的教化理念。这虽然是准确的,但是耶格尔忽视了这一点:古希腊教化的主要方式是诗歌教育,尤其是悲剧教育。悲剧展现了人类与命运的残酷斗争、不同原则无法兼顾的冲突、德性的伟大与局限、生命的高贵与脆弱……恰恰是通过对苦难的再现以及对恐惧、怜悯等情感的净化,悲剧实现了对灵魂的教化。悲剧教育是用狄奥尼索斯的"质料"来建构阿波罗的"形式",通过直面生存之无序的真相来建构灵魂的秩序,由此以观,亚里士多德的诗歌教育理论与尼采的悲剧观是殊途同归的[1]。所以说,亚里士多德其实不像阿多诺和列维纳斯批评的那样,用"逻各斯的霸权"压制了鲜活的生存经验,而是在自然哲学和政治哲学,尤其在诗学和诗歌教育领域,都保留了形式和质料、秩序和无序的张力。

五、余　论

耶格尔在《教化》的导论中盛赞古希腊教化理想背后的秩序观,而阿诺多、列维纳斯则对古希腊秩序观及其缔造的西方哲学传统提出了激烈的批评。虽然以上两种观点针锋相对,但是双方都只看到了古希腊思想强调秩序的一面,相比之下,尼采对古希腊文化特质的理解更为深刻,但他将悲剧和哲学对立起来的观点则有失偏颇。尼采提出的阿波罗精神与狄奥尼索斯精神的张力,实质上就是秩序和无序的张力,这种张力贯穿从史诗、悲剧到哲学的古希腊思想史。古希腊文化缔造自然秩序和政治秩序的强烈冲动,源自古希腊人对宇宙和人生本然无序的深刻体认。因此,想要更原本地把握古希腊文化的特性,我们必须重视古希腊思想中秩序和无序的悲剧性张力,研究其根源和演变。

---

〔1〕　参见陈斯一:《亚里士多德论诗乐教育》,《北京大学教育评论》2019 年第 1 期,第 30—41 页。

　　《教化》写于第二次世界大战前后。耶格尔没有提及这场战争,只在导论的末尾写道:"在此关头,当我们的整个文明被强有力的历史经验所震动,从而再次开始审视她自己的价值时,古典学术也必须再次评估古代世界的教育价值"。[1]在德国与英法美为敌的"强有力的历史经验"中,耶格尔试图返回古希腊文明与东方文明对立的格局,以寻求"我们的整个文明"的生命力源泉。在《教化》中译本的前言中,刘小枫评述了耶格尔的学术生涯,尤其重视第一次世界大战对青年耶格尔的影响:"第一次世界大战让耶格尔深受震撼。对他来说,这场战争充分表明,基督教欧洲的文明传统已然崩溃……德意志的政治成长所遭遇的困难以及基督教欧洲文明所面临的危机让耶格尔深切感到,古典学必须走出象牙塔,成为普通人文教育的基础"。[2]《教化》的出版就是这份努力的最终成果。

　　然而,单从《教化》的导论,我们很难还原耶格尔对战争的态度。如果西方各民族国家的文明是古希腊文明的子嗣,继承了古希腊文明的"形式和理念",那么按理说,以欧洲内战为中心的两次世界大战就并未完全违背古希腊文明的精神。毕竟,古希腊文明根源性的形式感是由战争史诗所建立的,而且在古希腊文明最灿烂的时刻,"真正的文化"内部也发生了旷日持久的战争,"这是迄今为止历史上——不仅是希腊人的历史,而且是大部分异族人世界的历史,甚至可以说是全人类历史上规模最大的一次动荡"。[3]尽管雅典帝国的伟业失败了,但是古希腊文化最早也最忠实的继承者——罗马,最终征服了当时已知的世界。耶格尔并非没有设想过这样一种可能性:在未来的某一刻,"真正的文化"

――――――――――

[1]　Jaeger, Paideia, xxix.

[2]　参见韦尔纳·耶格尔:《教化:古希腊文化的理想》,陈文庆译,华东师范大学出版社2021年版,第3—4页。

[3]　修昔底德:《伯罗奔尼撒战争史》,1.1;译文引自修昔底德:《伯罗奔尼撒战争史:详注修订本》,徐松岩译,上海人民出版社2017年版,第82页。

再次通过"历史的力量"将全人类统一在一起。[1]这正如阿多诺所言，"伟大的哲学"都具有绝对主义的征服性激情："伟大的哲学伴有一种不宽容任何他物而又以一切理性的狡猾来追求所有他物的妄想狂似的热忱"。[2]

在尼采看来，古希腊人的伟大之处在于，他们在深刻领悟了生命的全部苦难之后仍然选择拥抱生命。或许，古希腊人也比其他民族更加清楚地知道，一种从狄奥尼索斯的深渊中艰难创生的阿波罗秩序将永远伴随征服与被征服的残酷斗争。重读《教化》让笔者想到，对于辉煌而短暂的古希腊文明，热爱和平的人们不妨在满怀敬意的同时，也保持一份清醒的警惕。

---

[1]　Jaeger, Paideia, xvi.

[2]　阿多诺:《否定的辩证法》,张峰译,重庆出版社1993年版,第21页。

旧文重读

论经筵劄子[*]

程　颐

第　一

　　臣伏观自古人君守成而致盛治者,莫如周成王。成王之所以成德,由周公之辅养。昔者周公辅一作傅成王,幼而习之,所见必正事,所闻必正言,左右前后皆正人,故习与智长,化与心成。今士大夫家善教子弟者,亦必延名德端方之士,与之居处,使之熏染成性。故曰"少成若天性,习惯如自然。"

　　伏以皇帝陛下春秋之富,虽睿圣之资得于天亶,而辅养之道不可不至。所谓辅养之道,非谓告诏以言,过而后谏也,在涵养熏陶而已。大率一日之中,亲贤士大夫之时多,亲寺人宫女之时少,则自然气质变化,德器成就。欲乞朝廷慎选贤德之士,以待劝讲,讲读既罢,常留二人直日,夜则一人直宿,以备访问。皇帝习读之暇,游息之间,时于内殿召见,从容宴语。不独渐磨道义,至于人情物态,稼穑艰难,积久自然通

　　* 此文见程颢、程颐:《二程集》,王孝鱼点校,中华书局 2004 年版,第 537—540 页。

达。比之常在深宫之中，为益岂不甚大。

窃闻间日一开经筵，讲读数行，群官列侍，俨然而退，情意略不相接。如此而责辅养之功，不亦难乎？今主上冲幼，太皇太后慈爱，亦未敢便乞频出。但时见讲官，久则自然接熟。大抵与近习处久熟则生亵慢，与贤士大夫处久熟则生爱敬。此所以养成圣德，为宗社生灵之福。天下之事，无急于此。取进止。

贴　黄

臣窃料众人之意，必以为皇帝尚幼，未烦如此，此乃浅近之见。夫幼而习之，为功则易；发然后禁，礼经所非。古人所以自能食能言而教者，盖为此也。

第　二

臣闻三代之时，人君必有师傅保之官。师，道之教训；傅，傅其德义；保，保其身体。后世作事无本，知求治而不知正君，知规过而不知养德。傅德义之道固已疏矣，保身体之法复无闻焉。

伏惟太皇太后陛下，聪明睿哲，超越千古，皇帝陛下春秋之富，辅养之道，当法先王。臣以为傅德义者，在乎防见闻之非，节嗜好之过；保身体者，在乎适起居之宜，存畏慎之心。臣欲乞皇帝左右扶侍祇应宫人内臣，并选年四十五已上，厚重小心之人，服用器玩皆须质朴，一应华巧奢丽之物，不得至于上前。要在侈靡之物不接于目，浅俗之言不入于耳。及乞择内臣十人，充经筵祇应，以伺候皇帝起居，凡动息必使经筵官知之，有翫桐之戏则随事箴规，违持养之方则应时谏止，调护圣躬，莫过于此，取进止。

贴　黄

今不设保傅之官,傅德义、保身体之责皆在经筵。皇帝在宫中语言动作衣服饮食,皆当使经筵官知之。

第　三

臣窃以人主居崇高之位,持威福之柄,百官畏惧,莫敢仰视,万方承奉,所欲随得。苟非知道畏义,所养如此,其惑可知。中常之君,无不骄肆,英明之主,自然满假。此自古同患,治乱所系也。故周公告成王,称前王之德,以寅畏祇惧为首。从古以来,未有不尊贤畏相而能成其圣者也。

皇帝陛下未亲庶政,方专问学。臣以为辅养圣德,莫先寅恭,动容周旋当主于此,岁月积习,自成圣性。臣窃闻经筵臣寮侍者皆坐,而讲者独立,于礼为悖欲,乞今后特令坐讲,不惟义理为顺,所以养主上尊儒重道之心。取进止。

贴　黄

窃闻讲官在御案旁,以手指书,所以不坐。欲乞别一人指书,讲官稍远御案坐讲。

贴　黄

臣窃意朝廷循沿旧体,只以经筵为一美事。臣以为天下重任,唯宰相与经筵。天下治乱系宰相,君德成就责经筵。由此言之安,得不以为重?

复性书院学规[*]

马一浮

在昔书院俱有学规，所以示学者立心之本，用力之要。言下便可持循，终身以马轨范，非如法令科条之为用，止于制裁而已。乃所以弼成其德，使迁善改过而不自知，乐循而安处，非特免于形著之过，将令身心调熟，性德自昭，更无走作。《书》曰："念兹在兹""允出兹在兹"。朱子《白鹿洞学规》、刘忠介《证人社约》，由此其选也，与今时学校之有校训实不同科。彼则树立鹄的，驱使力赴；此乃因其本具，导以共由也。又今日所谓养成学风，亦非无验。然其原于一二人之好乐，相习而成，有分河饮水之嫌，无共贯同条之契。此则合志同方，营道同术，皆本分之事，无门户之私也。昔贤谓从胡安定门下来者，皆醇厚和易；从陆子静门下来者，皆卓然有以自立：此亦可以观矣。孔子家儿不知怒，曾子家儿不知骂；颜子如和风庆云，孟子如泰山乔岳。圣贤气象，出于自然，在其所养之纯，非可以矫为也。夫"率性之谓道"，闻道者必其能知性者也；"修道之谓教"，善教者必其能由道者也。顺其气质以为性，非此所谓率性也；增其习染以为学，非此所谓修道也。气质之偏，物欲之蔽，皆

* 此文作于 1939 年，见《马一浮全集》第一册（上），浙江古籍出版社 2013 年版，第 86—102 页。

非其性然也,杂于气、染于习而后有也。必待事为之制,曲为之防,则亦不胜其扦格。"童牛之牿","豮豕之牙",则恶无自而生矣。禁于未发以前则易,遏于将萌之际则难。学问之道无他,在变化气质,去其习染而已矣。长善而救其失,易恶而至其中,失与恶皆其所自为也,善与中皆其所自有也。诸生若于此信不及,则不必来院受学,疑则一任别参,两月以后,白请退席可也。书院照章考察,验其言行,若立志不坚,习气难拔者,随时遣归,决不稍存姑息,转以爱人者误人。慎之戒之,毋贻后悔。盖不能长善,即是长恶,无论如何多闻多见,只是恶知恶觉,纤芥不除,终无入德之分也。今立学规,义取简要,言则丁宁,求其易喻,事非得已。盖遮止恶德,不如开以善道,譬诸治病于已锢,不如摄养于平时,使过患不生,无所用药。象山有言:"某无他长,只能识病。"夫因病与药,所以贵医,若乃妄予毒药,益增其病,何以医为? 病已不幸,而医复误之,过在医人;若不知择医而妄服蘗,过在病人。至于有病而不自知其为病,屏医恶药,斥识病者为妄,则其可哀也弥甚! 人形体有病,则知求医,惟恐其不愈,不可一日安也;心志有病,则昧而不觉,且执以为安,惟恐其或袪:此其为颠倒之见甚明。孟子曰:"指不若人,则知恶之;心不若人,则不知恶。"岂不信然哉! 诸生须知循守学规,如航海之有罗盘针,使知有定向而弗致于迷方;如防毒之有血清注射,使抵御病菌而弗致于传染。此实切己之事,不可视为具文。孔子曰:"谁能出不由户?何莫由斯道也?"舍正路而不由,乃趋于旁蹊曲径,错用心力,唐费光阴,此扬子云所谓"航断港绝潢,以求至于海",不可得也。今为诸生指一正路,可以终身由之面不改,必适于道,只有四端:一曰主敬,二曰穷理,三曰博文,四曰笃行。主敬为涵养之要,穷理为致知之要,博文为立事之要,笃行为进德之要。四者内外交彻,体用全该,优入圣途,必从此始。今分言之如下:

一曰主敬为涵养之要者。孟子曰:"苟得其养,无物不长;苟失其养,无物不消。"凡物不得涵濡润泽则不能生长,如草木无雨露则渐就枯槁,此是养其生机,故曰涵养也。涵有含容深广之意,喻如修鳞之游巨泽,活鲅自如,否则如尺鲋之困泥沙,动转皆碍。又有虚明照澈之意,如镜涵万象,月印千江。如谓黄叔度如汪汪千顷之陂,澄之不清,挠之不浊,即含容深广之意。朱子"天光云影"一诗,即虚明照澈之意。人心虚明不昧之本体元是如此,只为气禀所拘,故不免褊小而失其广大之量;为物欲所蔽,故不免昏暗而失其觉照之用。气夺其志,则理有时而不行矣。然此是客气,如人受外感,非其本然。治病者先祛外感客邪,乃可培养元气,先以收摄,继以充养,则其冲和广沛之象可徐复也。孟子曰:"持其志,毋暴其气。""志者,气之帅也。""志至焉,气次焉。"心之所之谓之志。帅即主宰之义。志足以率气,则气顺于理,而是气固天理之流行也。何以持志?主敬而已矣。伊川曰"涵养须用敬",即持志之谓也。以率气言,谓之主敬;以不迁言,谓之居敬;以守之有恒言,谓之持敬。心主于义理而不走作,气自收敛。精神摄聚则照用自出,自然宽舒流畅,绝非拘迫之意。故曰"主一无适之谓敬",此言其功夫也。敬则自然虚静,敬则自然和乐,此言其效验也。敬是常惺惺法,此言其力用也。《尚书》叙尧德,首言"钦明";傅说告高宗,先陈"逊志"。盖散乱心中决无智照。无智照故人我炽然,发为憍慢,流为放逸,一切恶德皆从此生。敬之反,为肆、为怠、为慢。怠与慢皆肆也,在己为怠,对人为慢。武王之铭曰:"敬胜怠者吉,怠胜敬者灭。"《孝经》曰:"敬亲者无敢慢于人。"故圣狂之分在敬与肆之一念而已。"主忠信"即是主敬,《说文》忠、敬互训,信者,真实无妄之谓。此以立心而言。"居处恭,执事敬,与人忠",程子曰:"此是彻上彻下语。圣人元无二语。"此该行事而言,心外无事也。"礼仪三百,威仪三千",一言以蔽之,曰"毋不敬"。礼以敬为本,人有礼则安,无礼则危,故武王曰"怠胜敬者灭"也。"忠易为礼,诚易为辞",语在《韩诗外传》。忠即敬也,诚即信也。"敬以直内,义以方外,敬义立而德不孤",未有敬而不能为义者,即未有忠信而不能为礼者,内外一也。一有不敬,则口用之间动静云为皆妄也。居处不恭,执事不敬,与人不忠，则本心汩没，万事堕坏，安在其能致思穷理邪？故敬以摄心，则收敛向内，而攀缘驰骛之患可渐祛矣；敬以摄身，则百体从命，而威仪动作之度可无失矣。敬则此心常存，义理昭著；不敬则此心放失，私欲萌生。敬则气之昏者可明，浊者可清。气既清明，义理自显，自心能为主宰。不敬则昏浊之气展转增上，通体染污，蔽于习俗，流于非僻而不自知，终为小人之归而已矣。外貌斯须不庄不敬，则慢易之心入之；心中斯须不和不乐，则鄙诈之心入之：未有箕踞而心不慢者。视听言动，一有非礼，即是不仁，可不念哉？今时学者通病，唯务向外求知，以多闻多见为事，以记览杂博相高，以驰骋辩说为能，以批评攻难自贵，而不肯阙疑阙殆。此皆胜心私见，欲以矜名哗众，而不知其徇物忘己，堕于肆慢，戕贼自心。故其闻见之知愈多者，其发为肆慢亦愈甚，往而不返，不可救药。苟挟是心以至，而欲其可与入理，可与立事，可与亲师取友、进德修业，此必不可得之数也。今于诸生初来之日，特为抉示时人病根所在，务望各人自己勘验，猛力省察，无使疮疣在身，留为过患。须知"敬"之一字，实为入德之门，此是圣贤血脉所系，人人自己本具。德性之知，元无欠少，不可囿于闻见之知遂以为足，而置德性之知任其隐覆，却成自己孤负自己也。圣人动容周旋莫不中礼，酬酢万变而实无为，皆居敬之功也。常人"憧憧往来，朋从何思"，起灭不停，妄想为病，皆不敬之过也。程子有破屋御寇之喻，略谓前后左右，驱去还来，只缘空虚，作不得主，中有主则外患自不能入。此喻最切。主者何？敬也。故唯敬可以胜私，唯敬可以息妄。私欲尽则天理纯全，妄心息则真心显现。尊德性而道问学，必先以涵养为始基。及其成德，亦只是一敬，别无他道。故曰：敬也者，所以成始而成终也。

二曰穷理为致知之要者。先须楷定何谓理，何谓知。"穷理尽性以至于命"，《易·系辞传》文也。"致知在格物"，《大学》文也。向来先儒说《大学》"格物"，各明一义，异执纷然。大略不出两派：一宗朱子，一宗阳明。朱子释"格物"为穷至事物之理，"致知"为推极吾心之知。知者，知此理也。知具于心，则理不在心外明矣，并非打成两橛。不善会者，往往以理为外。阳明释知善知恶是"良知"，为善去恶是"格物"。不善会者，亦遂以物为外。且如阳明言，则《大学》当言"格物在致知"，不当言"致知在格物"矣。今明心外无物，事外无理，即物而穷其理者，即此自心之物而穷其本具之理也。此理周遍充塞，无乎不在，不可执有内外。学者须知儒家所言"事物"，犹释氏言"万法"，非如今人所言"物质"之物，若执唯物之见，则人心亦是块然一物质耳，何从得有许多知识？阳明"致良知"之说，固是直指，然《大学》须还他《大学》。教有顿渐，《大学》说先后次弟，明是渐教；《中庸》显天人一理、"君子笃恭而天下平"，中和即位育，方是顿教。儒者不言顿渐，然实有是理。阳明是就自家得力处说，朱子却还他《大学》元来文义，论功夫造诣是同，论诠释经旨却是朱子较密。上来约简旧说，是要学者先明穷理致知为何事，非于先儒妄生异同，心存取舍，亦非欲为调停之说也。此意既明，学者须知格物即是穷理，异名同实。今言穷理为致知之要者，亦即是"致知在格物"也。何以不言格物而言穷理？只为从来学者，都被一个"物"字所碍，错认物为外，因而再误，复认理为外。今明心外无物，事外无理，事虽万殊，不离一心。佛氏亦言："当知法界性，一切唯心造。""心生法生，心灭法灭。""万行不离一心，一心不违万行。"所言法者，即事物异名。一心贯万事，即一心具众理。即事即理，即理即心。心外无理，亦即心外无事。理事双融，一心所摄，然后知散之则为万殊，约之唯是一理。所言穷者，究极之谓。穷极此理，周匝圆满，更无欠阙，更无渗漏，不滞一偏一曲，如是方名穷理。致者，竭尽之称。如"事父母能竭其力，事君能致其身"，《孝经》言"养则致其欢，丧则致其哀"之致。知是知此理唯是自觉自证境界，拈似人不得，如人饮水，冷暖自知。一切名言诠表，只是勉强描摹一个体段，到得此理显现之时，始名为知。一现一切现，鸢飞鱼跃，上下与天地同流，左右逢源，触处无碍，所谓头头是道，法法全彰，如是方名致知，所谓知之至也。清凉观答唐顺宗心要云："语证则不可示人,说理则非证不瞭。"证者方是真知,证后所说之理方是实理。不然只是揣量卜度,妄生分别,如盲人摸象,各说一端,似则似,是则不是。在佛氏谓之情识思量境界,谓之徧计执,全体是妄;在儒家谓之私智穿凿,谓之不诚。故穷理工夫入手处,只能依他古来已证之人所说一一反之自心仔细体究,随事察识,不等闲放过。如人学射,久久方中。到得一旦豁然贯通,表裏洞然,不留余惑,所谓直到不疑之地,方可名为致知也。《大学》只此一关最为难透,到得知至以后,意诚心正身修,乃是发悟。以后保任长养之事,譬如顺水行船,便易为力。故象山曰:"向上事益简易不费力。但穷理工夫直是费力,不是吃紧用力一番,不能致知。"朱子所谓"唯于理有未穷,故其知有不尽",此系诚言,不容妄生疑虑。孟子曰:"尽其心者,知其性也。知(其)性则知天矣。"朱子集注曰:"心者,人之神明,所以具众理而应万事者也。性则心之所具之理,而天又理之所从以出者也。人有是心,莫非全体,然不穷理,则有所蔽,而无以尽乎此心之量。故能极其心之全体而无不尽者,必其能穷夫理而无不知者也。既知其理,则其所从出亦不外是矣。以《大学》之序言之,知性则物格之谓,尽心则知至之谓也。"《易·系辞》"穷理尽性以至于命","穷理"即当孟子所谓"知性","尽性"即当孟子所谓"尽心","至命"即当孟子所谓"知天"。天也,命也,心也,性也,皆一理也。就其普遍言之,谓之天;就其禀赋言之,谓之命;就其体用之全言之,谓之心;就其纯乎理者言之,谓之性;就其自然而有分理言之,谓之理;就其发用言之,谓之事;就其变化流形言之,谓之物。故格物即是穷理,穷理即是知性,知性即是尽心,尽心即是致知,知天即是至命。程子曰:"理穷则性尽,性尽则至命。"不是穷理了再去尽性,尽性了再至于命,只是一事,非有三也。《大学》说"致知在格物",不是说欲致其知者,先格其物。故今明穷理为致知之要者,须知合下用力,理穷得一分,即知致得一分。在佛氏谓之分证,到得知至即满证也。《中庸》曰:"唯天下至诚为能尽其性,能尽其性,则能尽人之性;能尽人之性,则能尽物之性;能尽物之性,则可以赞天地之化育;可以赞天地之化育,则可以与天地参矣。"朱子章句曰:"尽其性者,德无不实,故无人欲之私,而天命之在我者,察之由之,巨细精粗,无毫发之不尽也。人物之性,亦我之性,但以所赋形气不同而有异耳。能尽之者,谓知之无不明而处之无不当也。"此是一尽一切尽,其间更无先后。肇公曰:"会天地万物为自己者,其唯圣人乎?"圣人无己,靡所不己,是故成己即所以成物,成物乃所以成己。"成己,仁也。成物,智也。性之德也,合外内之道也。"此是一成一切成,其间更无分别。"己欲立而立人,己欲达而达人。能近取譬,可谓仁之方。"良以物我无间,人己是同,于中不得安立人见我见。契此理者,是谓正理,是谓正知;反是则非正理,为不正知。此是知之根本。曾子闻"一贯"之旨,直下承当,及门人问,只道个"夫子之道,忠恕而已矣"。尽己之谓忠,推己之谓恕,此事学者合下可以用力。"己所不欲,勿施于人",推己之事也。"行有不得,反求诸己",尽己之事也。此亦是澈上澈下语。到得一理浑然、泛应曲当,亦只是个"忠恕",别无他道。学者须于此信得亲切,行得真实,方可以言穷理,方可以言致知。更须知理是同具之理,无可独得;知是本分之知,不假他求。故象山曰:"宇宙内事,即吾性分内事;吾性分内事,即宇宙内事。"此亦知至之言。今时学者每以某种事物为研究之对象,好言"解决问题"、"探求真理",未尝不用思力,然不知为性分内事,是以宇宙人生为外也。自其研究之对象言之,则己亦外也。彼此相消,无主可得,而每矜为创获,岂非虚妄之中更增虚妄? 以是为穷理,只是增长习气;以是为致知,只是用智自私:非此所谓穷理致知也。至穷理之方,自是要用思惟。"思曰睿,睿作圣",程子曰:"学原于思,不思则罔。"若一向读书,只匆匆涉猎,泛泛寻求,便谓文义已瞭,能事已毕,终其身昏而无得也。欲入思惟,切忌自谓已瞭,若轻言易瞭,决定不思,是闭门而求入也。读书既须简择,字字要反之身心,当思:圣贤经籍所言,即是吾心本具之理,今吾心现在,何以不能相应? 苟一念相应时,复是如何? 平常动静云为之际,吾心置在何处? 如此方有体认之意。

当思：圣贤经籍所言，皆事物当然之则，今事当前，何以应之未得其当？苟处得是当时，复是如何？平常应事接物之时，吾心如何照管？如此方有察识之意。无事时体认自心是否在腔子裏，有事时察识自心是否在事上，如此方是思，方能穷理。思如濬井，必当及泉，亦如抽丝，须端绪不紊，然后引而申之，触类而长之，曲畅旁通，豁然可待。体认亲切时，如观掌纹，如识痛痒；察识精到处，如权衡在手，铢两无差，明镜当台，毫发不爽：如此方有知至之分。此在散乱心中必不可得，故必先之以主敬涵养，而后乃可以与于此也。

三曰博文为立事之要者。须先知不是指文辞马文，亦不限以典籍为文，凡天地间一切事相皆文也，从一身推之家国天下皆事也。道外无事，亦即道外无文。《论语》朱注曰："道之显者谓之文。"今补之曰："文之施于用者谓之事。"博者，通而不执之谓。立者，确乎不拔之称。易言之，亦可谓通经为致用之要也。世间有一等质美而未学之人，遇事尽能处置，然不能一皆当于理，处甲事则得，处乙事又失之。此谓不能立事，其故由于不学，即未尝博文也。虽或偶中，而幽冥莫知其原，未常穷理也。恒言斥人"不学无术"，本《霍光传》中话。"不学"言未尝读书，"无术"即是没办法。可见遇事要有办法，必须读书穷理始得。《中庸》曰："文理密察，足以有别也。""文理"亦可析言之，在心则为理，见于事则为文；事有当然之则谓之理，行此当然之则谓之文。已明心外无事、离体无用，更须因事显理、摄用归体，故继穷理致知而言博文立事也。穷理主于思之意多，博文主于学之意多。《论语》曰："学而不思则罔，思而不学则殆。"盖不求诸心，则昏而无得；不习其事，则危而不安。此见思学并进，亦如车两轮，如乌两翼，致力不同，而为用则一，无思而非学，亦无学而非思也。"不学操缦，不能安弦；不学博依，不能安诗。"操缦、博依，博文也。安弦、安诗，立事也。"不学《诗》无以言"，"不学《礼》无以立"。《诗》《礼》，文也。言、立，事也。六艺之文，即"冒天下之道"，实则天下之事，莫非六艺之文。明乎六艺之文者，斯可以应天下之事矣。此义云何?《诗》以道志而主言,在心为志,发言为诗。凡以达哀乐之感,类万物之情,而出以至诚恻怛,不为肤泛伪饰之辞,皆《诗》之事也。《书》以道事。事之大者,经纶一国之政,推之天下。凡施于有政,本诸身、加诸庶民者,皆《书》之事也。《礼》以道行。凡人伦日用之间,履之不失其序、不违其节者,皆《礼》之事也。《乐》以道和。凡声音相感,心志相通,足以尽欢欣鼓舞之用而不流于过者,皆《乐》之事也。《易》以道阴阳。凡万象森罗,观其消息盈虚变化流行之迹,皆《易》之事也。《春秋》以道名分。凡人群之伦纪、大经、大法,至于一名一器,皆有分际,无相陵越,无相紊乱,各就其列,各严其序,各止其所,各得其正,皆《春秋》之事也。其事即其文也,其文即其道也。学者能于此而有会焉,则知六艺之道何物而可遗,何事而不摄乎! 故凡言文者,不独前言往行布在方策有文史可稽者为是,须知一身之动作威仪、行业力用,莫非文也;孔子称尧"焕乎其有文章",乃指尧之功业。子贡称"夫子之文章可得而闻",乃指孔子之言行。天下万事万物之粲然并陈者,莫非文也。凡言事者,非一材一艺、一偏一曲之谓,自入孝出悌、爱众亲仁、立身行己、遇人接物,至于齐家治国平天下,开物成务、体国经野,大之礼乐刑政之本,小之名物度数之微,凡所以为因革损益、裁成辅相之道者,莫非事也。《学记》曰:"九年知类通达,强立而不反。"夫"知类通达",乃可谓博文矣;"强立而不反",乃可与立事矣。在《易》则曰:圣人有以"观其会通"而"行其典礼"。夫"观其会通"是博文也,"行其典礼"是立事也。《朱子语类》:"会通谓物之节角交加处"盖谓如人身之有关节,为筋脉活动之枢纽。又喻如水之众流汇合而为江河,虽千支万派,俱入于海,此所谓会通也。足以尽天下之事相而无所执碍者,乃可语于博矣;足以得举措之宜而不疑其所行者,乃可语于立矣。若乃事至而不免于惑,物来而莫之能应,是乃不可与立事,亦不足以语于博文也。今举《诗》教以明一例。如曰:"诵《诗》三百,授之以政,不达;使于四方,不能专对;虽多,亦奚以为?""小子何莫学夫《诗》,《诗》可以兴、观、群、怨。迩之事父,远之事君。"

"人而不为《周南》《召南》,其犹正墙面而立也欤?"今学《诗》者,能详其名物训诂矣,又进而能言其义矣,而不达于政,不能事父事君,其为面墙也如故,谓之未尝学《诗》可也。他经亦准此可知。故言"博文"者,决不是徒夸记览,徒骋辞说,以衒其多闻而不切于事,遂可以当之,必其闳通淹贯,畜德多而谨于察物者也。言"立事"者,不是智效一官,行效一能,不该不遍,守其一曲,遂足以当之,必其可以大受当于物而卓然不惑者也。复次当知《易》言"观乎天文,以察时变;观乎人文,以化成天下"。观天之文与地之宜,非如今言天文学或人文地理之类。天文即谓天道,人文即谓人道。阴阳消长,四时错行,天文也;彝伦之序,贤愚之等,人文也。《系辞传》曰:"道有变动,故曰爻。爻有等,故曰物。物相杂,故曰文。文不当,故吉凶生焉。""六爻之动,三极之道也。""兼三才而两之,故六。"阴阳、刚柔、仁义之相,皆两也。等犹言类也。阴阳、刚柔各从其类谓之物。物相杂而成文谓之文。物犹事也,事之相错而著见者,咸谓之文。故一物不能成文,成文者必两。凡物之对待而出者为文。对待之物,交参互入,错综变化,至赜至动,皆文也。唯圣人有以见其"至赜而不可恶","至动而不可乱",故"拟诸形容,象其物宜,是故谓之象","观其会通以行其典礼,是故谓之爻"。学者知此,则知所谓文为事相之总名可以无疑也。文以变动而有,事以变动而生,故曰"功业见乎变"。功业者,事也。"举而措之天下之民,谓之事业",此乃从体起用,亦谓之全体作用。"行其所无事"而非有计功谋利之心焉,斯立事之要也。故天地虽万物并育,不居生物之功;圣人虽保民无疆,不矜畜众之德。博文如物之生长,必积渐以至广大;立事如物之成实,必贞固而后有成。今人欲立事而不务博文,是犹不耕而望获也;徒事博文而不务穷理,是犹鲁莽而耕之,灭裂而耘之也,欲责之以立事,安可得哉!复次当知博文属知,立事属能。《中庸》曰:匹夫匹妇之愚,可以与知与能,及其至也,圣人有所不知不能焉。学者切忌自谓已知已能,如此则是自画而不可以进于博,不可以与于立矣。试观圣人之气象为如何?达巷党人曰:"大哉孔子!博学而无所成名。"子闻之,曰:"吾何执?执御乎?执射乎?"太宰问于子贡曰:"夫子圣者欤?何其多能也?"子闻之,曰:"吾少也贱,故多能鄙事。君子多乎哉?不多也。"又曰:"君子之道四,吾未能一焉。"又曰:"吾有知乎哉?无知也。有鄙夫问于我,空空如也。我叩其两端而竭焉。"夫圣人知周万物而道济天下,然其自以为无知无能如此,非故为谦辞也,其心实如是也。鄙夫云者,执其一端之见而汰然以自多者也。圣鄙之分,由此可见。老子曰:"其出弥远,其知弥少。"释氏亦曰:"若作圣解,即是凡情。"必其自视谦然,然后虚而能受。此所以必先之以穷理致知,而后乃可语于博文立事也。

四曰笃行为进德之要者。德行为内外之名,在心为德,践之于身为行;德是其所存,行是其所发。自其得于理者言之,则谓之德;自其见于事者言之,则谓之行:非有二也。充实而有恒之谓笃,日新而不已之谓进。知止而后能笃,不为物迁,斯可以载物;行健而后能进,自强不息,乃所以法天。无有欠阙,无有间断,乃可言笃;无有限量,无有穷尽,所以言进。行之积也愈厚,则德之进也愈弘。故《大畜》曰:"刚健笃实,辉光日新其德。"《商颂》曰:"汤降不迟,圣敬日跻。"言其进也。《乾·文言》:"君子以成德为行,日可见之行也。"故行之未成,即德之未裕。《系辞》曰:"默而成之,不言而信,存乎德行。"此所以言笃行为进德之要也。言行同为中之所发,故曰:"言出乎身,加乎民;行发乎迩,及乎远。""言行,君子之所以动天地也。""言行,君子之枢机。枢机之发,荣辱之主也,可不慎乎?"此以言行并举,今何以单言行?《论语》曰:"有德者必有言,有言者不必有德。""始吾于人也,听其言而信其行;今吾于人也,听其言而观其行。""论笃是与,君子者乎?色庄者乎?""君子不以言举人,不以人废言。"此明言行有不相应者,不可不察也。《曲礼》曰:"鹦鹉能言,不离飞鸟。猩猩能言,不离走兽。""君子耻其言而过其行。""视其所以,观其所由,察其所安。人焉廋哉?"人之色取仁而行违者侭多,依似之言,可以乱德,学者当知以此自观自儆。"言顾行,行顾言","庸德之行,庸言之谨,有所不足不敢不勉,有余不敢尽",方可语于笃行也。此是言行分说,然当知合说则言亦行之所摄。《洪范》"五事"、《论语》"九思"、"四勿"、"三贵",并属于行。广说无尽,今只略说无事,曰貌、言、视、听、思,曰恭、曰从、曰明、曰聪、曰睿,即行之笃也。"恭作肃,从作义,明作哲,聪作谋,睿作圣",即德之进也。"九思"、"四勿"、"三贵",皆笃行之事。曰仁、曰礼、曰信,皆德也。德之相广说亦无尽。仁者,德之总相也,开而为二曰仁智、仁义,开而为三曰智、仁、勇,开而为四曰仁、义、礼、智,开而为五则益之以信,开而为六曰智、仁、圣、义、中、和,如是广说,可名万德,皆统于仁。学者当知有性德,有修德,性德虽是本具,不因修证则不能显。故因修显性,即是笃行为进德之要。全性起修,即本体即功夫;全修在性,即功夫即本体。修此本体之功夫,证此功夫之本体,乃是笃行进德也。孔子曰:"德之不修,学之不讲","是吾忧也"。讲本训肄,即指"时习",并非讲说之谓。即今讲说,亦是"时习之"之事,亦即笃行之事,亦即修德之事,即是因修显性也。前言学问之道在变化气质,须知变化气质即是修。汉儒每言才性,即指气质。魏钟会作《四本论》,论才性异同,其文已佚,当是论气质不同之书,或近于刘劭之《人物志》。其目为才者,指气质之善而言。气质之不善者,固当变化,即其善者,只名为才,亦须变化,乃可为德,此即是修德。如《虞书·皋陶谟》行有九德:"宽而栗,柔而立,愿而恭,乱而敬,扰而毅,直而温,简而廉,刚而塞,疆而义。"宽柔是才,须"宽而栗,柔而立",始名为德,此非变化不能成就。其下准此可知。《周书·洪范》又用三德:"一曰正直,二曰刚克,三曰柔克。平康正直。疆弗友刚克,燮友柔克。沈潜刚克,高明柔克。"此皆明气质必假变化。《通书》"刚柔善恶"一章所谓"俾人自易其恶,自至其中",亦是此旨。刘劭《人物志·九徵篇》虽名家言,亦有可取,大致以偏至为才,兼才为德,全德为圣,故曰:"九徵皆至,则纯粹之德也。九徵有违,则偏杂之才也。九徵者,谓九质之徵,谓精、神、筋、骨、气、色、仪、容、言也。文繁不具引。三度不同,其德异称,故偏至之才，以才自名，兼才之人，以德为目，兼德之人，更为美号。是故兼德而至，谓之中庸。中庸者，圣人之目也。具体而微，谓之德行。德行者，大雅之称也。一至谓之偏才。偏才，小雅之质也。一徵谓之依似。依似，乱德之类也。一至一违谓之间杂。间杂，无恒之人也。无恒、依似，皆风人末流。末流之质，不可胜论。"名家之言，乃以品核人流，未必尽为知德，然其所谓三度则有当也。知此可明修德须学，由偏至而进于兼，由兼德而进于全，非进德之谓乎？然又须明性修不二，不是性德之外别有修德，修德须进，性德亦有进。性德本无亏欠，何以须进？当知天地之道只是至诚无息，不息即进也。"与天地合其德"，只是贵其不已。所谓"不息则久，久则徵，徵则悠远，悠远则博厚，博厚则高明"，"博厚配地，高明配天，悠久无疆"，此进德之极致也。行之不笃，即是不诚，不诚则无物。一有欠阙，一有间断，便是不笃。行有欠阙，即德有欠阙；行有间断，即德有间断。故虽曰性德无亏，亦须笃行到极致处始能体取，所以言笃行为进德之要也。易言之，即是践形所以尽性，进德即尽性之事，践形即笃行之事。孟子曰："形色，天性也。唯圣人而后可以践形。"气之凝成者为形，形之变动者为色。此与佛氏言色法不同。参看《宜山会语》五《说视听言动》。天性，即行乎气中之理也。如视听言动皆有其理，视极其明，听极其聪，言极其从，貌极其恭，始为尽视听言动之理，始为得耳目口体之用，是谓尽性，是谓践形。朱子曰："众人有是形而不能尽其理，故无以践其形；惟圣人有是形而又能尽其理，然后可以践其形而无歉也。"故知视有不明，听有不聪，则是未能践其形，即未能尽其性。视听言动皆行也，四者一于礼，则是仁是德也。人生所日用不离，最切近而最易体认者，孰有过于四事者乎？所以应万事而根于心之所发者，舍此岂别有乎？故颜渊问仁，孔子告以"克己复礼为仁"。颜子直下承当，便请问其目，只此视听言动四事。知此便知笃行之道，合下当从非礼勿视、听、言、动入手。才有非礼即是不仁，到得四事全是礼，则全体是仁。是故言笃行为进德之要，此理决定无可疑也。

复次当知《中庸》曰"温故而知新",博文之事也;"敦厚以崇礼",笃行之事也。此所以继博文而言笃行也。《乾·文言》曰"知至至之,可与言几也",主敬、涵养、穷理、致知、博文、立事当之;"知终终之,可与存义也",则笃行、进德当之。又此门总摄前三,如主敬须实是主敬,穷理须实是穷理,博文须实是博文,此便是笃行,一有不实,只是空言。涵养得力,致知无尽,应事不惑,便是进德。若只言而不行,安能有得? 行而不力,安望有进? 故言虽分三,事唯是一,总此四门,约为一行。《论语》曰:"博学于文,约之以礼,亦可以弗畔矣夫!"文以知言,礼以行言,博约亦是同时,文礼非有二致。故孟子曰:"博学而详说之,将以反说约也。"前三是博,此门是约。又中二为博,初终均约。总该万行,不离一心。即知即行,全理是事;即博即约,全事是理。始终本末,一以贯之,即下学,即上达。子以四教:文、行、忠、信。文即六艺之文,行即六艺之事,忠、信则六艺之本。今此四门亦略同四教,全体起用,全用归体。此乃圣学之宗要,自性之法门,语语从体验得来,从胸襟流出,一字不敢轻下。要识圣贤血脉,舍此别无他道。于此不能有会,决定非器,难与入德。若只作一种知解、一种言说领取而不肯笃行,则是辜负自己,辜负先圣。曾子曰:"尊其所闻,则高明矣。行其所知,则光大矣。"闻是闻道,知是知德,道为万行,德是一心。今有言说显示,但名为"闻",诸生体之在己,乃可名"知"。勤而行之,斯可与适道;得之于心,斯可与入德。如此则日进于高明光大之域,必可期也。"为仁由己,而由人乎哉?"勉之! 勉之!

哲学的初心与哲人的使命

——给日新书院大一新生的一堂哲学导引课

唐文明 *

一

什么是哲学？这可能是你们进入哲学系学习时首先想到的一个问题。在回答这个问题之前，首先需要提出的问题可能是：什么是"是"？既然"什么是哲学？"这个问句使用了"是"这个词，那么，一个简单的推理就是，如果我们不知道什么是"是"，我们自然也就不可能知道"什么是哲学？"这个问题究竟是什么意思，从而也就不可能真正地回答这个问题了。正如海德格尔曾经指出的，我们其实总是已经对于"是"先行地有所领悟，否则是不可能提出"什么是哲学？"这样的问题的；而按照西方哲学的老传统，哲学中的皇冠之学，也就是被亚里士多德定名为形而上学的那门高深学问，就是以"是"（being）——或译为"存在"、"存有"——为研究对象的。从日常语用的角度来说，对于"什么是哲学"这

---

* 唐文明，清华大学哲学系教授。

个问题,我们期待得到的回答往往指向哲学的本质,而不能只是指向哲学的某些偶性。这一点当然也被认为是包含在对"是"的先行领悟之中的。具体来说,你不能仅仅通过列举某些哲学家的思想体系来作为对"什么是哲学"这个问题的回答。比如说,你向我展示了柏拉图的哲学、孔子的哲学和佛陀的哲学,或者是奥古斯丁的哲学、朱熹的哲学、笛卡尔的哲学,但我可能会反驳你说,你并没有真正回答我"什么是哲学"这个问题。对于这种古老的思维方式当然有很多深入的分析与质疑,无论是从思维的角度还是从语用的角度,比如说很多人都听说过的反本质主义,但我们这里所关心的恰恰是如何对这个问题给出一个具有实质内容的回答,既然使用"本质"一词在日常语言中还具有正当性。

首先能被想到的往往是通过归纳各种具体形态的哲学而得出所有哲学的共性,作为对哲学的本质的理解。归纳法在我们现在理解事物的过程中仍然有其实际的用途,尽管其在哲学史上已经遭遇了根本性的质疑。即使不考虑归纳法所面临的根本性困难,即以目前我们所了解的有关世界文明史的知识,这么做的难度也非常大。乍一看,出现在不同地域、不同人群与不同时段的"哲学",其形态有很大的不同。要以归纳的方法从这些差异的哲学形态中找到共性,前提是对这些哲学形态有深入的研究,这已经是一项非常艰巨的任务,更为麻烦的是,当我们使用"哲学"这个来自西方文明史的概念来指称非西方文明中的思想形态时还存在一个所谓的合法性问题。

亚里士多德曾提出另外一个思路。他说,要理解一个事物,"就必须关注它们如何形成,在它们一出现的那个时刻就抓住不放"。[1]这就将原本看起来非历史的本质问题转换成一个历史性问题,质言之,本质就是本真曾是。[2]当然很容易想到,将本质理解为本真曾是不仅假定

---

〔1〕 皮埃尔·阿多:《古代哲学的智慧》,张宪译,上海译文出版社 2017 年版,前言,第 2 页。

〔2〕 古代汉语中的"是"首先是一个复指代词,意即"此",因而也显示出理解"是"的历史性维度,即"是"指向曾是的在场化,参见唐文明:《理解与会通》,载万俊人主编:《清华哲学年鉴 2006》,当代中国出版社 2008 年版。

了本质,也假定了事物最初的形态就是本真的,甚至是最好的,而这两点都是可以质疑的。但从另一个角度看,将本质还原为本真曾是一定程度上也意味着对本质的一种解构。就此而言,本质的稳定不变性其实是靠其在时间中的持存性来保证的,而不是相反,正是因为事物有其稳定不变的本质它才能在时间中持存。这两种不同的理解显然涉及两种不同的历史和历史性概念,在此我们不去展开,而只是说,回溯一个事物原初的形态,对于我们理解事物的本质具有重要意义,无论我们在本质问题上是否采取历史性的解释或解构。

那么,回到我们一开始的关切,情况就变成了,要从最初形成的哲学典范入手,来思考并回答"什么是哲学"的问题。换言之,原来的问题就变成了:哲学的初心是什么? 相应地,哲人的使命又是什么? 即使你们刚刚进入大学,还没有真正进入对哲学的专业研究,特别是还没有对哲学史上的经典著作展开专门性的研读,大多数人也都知道,"哲学"一词诞生于希腊,在中文是一个翻译过来的术语,其词源由 Philia 和 Sophia 构成,前者是爱的意思,后者是智慧的意思,因此其最初的含义就是"爱智慧"或"对智慧的爱欲"。中文中说"爱"与"爱欲"其意味可能是不同的,"爱欲"一词往往带有更多肉体性的指向,突出的是有爱欲者全身心的投入,比如说诗句"为伊消得人憔悴"所指的那种可能状况,甚至容易让人联想到某种痴迷或迷狂的状态,而"爱"一词则不一定如此,尤其是和"智慧"联在一起说"爱智慧",基本上大家想到的是对智慧的喜爱,而且可能只是喜爱而已——相对于"爱欲"一词所指的那种倾向于走向迷狂的爱,一般意义上的喜爱或许只是一种比较清淡的感觉。

我们有证据表明,在对哲学的初心的回溯性分析中,使用"爱欲"一词比"喜爱"一词可能更为恰当,尽管这里存在一个词源学上的问题。我们知道,在亚里士多德那里,Eros 与 Philia 被明显地区分开,前者就是我们现在常常翻译为"爱欲"的那个词,后者则被翻译为"友爱"。但在柏拉图或更早的语境里,还没有这种明确的区分,也就是说,Philia 也可以指

"爱欲"。当然,更重要的文献根据是柏拉图著名的对话《会饮篇》。《会饮篇》的主题正是爱欲(Eros),而主角正是苏格拉底这个哲学在其诞生之初出现的最伟大的艺术品,这个独一无二、空前绝后的哲人典范。

就让我们紧扣《会饮篇》中苏格拉底的形象来思考哲学的初心与哲人的使命。关于爱欲,苏格拉底说他的观点来自曼提尼亚的女祭司第俄提玛。在希腊神话的语境中,爱欲也就是厄洛斯(Eros),一般被认为是一个神,一个伟大的神。第俄提玛正是从质疑"厄洛斯是一个神"这一点开始阐述她的观点的。第俄提玛的推论是,既然说所有神都是幸福的,幸福也就是拥有美的品质,而厄洛斯则是因为缺乏美、需要美才产生了对美的欲求,这就是所谓爱欲,如此看来,厄洛斯显然并不拥有美的品质,因而他也就不能算是一个神。在苏格拉底的追问下,第俄提玛进一步阐述说,厄洛斯是一个居于不死的神与有死的凡人之间的精灵。关于居于神人之间的精灵所具有的能力,第俄提玛的描述是:

> 把来自世人的祈求和献祭传述和转达给神们,把来自神们的旨令和对献祭的酬赏传述和转达给世人。居于两者之间,正好两者都够得着,于是,整体自身就连成一气了。这样一来,就有了所有的占卜术和涉及献祭、祭仪和谶语的祭司术,以及种种算命和巫术。本来,神不和世人相交,由于有了精灵,神就与醒着和熟睡的世人来往和交谈。[1]

在苏格拉底的继续追问下,第俄提玛更进一步讲述了一个关于厄洛斯

---

[1]《柏拉图四书》,刘小枫译,三联出版社 2015 年版,第 231 页。请对照马王堆帛书《要》篇孔子就他如何用《易》的自述:"《易》,我复其祝卜矣,我观其德义耳也。幽赞而达乎数,明数而达乎德,又仁守者义行之耳。赞而不达乎数,则其为之巫;数而不达于德,则其为之史。史巫之筮,向之而未也,好之而非也。后世之士疑丘者,或以《易》乎? 吾求其德而已,吾与史巫同途而殊归者也。君子德行焉求福,故祭祀而寡也;仁义焉求吉,故卜筮而希也。祝巫卜筮其后乎?"

如何诞生的故事。在爱与美之神阿芙洛狄忒诞生的那一天,诸神设宴庆祝。丰足之神珀洛斯喝得酩酊大醉,在宙斯的花园里倒头便睡。前来行乞的匮乏之神佩妮娅看到后就躺在他身边,想通过与他生个小孩来改变自己的匮乏,于是就有了厄洛斯。厄洛斯投胎于阿芙洛狄忒诞生的那一天,这一点意味着厄洛斯作为爱欲的精灵根本上来说是为阿芙洛狄忒的美所吸引,或者说其最终的驱动力是美。厄洛斯之所以是爱欲的精灵,首先是因为他继承了母亲的天性,因此他基本上是一个匮乏者的形象,"他总是那么穷,远不是众人以为的那样既优雅又漂亮,而是粗野、邋遢、打赤脚、无家可归,总是睡在地上、户外、门阶和路边","总是与需要同居"。[1]另一方面,厄洛斯也继承了父亲的天性,"他谋划着如何拥有美,勇敢、顽强、热切,是个厉害的猎手,总想使自己更加聪明,因而终生热爱智慧,是个厉害的巫师、药师、智术师"。[2]作为佩妮娅与珀洛斯之子,厄洛斯常常处于匮乏状态,但他也知道如何通过运用自己的聪明才智来改变自己的匮乏状态。匮乏与进取是厄洛斯的双重面目,或者说,匮乏与进取的交织构成了厄洛斯的形象。

这个有寓意的故事也揭示出爱智慧与爱美的关系:正是因为爱美,所以才爱智慧,因为只有智慧才能使人变得更美。换言之,对智慧的爱欲深深地扎根于对美的爱欲,对美爱得有多深,对智慧爱得就有多深。但这么说并不意味着智慧只具有工具价值,因为"贯穿整个古代,智慧被认为是一种存在的模式:一种某个人在其中用彻底有别于其他人的方式存在的状态——一种他在其中是某种超人的状态。……智慧并不在于拥有关于实在世界的信息,相反,它也是一种生活方式,符合人类能够从事的最高活动本身,并且与心灵的卓越和德行紧密相连。"[3]在此,值得一提的还有厄洛斯对自身匮乏的认知。匮乏者不一定知道自

---

〔1〕〔2〕《柏拉图四书》,刘小枫译,三联出版社 2015 年版,第 233 页。

〔3〕 皮埃尔·阿多:《古代哲学的智慧》,张宪译,上海译文出版社 2017 年版,第 309 页。

己处于匮乏之中,但这显然不是厄洛斯的状况。厄洛斯虽然处于匮乏之中,但他深知自己的匮乏,更直接地说,投胎于阿芙洛狄忒诞生日的厄洛斯深深地感受到了美的魅力,也因着得自父亲的禀赋而深知智慧之于美的意义,从而产生了对美与智慧的强烈爱欲。

第俄提玛的故事讲到这里,其实已经刻画出了一幅哲人的形象。作为热爱智慧的人,哲人的目的是使自己的心灵变得更美。这也就意味着,哲人是把自己作为一直在创作的一件艺术品来看待的。关于这一点,普罗提诺《九章集》中的一段话表达得非常清楚:

> 如果你还没有看到自己的美,那么,就像雕塑家雕刻一尊准会变得美妙的塑像那样:削掉这一部分,勾刮那一部分,使这里平滑,那里光亮,直到这尊雕像出现一张漂亮的脸。同样,你也必须去掉多余的东西,使弯曲的变直,清洁所有的肮脏,使它变得闪亮。千万不要停止雕塑你自己的像,直到美德的神圣之光照亮你心中。[1]

哲人追求智慧,根本上是为了培育自己的美德,从而使自己的心灵变得更美。这就是哲学的初心。因此说,哲学本质上是一项艺术活动,本质上是一门成就自己的艺术。于是,可能的情况是,所有人都想成为哲人。将心比心地问一问,有谁不想成就自己呢?有谁不想掌握能够成就自己的艺术呢?但事实上并非如此,并非所有人都想成为哲人,而这一点又的确与意愿有关。从第俄提玛所描绘的哲人形象我们可以推论出,哲人是介于上智与下愚之间的存在——我这里使用了孔子“唯上智与下愚而不移”这句话中的表述。上智不缺乏智慧,从而不会产生对智慧的爱欲,而下愚完全不知道智慧的意义,从而也不会产生对智慧的爱

---

[1] 转引自皮埃尔·阿多:《古代哲学的智慧》,张宪译,上海译文出版社 2017 年版,第265 页。

欲。只有像苏格拉底自我声称的那种"自知其无知"的人才会产生对智慧的爱欲,才会热衷于追求智慧以便能够使自己"有所移"。

就希腊人而言,有智慧者,也就是我们这里所说的"上智",包括诸神和圣人。圣人当然不是神,但却是最像神的人,因为圣人是以神为典范的。引用伊壁鸠鲁的说法,诸神是不朽的圣人,圣人是有死的诸神。这么说来,哲人是以圣人为典范的,因为圣人就是完美的人,是美的化身。由此推论,哲人不是圣人,而是渴望成为圣人的人,既然渴望成为神对人来说是完全不切实际的。于是,哲学也就是成圣之学。[1]

对哲人与圣人的区分对于我们理解哲学的初心至关重要。这意味着圣人的形象在哲学所要倡导的生活方式中扮演着一个决定性的角色,是哲学言谈所要描绘的一种具有超越性指向的人格理想。关于这一点,皮埃尔·阿多特别指出:

> 哲学史家忽视了这样的事实:在古代哲学的教导里,描述圣人的论辩起着一个主要的作用。与其追寻尤其值得注意的哲人或圣人的具体形象特征——这是哲人生活的角色,倒不如详细说明圣人的理想行为,问这样的问题:"在如此这般的环境下,圣人会做什么?"在不同的学派中,这常常是对刻画出它们特征的生活方式细节的理想描述手段。[2]

哲人处于圣人与愚人的中间位置,这一位置能够很好地解释哲人所处的那种认识到自己缺乏智慧并积极追求智慧的爱欲状态。但这里也存在一个问题。正如阿多指出的,在整个希腊世界,"唯一得到普遍承认的圣人是苏格拉底"。[3]苏格拉底当然也是哲人,而且是被公认的

---

〔1〕 请对照周敦颐的话:"圣希天,贤希圣,士希贤。"

〔2〕〔3〕 皮埃尔·阿多:《古代哲学的智慧》,张宪译,上海译文出版社 2017 年版,第 314 页。

哲人典范,爱智慧者的典范。于是问题就是,苏格拉底到底是哲人,还是圣人? 既然哲人不是圣人,爱智慧者不等于有智慧者,那么,说苏格拉底既是哲人又是圣人就有可能是自相矛盾的。阿多似乎并未明确意识到这个问题,而只是将苏格拉底说成是"那个并不知道自己是圣人的、令人不安的圣人"。[1]

在此我们引入一个比较性的视角,试图提供一个可能的答案。在我们身被其泽的儒教文明中,孔子被尊为至圣,所谓"德侔天地,道冠古今"。《论语·季氏》记载孔子说:"生而知之者,上也;学而知之者,次也;困而学之,又其次也;困而不学,民斯为下矣。"按照这一区分,作为至圣的孔子必然是"生而知之"的。但《论语·述而》又记载孔子说:"我非生而知之者,好古,敏以求之者也。"《论语·为政》又记载孔子自述其为学历程:"吾十有五而志于学,三十而立,四十而不惑,五十而知天命,六十而耳顺,七十而从心所欲不逾矩。"很显然,孔子明确否认自己是生而知之者,又自述其一生不断精进的为学历程,这些记载与孔子是生而知之的至圣这一历史上的普遍认知似乎存在矛盾。那么,如何化解此处可能存在的矛盾呢? 既然认定孔子为生而知之的至圣是儒教文明史上的共识,那么,就需要重新解释孔子的自述。首先,从孔子否认自己是生而知之者这一点能够看到,孔子并不自居于圣。在《论语》中我们还能找到更为明确的证据,这就是《论语·述而》中记载的孔子的话:"若圣与仁,则吾岂敢? 抑为之不厌,诲人不倦,则可谓云尔已矣。"孔子从未自居于圣,他愿意呈现在世人面前的,是一个"学而不厌,诲人不倦"的学者—教师形象。至于学者与教师之间的关系,不难想到,一个人必须首先是一个好的学者,然后才能成为一个好的教师。其次,按照程朱的看法,孔子自述其一生为学历程,是基于其真实的应世经历而为

---

[1]　皮埃尔·阿多:《古代哲学的智慧》,张宪译,上海译文出版社 2017 年版,第 314 页。

学者立法。[1]也就是说,《论语》多处记载的孔子的自述表明孔子从不自居于圣,而是基于自己的应世接物来显教示学,这与他作为生而知之的至圣这一儒教文明史上的共识并不矛盾。

　　转回到苏格拉底的形象问题。"唯一得到普遍承认的圣人是苏格拉底",既然这是西方文明史上的共识,那么,在认可这一点的前提下我们需要解释的就是苏格拉底的哲人形象与其圣人形象之间是否存在矛盾。我对这个问题的解答或猜测是,与孔子类似,苏格拉底在其对话实践中展现出的哲人形象,也是出于其应世接物、显教示学的意图。就苏格拉底的对话实践来说,一个知道答案但并不直接告诉你答案而是引导你逼近答案的人是在干什么? 回答自然是:他在展示一种哲学生活,他要将哲学生活展示给那些不知道答案的凡人。也就是说,苏格拉底愿意自己以哲人的形象——其实同样也是学者—教师的形象——展现给世人,这恰恰是他作为圣人关爱世人、照料世人的具体表现,不仅与其圣人形象不矛盾,更是其圣人形象的一个组成部分。由此也可以看到,创立教化是圣人关爱世人、照料世人的伟大壮举,而无论是苏格拉底创立的哲学教化,还是孔子创立的礼乐教化,在其身后都成了人类文明的塑造者,都是人类文明史上最为珍贵的精神宝藏。

　　哲人因为深刻领会到作为智慧之典范的神与圣人的伟大,深刻认识到自己生活的不足与心灵的匮乏,从而在向圣人看齐的强烈渴望中产生了对智慧的强烈爱欲。这就是哲学作为一种生活方式的原初经验。哲学从其肇始之际就是这样一种被对智慧的爱欲所推动的生活方式,是一种灵性修炼,因而也是一种朝圣者的生活方式。在《古代哲学

---

[1] 朱熹《论语集注》引用了程子的两个说法:(1)"孔子生而知之也,言亦由学而至,所以勉进后人也。"(2)"孔子自言其进德之序如此者,圣人未必然,但为学者立法,使之盈科而后进,成章而后达耳。"然后自己又说:"愚谓圣人生知安行,固无积累之渐,然其心未尝自谓已至此也。是其日用之间,必有独觉其进而人不及知者。故因其近似以自名,欲学者以是为则而自勉,非心实自圣而姑为是退托也。"见朱杰人、严佐之、刘永翔主编:《朱子全书》(修订本)第 6 册,上海古籍出版社、安徽教育出版社 2010 年版,第 75—76 页。

的智慧》一书中,阿多继续发挥他在更早的《哲学作为一种生活》一书中这一核心观点,指出古代世界的哲学并非像现代人一般认为的那样旨在发明一些解释世界的抽象体系,而我们必须将古代的那些哲学论辩与展开那些哲学论辩的哲人的生存选择紧密关联在一起才能理解其真正的意义,"哲学学派尤其与某种生活方式的选择和生存抉择相一致,它要求个人生活风格的完全改变,一个人整个存在的改变,最后是对以某种方式存在和生活的渴望。"[1]

对于那种旨在发明一些抽象而空洞的理论论辩而无关乎自己生活态度的改变与提升的所谓哲学活动,阿多曾引用塞内加的话说出他的看法,认为那意味着从爱智慧(Philosophia)沦落到爱语词(Philologia),意味着哲学的堕落,其始作俑者可以追溯到与苏格拉底貌合神离的智术师。[2]在这本书的最后,阿多一方面简要地阐述了古代世界的这种哲学概念在现代的衰落与重现,另一方面还特别引用了中国哲学与印度哲学领域的一些研究成果,指出古代东方的哲学态度与古代西方的哲学态度"确实存在惊人的相似"。[3]

但哲学终究是要表现为一些抽象的概念、命题和理论的。阿多对哲学作为一种生活方式的揭示其实是在告诫我们,在与种种抽象的哲学概念、命题和理论打交道时,我们不应忘记哲学的初心。这就要求我们,必须有能力将哲学论辩与哲学生活结合起来看待,具体来说,

> 我们可以用三个紧密相连的不同方式,考虑哲学生活与哲学论辩之间的关系。首先,论辩证明我们的生活选择是合理的,而且展开它的所有意蕴。我们可以说,通过一种**相互的因果性**,生活选择并决定论辩,论辩决定我们的生活选择,就如它在理论上证明是合

----

[1] 皮埃尔·阿多:《古代哲学的智慧》,张宪译,上海译文出版社 2017 年版,前言,第 4 页。
[2] 同上书,第 241 页。
[3] 同上书,第 393 页。

理的那样。其次,为了过哲学的生活,我们必须对自己和对他人采取行动;如果哲学论辩真正是一种生存选择的表达,那么,从这个角度去看,它是一种必不可少的手段。最后,哲学论辩是哲学生活方式训练的真正形式,就像与他人或自己对话一样。[1]

阿多特别以斯多葛派和伊壁鸠鲁派将哲学划分为物理学、伦理学和论理学(逻辑学)为例,来说明抽象理论与实际生活之间的可能关联:从生存抉择的角度看,有必要找到人在世界中的位置,因而需要一门物理学;有必要确定人与人之间的关系,因而需要一门伦理学;有必要确定在物理学和伦理学中使用推理的真正规则,因而需要一门论理学。[2]就此而言,主要采取对话形式的哲学论辩——在此沉思可被理解为与自己的对话——就是一种着眼于彻底改变我们存在的灵性操练,是一种我们想要过上美好生活必不可少的手段,或者用宋代儒学在佛教、道教的启发下发展出来的概念来说,是一种工夫。在今后的学习过程中,也许你们并不难进入充满着抽象概念的抽象的理论世界,但如果有一天你们发现自己的思维因为学习哲学而变得越来越干枯了,那么,你们就得警惕、就得认真反思了。歌德曾经说过,"理论是灰色的,而生命之树常青"。我更愿意说,理论总是隐含着一种绿意,因为生命之树常青。对抽象概念和抽象理论的教条化解读并无视其与生活的本真关联显然正是导致思维变得干枯的根本原因,而保持对生活的一种鲜活态度、发展对生活中不断发生的变化的一种敏锐感受力就始终必要。如果你们在未来的某一天真的经历了这种时刻,那么,请记住我在这里的提醒:尽可能深入地进入抽象的理论世界,但永远不要忘记哲学的初心。

---

〔1〕 皮埃尔·阿多:《古代哲学的智慧》,张宪译,上海译文出版社 2017 年版,第 242 页。
〔2〕 同上书,第 242—243 页。

二

　　现在让我们思考一下作为学者—教师的哲人在一个社会中的教化使命。在《申辩篇》中，苏格拉底将自己比作城邦的牛虻，这是对哲人应当承担的社会教化使命的一个清晰而形象的表达：

　　只要我还有一口气，还有能力做到，我对智慧的爱欲将永不止息，我将以我一贯的方式诚勉我所遇到的每一个人，对他们说："亲爱的朋友，你是雅典人，你是这个最伟大的、以智慧和力量而著称的城邦的公民，如果你只想着聚敛更多的财富，追求名声和荣誉，却不关心追求智慧和真理，不关心怎样使心灵变得最好，你难道不会为此而感到羞愧吗？"如果其中有人反驳，说他关心，那我就不会放他走，而是质询他，考察他；如果我发现他尽管自称具有美德而实际上并不具有美德，就批评他捡了芝麻丢了西瓜。……这城邦就如同一匹高头大马，因为大，所以懒，需要一只牛虻来惊醒，在我看来，神就是派我到城邦来当这样一只牛虻，来惊醒、劝说、责备城邦的每一个人。[1]

牛虻的比喻突显了哲人的批判性，说明哲学从一开始就是一种批判性教化。既然哲学教化的目的是改变个体的心灵从而改变城邦的精神面貌，那么，哲学教化的建设性也是不言而喻的。阿多引用了"在古代思想史真正结束时写作的辛普利西乌斯"的话来说明哲学教化所应发挥、所能发挥的这种积极的、颇具建设性的社会功能，值得我们在此重申以

---

〔1〕　柏拉图：《苏格拉底的申辩》，吴飞译，华夏出版社 2017 年版，第 111—112、115 页。译文有改动。

强化我们的理解：

> 哲人在城邦中应该占有什么位置？它将是一位雕塑家的位置，是
> 一位造就忠诚杰出公民的工匠的位置。由是，他除了洁净自己和
> 他人之外一无所事，如此人人才过符合自然的生活，正如它适合人
> 那样。他将是所有公民的共同父亲和施政者——他们的改革者、
> 顾问和保护者——献身于大众，一起完成每一善事，与那些享有好
> 运气的人一齐喜悦，为受苦的人悲哀。[1]

将作为学者—教师的哲人比作雕塑家或工匠，我们可以称之为哲人的
工匠职分或城邦艺术家职分。从工匠职分或城邦艺术家职分来理解哲
人在城邦中应有的位置与柏拉图的哲人王理念有很大不同，但二者都
从正面呈现出哲学教化的政治功能。与牛虻的比喻突显了哲人的批判
者形象不同，雕塑家的比喻突显了哲人的建设者形象，那么，如何将哲
人的这两个形象统一起来呢？正确的答案也许可以通过尼采的一句话
得出。尼采通过笔下的查拉图斯特拉说，只有真正的建设者才有资格
批判。我们自然可以这样去想：这一对批判者资格的规定性描述隐含
着一种将哲人的批判者形象与建设者形象统一起来的思路。哲人之于
其所处社会，是具有公共关怀的、以理智事业的开展为主务的批判者—
建设者，是以批判为手段、以建设为目的的特殊公民。从这里简要的分
析也不难想到，虽然"知识分子"是一个现代以来才有的概念，但哲人正
是知识分子的原型，且知识分子从一开始就具有鲜明的公共性。

　　哲人的批判者—建设者形象决定了哲人与其所处社会的习俗——
表现于该社会的政治、宗教与文化等——存在着一种持久的紧张关系，
因而难免于发生冲突。既然哲学事业表现为对社会习俗的理性反思，

----

[1] 皮埃尔·阿多：《古代哲学的智慧》，张宪译，上海译文出版社2017年版，第297页。

那么,哲学的力量就是一种移风易俗的力量。当然,在此必须强调的是,哲学首先是一种直击个人心灵的理智教化,因为哲学所倡导的反思活动必得经过个人运用自己的理智才能展开。"人应该如何生活?"这是典型的苏格拉底式的问题。"未经理性省察的人生是不值得过的。"这是典型的苏格拉底式的回答。隐含在这样的问答中的是问题中的"人"的第一人称指涉,或者说,对于那个以普遍性的口气进行提问的提问者来说,首要的问题其实是,"我应当如何生活?"或"我们应当如何生活?"[1]而哲学之所以动人心魄,甚至让人如醉如痴,其实正在于其对个人心灵的直接关切。

反思活动首先要求反思者能够建立起一种与自我的新型关系,因为反思活动是将自我的生活作为反思对象。这对于进入哲学学习的人而言是至关重要的,大概也是尼采断言哲学需要人有能力去忍受的根据所在。就此而言,哲学是一种不折不扣的"为己之学"。作为一个比你们年长 30 多岁的教师,我可以很负责任地告诉你们每一个人,当你通过学习哲学逐渐发展出一种针对自己生活的反思能力,并逐渐学会有节制、有分寸地运用这种反思能力,从而将这种有节制、有分寸的反思变成一种生活习惯,那么,你将从这种有节制、有分寸的反思活动中终身受益,这也就是说,你将从哲学中终身受益。《大学》中引汤之盘铭曰:"苟日新,日日新,又日新。"《易传》中记载孔子说:"富有之谓大业,日新之谓盛德。"——这正是日新书院命名的思想来源。那么,一个人如何才能做到"日日新,又日新"呢? 苏格拉底的回答就是:通过持续不断、步步深入的反思和基于反思所带来的信念和情感上的改变。《论语》中记载曾子说:"吾日三省吾身,为人谋而不忠乎? 与朋友交而不信乎? 传不习乎?"今人大多仅从己人关系的意义上理解这句话,其实既然孔子的格言最终指向与"大业"相对应的"盛德",那么他的意思就不

---

[1] 威廉斯在《伦理学与哲学的限度》一开篇就讨论了这个问题。

限于己人关系,或首先不是考虑己人关系,而是着意于个人品格的整体提升,或者用宋明儒的话来说,是着意于变化人的气质。一言以蔽之,反思是一个人变化气质以追求卓越的必由之途,日新之道首先在于反思。

反思者所处社会的政治、宗教与文化,构成了反思者实际生活的具体内容,自然也会成为反思的对象。于是就会产生哲学与政治、哲学与宗教、哲学与文化的冲突的问题。我们常常以批判性的口吻说,社会就是一个大染缸,个人在其中要能够过上一种有品位、有节操的生活,要能够做到出淤泥而不染,是需要强大的精神力量的,而学会过反思性的哲学生活正是让人获得那种过有品位、有节操的生活所必需的精神力量的一种可能方式。当哲人面对肮脏的政治、堕落的宗教或腐败的文化,批判的锋芒就会显露出来。这一点也非常鲜明地体现在苏格拉底的哲学实践中。有人曾经提出问题说,为什么偏偏是民主制的雅典判处了苏格拉底死刑? 这莫非意味着,哲人单单与民主制存在着不可避免的冲突? 我的回答是,并非如此。哲学所从事的是对实际生活的理性反思,从而可能与任何现实的政治制度发生冲突。正如苏格拉底在他的哲学实践中所表现出来的那样,哲人从不迎合政府,从不取悦政府,同样,哲人也从不迎合民众,从不取悦民众。哲人只将追求真理、事奉真理作为自己的最要关切,试图以理智教化来照料民众,改良政治。只有那些不以追求真理为旨归、甚至否认有真理存在的伪哲人才会干迎合政府、取悦政府或迎合民众、取悦民众的事。众所周知,被柏拉图视为哲人之敌人的智术师正是这种伪哲人的原型,他们沉溺于玩弄语词,是爱语词者而非爱智慧者,其实向来只按照自己的利益出牌,把意见当真理四处加以贩卖,甚至可以与任何恶势力同流合污。讲到这里,也容易让人联想起孟子以"妾妇之道"批评公孙衍、张仪等纵横家以及他对什么才是真正的大丈夫的著名看法:

　　以顺为正者,妾妇之道也。居天下之广居,立天下之正位,行天下

之大道；得志，与民由之；不得志，独行其道。富贵不能淫，贫贱不

能移，威武不能屈，此之谓大丈夫。(《孟子·滕文公下》)

哲人一如孟子笔下的大丈夫，是能够在艰难处境中坚持真理、特立独行
的思想者。身处思想者之列但富贵而淫者，贫贱而移者，威武而屈者，
都不是真哲人，都是曲学阿世的智术师。

我们有充分的理由强调哲学的批判性，也正因为如此，历来存在对
哲学的一个可能的指控，即哲学有可能成为宗教的摧毁者、文化的摧毁
者从而也带来政治上的危险。即使我们完全认可施特劳斯对阿里斯托
芬的喜剧《云》的解读，认为该剧表达了作为苏格拉底朋友的阿里斯托
芬对苏格拉底善意的提醒和警告——提醒苏格拉底他的哲学教化存在
可能的流弊，年轻人会因为学习哲学而失去虔敬的美德，甚至出现殴打
父母此类大逆不道的行为；警告苏格拉底哲学教化存在的流弊极有可
能给哲人自己带来厄运，正如剧中所刻画的情节，哲人的住所被一个愤
怒的父亲放火烧毁，那么，我们也不可能通过简单、笼统地强调哲学的
建设性而轻易地消除对哲学的这个指控。至少我们有理由说，从阿里
斯托芬的担忧中我们能够清楚地看到哲学给社会带来的可能危险。

对哲学之危险的阿里斯托芬式担忧也出现在西方的哲学学科进入
中国高等教育领域的那个重要的转折时刻。在晚清政府 1902 年颁布
的《钦定学堂章程》(即壬寅学制)与 1904 年颁布的《奏定学堂章程》(即
癸卯学制)中，主事者张百熙、张之洞等人都没有将哲学学科纳入新学
制中。在他们看来，"哲学主开发未来，或有骛广志荒之弊"，于是，为了
"防士气之浮嚣，杜人心之偏宕"，在规划新学制时他们对哲学学科采取
了"置之不议"的态度。[1]王国维在描述张百熙、张之洞等人对哲学的

---

〔1〕　朱有瓛主编：《中国近代学制史料》第 2 辑上册，华东师范大学出版社 1987 年版，第
66 页。

这个看法时说得更直接、更清楚,他说,他们首先从政治的角度认为哲学是有害之学,具体来说就是"酿乱之曲蘖",其次又从实用的角度认为哲学是无益之学,因而拒绝将哲学学科纳入新学制。[1]

让我们再次将目光转回到苏格拉底,通过这个举世公认的第一个哲人典范来对哲学可能具有的危险进行一番必要的探索。首先让我们来面对一个历史事实。一般认为,苏格拉底曾经教过的两个著名弟子,即后来成为僭主的克里提亚和后来帮助斯巴达打败雅典、又归顺雅典的阿尔喀比亚德,其恶德劣行是苏格拉底被雅典人提出控告的一个背景因素。[2]将苏格拉底的这两位弟子的品行与对哲学的那个指控关联起来的方式是清楚的,其潜台词可能是:看看克里提亚和阿尔喀比亚德这两个苏格拉底通过其哲学教育教出来的弟子吧,他们并不是因其美德懿行而被人称颂的好公民,反倒是因其恶德劣行而被人记住的坏政客。或者更直接地说,克里提亚与阿尔喀比亚德的恶劣品行就是苏格拉底以其哲学方法教唆青年、败坏青年的明证。

仍然是《会饮篇》为我们提供了思考这个问题的一种可能,因为阿尔喀比亚德正是其中最后出场的一个重要人物。《会饮篇》作为一个戏剧,其主要情节是在场的几个重要人物轮流颂扬爱欲之神厄洛斯。在斐德若、泡萨尼阿斯、厄里克希马库斯、阿里斯托芬和阿伽通依次发表了一番对爱欲之神厄洛斯的颂词之后,苏格拉底转述了曼提尼亚的女祭司第俄提玛对爱欲之神的理解。之后,喝得烂醉的阿尔喀比亚德出场了。于是在场的人要求阿尔喀比亚德也来颂扬爱欲之神厄洛斯,

---

[1] 为此,王国维在 1903 年专门写一篇《哲学辨惑》,在 1906 年又写一篇《奏定经学科大学文学科大学章程书后》,反驳张之洞、张百熙等人对哲学的误解,为哲学正名,并提出哲学为人文科学之首,甚至隐隐透出以哲学代经学的学科改革思路。详细分析可参见唐文明:《辛亥革命以前王国维论哲学与人文学的分科》,载《彝伦攸斁——中西古今张力中的儒家思想》,中国社会科学出版社 2019 年版。另外,在 1905 年写的《论近年之学术界》一文中,王国维也提到时人对哲学的上述误解:"今则大学分科,不列哲学,士夫谈论,动诋异端,国家以政治上之骚动,而疑西洋之思想皆酿乱之曲蘖。"

[2] 色诺芬:《回忆苏格拉底》,吴永泉译,商务印书馆 1984 年版,第 9 页。

但阿尔喀比亚德并没有像前面六位讲者那样直接颂扬爱欲之神厄洛斯，而是选择颂扬苏格拉底来作为替代。也就是说，阿尔喀比亚德是要通过颂扬苏格拉底来颂扬爱欲之神厄洛斯，因为他基于自己与苏格拉底的师生关系这一实际的爱欲经验而将苏格拉底作为爱欲之神的化身。

但饶有趣味的是阿尔喀比亚德首先从苏格拉底的长相说起，说他长得太像酒神的伴侣们萨提尔或萨提尔们的父亲西勒诺斯。在希腊神话的语境中，萨提尔们被尊为森林之神，长相奇丑，经常喝得烂醉，骑在驴屁股或酒罐子上，给人一种爱好酒色、充满肉欲的感觉。从这个长相的比喻出发，阿尔喀比亚德又提出了一个比喻，即将苏格拉底比作吹箫手萨提尔马尔苏亚。以如下表述，阿尔喀比亚德指出苏格拉底是一个比马尔苏亚还要神奇的吹箫手：

> 马尔苏亚凭靠出自嘴上的能力、通过乐器让世人着迷，如今不就还有人在吹他的那些调调。……可你呢，同马尔苏亚仅有一点不一样，你不消用乐器，只凭单纯的言辞就做这同样的事情。起码，我们听别人说的言辞，即便是个极好的演说家的言辞，可以说没谁会引起我们关注。但我们谁要是听了你的言辞，或是听别人讲你的言辞，即便这讲的人极为低劣，无论女人、男人还是年轻人在听，我们都会被镇住和被掌握。起码我啊，诸位，如果我还没到被以为醉得不行的地步，我愿对你们发誓说，我直到今天都还经受着这个人的言辞。毕竟，每逢我听他说话，心脏就跳得比科瑞班特人还厉害，眼泪就由于这个人的言辞涌了出来。而且啊，我还看见许许多多其他人也经历过同样的情形。我听过伯利克里和其他好的演说家的言辞，固然我认为他们讲得不错，但我从来没经历过这样的情形：要么心灵被搅成一团乱麻，要么恼怒自己简直像置身奴仆境地。可由于这样的一位马尔苏亚呢，我就常常被置于这般境地，以

至于我认为,我过的生活根本就不值得。[1]

从阿尔喀比亚德这里的供述可以看到,苏格拉底仅凭言辞就让很多人着迷。也就是说,苏格拉底让人着迷,并非靠某种作用于人的感官的外在事物,比如美色或美乐,而是仅靠作用于人的心灵的言辞。而且,苏格拉底以言辞来打动人的心灵,让人陷入迷狂,也不是靠华丽的修辞,比如说像伯利克里那样的演说家那样,而是靠令人生畏的辩证法,直接穿透人心,颠覆常识,让阿尔喀比亚德这样的人产生"自己的生活根本不值得过"那样的念头。当然,着迷终归是着迷,这是丝毫不打折扣的,阿尔喀比亚德提到"心脏就跳得比科瑞班特人还厉害,眼泪就由于这个人的言辞涌了出来",就能充分地说明这一点。[2]实际上,对于熟悉金庸武侠小说的读者来说,吹箫手的比喻加上这里"心灵被搅成一团乱麻"的生动描述,也很容易让人想起《射雕英雄传》中东邪黄药师的那种作为武功的箫声。按照金庸的描述,黄药师的玉箫功,是一门以箫音配合内力的强大功法,能够产生强烈的音波,刺激对手的脑神经,让其败功甚至精神错乱。也就是说,那也是一种摄人心魂的、让人陷入迷狂的、对于功力不够的人来说根本经受不住的充满魅惑力的箫声。顺着这个联想继续引申一下,这莫非意味着,哲学的箫声之于我们的生活,是如此恐怖,如此危险,需要我们有足够的生活功力去经受它,否则,它就可能彻底颠覆你的生活,让你陷入万劫不复之地?

阿尔喀比亚德又供述了他对苏格拉底的另一种感受,让我们知道了他对苏格拉底的那种又爱又恨、爱恨都常达到极点的情感的临界状态:

---

[1]《柏拉图四书》,刘小枫译,三联出版社2015年版,第258—260页。
[2] 科瑞班特人是与小亚细亚女神Cybele相交的一个神秘群体,祭典时在手鼓和排箫伴奏下癫狂地舞蹈,据说这种癫狂的舞蹈是有治疗作用的。参见刘小枫译:《柏拉图四书》,第259页注释。

毕竟，我自己心里同样知道，我没有能力反驳这个人，或者对这个人命令的事情我反驳说这不是必须的事情。可是，一旦离开他，我就拜倒在众人追捧的脚下。所以，我要逃离他，躲避他，一旦看见他，我就会为同意过的事情感到羞耻。好多次我都想要快乐地看到他不在人世；可话说回来，如果这事发生的话，我知道得很，我会更加难以承受。所以，我实在不知道拿这个人怎么办才好。

对阿尔喀比亚德来说，苏格拉底的存在让他对自己的生活产生异常强烈的羞耻感，以至于他好多次意欲苏格拉底死掉。但他马上又意识到，如果苏格拉底真的死了，他会更加难以承受。这正所谓恨之欲其死而又爱之欲其生，表明阿尔喀比亚德完全处于对苏格拉底的爱欲之中而无法自拔。阿尔喀比亚德的这个自供状其实也表明他自身处于与苏格拉底的不正常关系。试问：在将苏格拉底与众人对举的语境中，阿尔喀比亚德为什么会有异常强烈的羞耻感？答案自然是，其时的雅典社会已然败坏，已然是一个大染缸，阿尔喀比亚德深受这个社会的坏影响，而在与苏格拉底的交往中他的良知被不时地唤醒，自己又不能时时听从良知的呼声，因而感到心乱如麻，无所适从。色诺芬从另一个侧面说出了相关的真相：克里提亚和阿尔喀比亚德是把苏格拉底当作具有高超修辞术的智术师，是为了提高自己的言谈能力才从学于苏格拉底的。这和《云》中斯瑞西阿得斯为了学会更好地赖账而从学于苏格拉底的动机如出一辙。也就是说，克里提亚与阿尔喀比亚德本来就是怀着追求名利的政治野心才与苏格拉底交游的，他们的恶德劣行不能归咎于苏格拉底。

　　通过颂扬苏格拉底来颂扬爱欲之神厄洛斯，《会饮篇》中的阿尔喀比亚德并未脱离戏剧所设定的主题。在供述了苏格拉底如何令他着迷之后，他转向对苏格拉底作为爱欲者的观察与理解。他先是向众人生动地描述了他陷入对苏格拉底的爱欲、几次意图勾引苏格拉底而苏格拉底都不为所动从而让他深感难堪甚至羞辱的伤心经历——这也是《会饮篇》中让人印象深刻的情节之一,然后,他就以一个失恋者的角度非常直白地赞美了苏格拉底的德行,或者说是非常直白地刻画了苏格拉底圣人般的光辉形象:

> 这次以后,你们想象一下,我有了什么样的想法?我认为自己受到了鄙薄,可我仍然爱慕这个人的天性以及他的节制和勇敢。我本以为此生不会遇见这样一个如此有实践智慧、如此坚韧的世人,但我却遇见了。所以,我既不知道该如何生这个人的气,从与这个人的交往中抽身出来,也不知道靠什么法子来赢得他的欢心。毕竟,我很清楚,钱财对于他在方方面面都刀枪不入,比埃阿斯的铁矛还厉害,甚至在我唯一以为他会被猎获的这一点上,他照样不为所动。所以我没辙了,只得转来转去由他使唤,只怕任谁都没有被人这么使唤过。[1]

在结束对苏格拉底的颂扬时,阿尔喀比亚德说出了一个要点,他认为很多人和他一样都受到了苏格拉底的蒙骗,以为苏格拉底在那些美少年面前是个爱欲者,“其实他自己置身被爱欲者而非爱欲者的位置”。[2]换言之,在此柏拉图通过阿尔喀比亚德之口想说的是,苏格拉底从未被那些美少年的美色所动,而是那些美少年被他的哲学言谈深深打动。那么,苏格拉底的爱欲呢?同样借阿尔喀比亚德之口,柏拉图安排苏格拉底在剧中亲自说出他的爱欲何以与阿尔喀比亚德的不同:

> 亲爱的阿尔喀比亚德,你恐怕真的不赖呢,要是你说的这番关于我

---

[1]《柏拉图四书》,刘小枫译,三联出版社2015年版,第268页,译文略有改动。
[2] 同上书,第274页。

的话是真实的，要是我身上确有某种权能，凭靠它你会变得更好。
你瞧，恐怕你看到了我身上的那种不可思议的美，看到这美与你身
上的那个标致的美截然不同。所以啊，若是你观察到我身上的美
就起心要与我共享，要以美换美，那么，你动的心思就没少占我的
便宜：你起心用被人们以为美的东西来获取真正的美，你打的主意
实实在在是以铜换金啊。[1]

美貌如铜，美德如金，只有后者才是真正的美，或者说，只有人格的美而
非外表的美，才是真正的美。这就是苏格拉底的爱欲所指向的。自然，
只有真正认识到这一点的人才不会去干以铜换金的傻事，柏拉图就是
这样将苏格拉底的爱欲呈现出来。

　　通过以上分析，我们可以得出结论说，如果说哲学的危险表现在阿
尔喀比亚德那样的人身上，那么，根本的原因其实在于阿尔喀比亚德学
习哲学的发心不正，他后来的恶德劣行不应当让苏格拉底来负责。哲
学当然可能被具有政治野心的人利用，在任何时代都是如此，我们也可
以说哲人收徒不慎，贻害一时，但此类事件并不可能真正败坏哲学的名
声，因为哲学的初心就是追求纯粹的美善，而这一点植根于人类生活的
原初冲动。不过，对哲学之危险的阿里斯托芬式担忧，并不能通过阿尔
喀比亚德的例子全部表达出。在这一点上，我们可以借助黑格尔对苏
格拉底之死的看法来做一个简要的说明以结束本次演讲。

　　黑格尔将苏格拉底之死理解为一个悲剧性事件，认为是两种善的
力量发生了冲突，他称之为"伟大的冲突"：

　　雅典人民已经来到了这个文化时期，个人的意识作为独立的意识，
　　与普遍的精神分离开来了，变成自为的了，这一点雅典人民在苏格

---

[1]《柏拉图四书》，刘小枫译，三联出版社 2015 年版，第 266 页。

拉底身上看到了,但是他们又感觉到这是败坏礼俗,因此他们处罚
了他们自己的这个环节。苏格拉底的原则并不是一个个体的过
失,而是包含许多个体在其中;这种罪过正是人民的精神在自己身
上所犯的罪过。这种认识扬弃了苏格拉底的判决,苏格拉底在人
民看来似乎并没有犯罪,因为人民的精神现在一般地是由普遍精
神回到自身的意识。[1]

苏格拉底与雅典社会的冲突,被黑格尔概括为个人意识与普遍精神之
间的冲突。很显然,黑格尔是以他自己的精神哲学与历史哲学为基准
来看待苏格拉底之死的。黑格尔将苏格拉底在其哲学反思活动中呈现
出来的个人意识关联于现代意义上的主观自由,从而将苏格拉底看作
是一个具有世界历史意义的伟人。这使得黑格尔对苏格拉底的悲剧性
命运的评价,与他对古今之争的刻画颇为类似:未经反思的伦理或者说
未经自由洗礼的伦理代表着古代的共同体原则,而道德就其出发点而
言则代表着到了现代社会才真正确立下来的个人自由原则。当然,黑
格尔的立论仍然非常克制,或者说仍然非常有分寸感,他明确指出苏格
拉底在其哲学反思活动中呈现出来的个人意识仍然以他预设的至善为
基本原则,因而并未达到现代意义上的主观自由。于是,如果用黑格尔
的术语来表达,那么,哲学的危险就在于个人意识与普遍精神的彻底分
离。而黑格尔也正是以"犯罪"来描述这种分离的。不过,正如从上述
引文中能够看到的,黑格尔基于其注重客观精神的精神哲学而将这种
分离描述为精神发展的一个环节,从而也就为这种分离进行了洗白。

　　既然回到个人意识的反思活动是在预设了至善,或者用黑格尔的
术语来说是在尊重普遍精神——在苏格拉底的语境中就是尊重城邦的
政治、宗教与文化——的前提下展开的,那么,就很难说苏格拉底式的

---

[1]　黑格尔:《哲学史讲演录》第二卷,贺麟、王太庆译,商务印书馆1960年版,第107页。

哲学反思活动对于他身处其中的社会构成了根本性的危险。反倒是说，那种并不预设至善、试图完全打破伦理约束的现代自由，对于汲汲于追求那种自由的人身处其中的社会才会构成根本性的危险。因此说，就其初心而言，哲学并非政治、宗教与文化的摧毁者。相反，从苏格拉底的哲学实践中我们反倒是能够看到，就其初心而言，哲学是政治、宗教与文化的成全者，具体来说，哲学是推动政治改良、引导宗教理性化、促进文化更新的理智力量。如果我们就此说启蒙是哲学的一项永恒的事业当然不无道理，因为哲学的启蒙事业正是针对客观存在的政治、宗教与文化现实。不过，一旦启蒙将理性视为立法者而企图以哲学代替宗教，以理论代替文化，就像在启蒙运动以来的现代哲学中所呈现的那样，哲学就有可能成为一种摧毁性的力量。

对哲学以及理论性的反思活动给人的伦理生活带来的可能危险有着高度警惕的当代思想家莫过于威廉斯。在《伦理学与哲学的限度》一书中，威廉斯正是从实际生活中的人的伦理思考这一恰当的角度表达了对哲学反思和理论化地处理伦理问题的高度警惕。他对这个问题的严谨的学院化表述是：反思可能摧毁人的伦理知识与伦理信念。我们知道，这正是《伦理学与哲学的限度》一书的核心观点，也正是书名中"哲学的限度"的命意所在。从以上分析我们可以得出结论说，威廉斯的这一警惕非常具有现实意义，因为他清晰地意识到了人类理性的有限性，但这笔账并不能算在苏格拉底头上，并不能算在古代哲学头上，而是应当算在现代性上，应当算在沃格林所谓的哲学脱轨以来的现代启蒙主义的生活谋划上。

图书在版编目(CIP)数据

教化传统与制度实践/唐文明主编.—上海:上
海人民出版社,2023
(公共儒学;第3辑)
ISBN 978 - 7 - 208 - 18440 - 4

Ⅰ.①教… Ⅱ.①唐… Ⅲ.①儒家-哲学思想-文集
Ⅳ.①B222.05 - 53

中国国家版本馆 CIP 数据核字(2023)第 140475 号

责任编辑 赵荔红
封面设计 人马艺术设计·储平

公共儒学　第 3 辑
教化传统与制度实践
唐文明　主编

出　　版　上海人民出版社
　　　　　(201101　上海市闵行区号景路 159 弄 C 座)
发　　行　上海人民出版社发行中心
印　　刷　上海商务联西印刷有限公司
开　　本　635×965　1/16
印　　张　20
插　　页　2
字　　数　256,000
版　　次　2023 年 10 月第 1 版
印　　次　2023 年 10 月第 1 次印刷
ISBN 978 - 7 - 208 - 18440 - 4/B·1704
定　　价　84.00 元